DIEDERICHS
GELBE REIHE

རྗེ་རིན་པོ་ཆེ་ལ་ན་མོ།

Tsong-ka-pa in der Geste des Lehrens
mit seinen Insignien Buch und Schwert

Jeffrey Hopkins (Hrsg.)

# Tantra in Tibet

## Das geheime Mantra des Tsong-ka-pa, eingeleitet vom 14. Dalai Lama

Übersetzt von Burkhard Quessel

Eugen Diederichs Verlag

Titel der englischen Originalausgabe: Tantra in Tibet. The Great Exposition of Secret Mantra (Georg Allen & Unwin, London)

CIP-Kurztitelaufnahme der Deutschen Bibliothek

**Tantra in Tibet** : Das geheime Mantra d. Tsong-ka-pa / Jeffrey Hopkins (Hrsg.). Eingeleitet vom 14. Dalai Lama. Übers. von Burkhard Quessel. – 2. Aufl., (4.–5. Tsd.). – Köln : Diederichs, 1983.
(Diederichs Gelbe Reihe ; 29 : Tibet)
Einheitssacht.: Tantra in Tibet <dt.>
ISBN 3-424-00629-7
NE: Hopkins, Jeffrey [Hrsg.]; bsTan-'dzin-rgyamtsho <Dalai-Lama, XIV.> [Mitverf.]; Tson-kha-pa: Das geheime Mantra; EST; GT

Zweite Auflage 1983

Umschlaggestaltung: Eberhart May, Bergisch Gladbach
Gesamtherstellung: Buchdruckerei Georg Wagner, Nördlingen
ISBN 3-424-00629-7

# Inhalt

Zur Entstehung des Buches . . . . . . . . . . . . . . 7

TEIL EINS: DAS WESEN DES TANTRA
Von Tenzin Gyatso, dem Vierzehnten Dalai Lama

Tantra ist Praxis . . . . . . . . . . . . . . . . . . . 10
Die Zuflucht . . . . . . . . . . . . . . . . . . . . . 25
Hinayana und Mahayana . . . . . . . . . . . . . . 33
Vajrayana . . . . . . . . . . . . . . . . . . . . . . 43
Das klare Licht . . . . . . . . . . . . . . . . . . . 51
Die Überlegenheit der Methode des Mantra . . . . . 58
Klärung einiger Mißverständnisse . . . . . . . . . . 65
Einweihung . . . . . . . . . . . . . . . . . . . . . 75

TEIL ZWEI: DIE GROSSE DARLEGUNG DES GEHEIMEN MANTRA
Von Tsong-ka-pa

Begründung des Glaubens . . . . . . . . . . . . . . 78
Pfade zur Buddhaschaft . . . . . . . . . . . . . . . 86
Das Vajra-Fahrzeug . . . . . . . . . . . . . . . . . 100
Der Gottheit-Yoga . . . . . . . . . . . . . . . . . . 112
Die Methode in den vier Tantras . . . . . . . . . . 124
Ein Ziel . . . . . . . . . . . . . . . . . . . . . . . 134
Bestimmung der vier Tantras . . . . . . . . . . . . 147
Vorbereitung zum Mantra . . . . . . . . . . . . . . 161

TEIL DREI: ERLÄUTERUNGEN
Von Jeffrey Hopkins

Leerheit . . . . . . . . . . . . . . . . . . . . . . . 166
Verwandlung . . . . . . . . . . . . . . . . . . . . . 183
Die vier Tantraklassen . . . . . . . . . . . . . . . 195
Zusammenfassung der wesentlichen Punkte . . . . . 203

ANHANG

Tabelle zur Struktur des Textes von Tsong-ka-pa . . 210
Zur Schreibweise und Aussprache der tibetischen und der Sanskritwörter . . . . . . . . . . . . . . . . . . . . 211
Verzeichnis der tibetischen Texte . . . . . . . . . . . 212
Anmerkungen . . . . . . . . . . . . . . . . . . . 226
Register . . . . . . . . . . . . . . . . . . . . . . 232

## *Zur Entstehung dieses Buches*

Verehrung dem Vajradhara.

Die *Große Darlegung des Geheimen Mantra* von Tsong-ka-pa (1357–1419), dem Begründer des Gelugpa-Ordens des tibetischen Buddhismus, ist eine Darstellung der wichtigsten Elemente aller buddhistischen Tantra-Systeme und erklärt außerdem den Unterschied von Sutra und Tantra, den beiden großen Gruppen, in die das Wort des Buddha unterteilt wird.

Als ich mich 1972 mit einem Fulbright-Stipendium in Dharamsala (Nordindien) aufhielt, forderte mich Seine Heiligkeit der Dalai Lama auf, *Die Große Darlegung des Geheimen Mantra* aus dem Tibetischen zu übertragen. Diese Übersetzung bildet den zweiten Teil des Buches. Sein erster Teil besteht aus einem Kommentar vom Dalai Lama selbst, den er freundlicherweise abfaßte, als ich 1974 erneut nach Dharamsala kam. Seine Erläuterungen und Auslegungen wurden damals aufgezeichnet und dann von mir übersetzt. Sie geben einen unschätzbaren Einblick in das Wesen des Tantra, insbesondere in das Werk von Tsong-ka-pa. Ganz in der reichen mündlichen Tradition Tibets stehend, verdeutlichen seine Worte, welche höchst praktische und an Mitgefühl reiche Anwendung diese alte Wissenschaft der geistigen Entwicklung noch findet.

Der dritte Teil besteht in einem kurzen Anhang, der, wie ich hoffe, dazu dienen wird, drei Hauptgedanken in der Belehrung von Tsong-ka-pa deutlich werden zu lassen. Er basiert auf mündlichen Belehrungen von Kensur Ngawang Lekden (1900–71), dem Abt des Tantrakollegs vom unteren Lhasa, und von Geshe Gedün Lodrö*, Professor an der Universität Hamburg. Außerdem stützt sich dieser Teil auf allgemeine

* (1924–1979, Anm. d. Übersetzers).

Erklärungen zum Tantra wie sie sich in allen vier Orden des tibetischen Buddhismus finden .

*Nyingma: Kostbares Schatzhaus des höchsten Fahrzeugs* und *Schatzhaus der Lehrmeinungen* von Long-tschen-rabdscham;

*Kagyü: Allgemeine Darstellung der Tantraklassen, Entzückt den Weisen* von Pä-ma-kar-po;

*Sakya: Allgemeine Darstellung der Tantraklassen* von Sönam-tse-mo und *Allgemeine Darstellung der Tantraklassen – in zusammengefaßter, mittellanger und ausführlicher Fassung* von Bu-tön;

*Gelug: Darstellung der allgemeinen Lehre und der vier Tantraklassen* von Lo-sang-tschö-kji-gjäl-tsän; *Die im Geheimen Mantra vorkommenden Begriffe aus der Schriftabteilung der Wissenshalter* von Long-döl-Nga-wang-losang;

*Kurze Notizen von den Belehrungen von Dscho-ne Pandita zu der Großen Darlegung des Geheimen Mantra* von Pabong-ka-pa.

Die ersten beiden Teile wurden mündlich in das Tibetische zurückübersetzt, damit sie von Lati Rinpoche, einem Meister der Philosophie und tantrischen Lama vom Kloster des Dalai Lama in Dharamsala auf ihre Richtigkeit überprüft und korrigiert werden konnten. Für die Übersetzung von Tsongka-pas Text lieferte Geshe Gedün Lodrö, eine hervorragende Erscheinung unter den tibetischen Gelehrten, Informationen und Erklärungen, die von allergrößtem Wert waren. Einen entscheidenden Beitrag zu der Herausgabe des Kommentars vom Dalai Lama leistete Barbara Frye, die seit mehreren Jahren tibetischen Buddhismus studiert.

Zum zweiten Teil wurde als Ergänzung eine Übersicht in Form einer Tafel gegeben, die der Inhaltsunterteilung von Tsong-ka-pa entspricht. Die Kapitelunterteilungen und die Überschriften im Kommentar vom Dalai Lama und in Tsong-ka-pas Text wurden zum leichteren Verständnis hinzugefügt.

JEFFREY HOPKINS

# TEIL EINS

## *DAS WESEN DES TANTRA*

*von Tenzin Gyatso*
*dem Vierzehnten Dalai Lama*

Aus dem Tibetischen übersetzt und herausgegeben von Jeffrey Hopkins
Mitherausgeber: Lati Rinpoche
Assistentin: Barbara Frye

Es ist wesentlich, daß man die Bedeutung der Schriften mit Hilfe einer einwandfreien Beweisführung auf eine feste Grundlage stellt. Die Bedeutung derjenigen Stellen, die nur für bestimmte Schüler gesprochen wurden, muß interpretiert werden, und die Bedeutung der äußerst subtilen Stellen muß ergründet werden. Das ist schwierig, und bei einigen Stellen besteht die Gefahr, sie mißzuverstehen. Auch scheinen viele die zahllosen Bücher der Sutras und Tantras nicht als Vorschriften anzusehen. Sie sind zufrieden wenn sie nur einen Bruchteil des Pfades sehen. Andere sind fähig, eine Fülle von Punkten zu analysieren, können aber trotz ihrer Gelehrtheit nicht die wichtigen unterscheiden. Sie wissen – allgemein – wie man praktiziert, verwenden aber keine Anstrengung auf die Übung. Für wen diese drei Umstände gegeben sind, der kann Tantra nicht richtig praktizieren.
Tsong-ka-pa sah, daß vielen fühlenden Wesen, die unter den Einfluß dieser schlechten Umstände geraten sind, geholfen wäre, wenn man die Bedeutungen der zahllosen Schriften sammelte, und wenn man sie mit Hilfe einwandfreier Beweisführung auf eine feste Grundlage stellen und in der Reihenfolge ihrer Praxis darlegen würde. Tsong-ka-pa war begeistert von den guten Erklärungen der indischen und tibetischen Tantriker, wie Nagarjuna, dessen geistigen Söhnen und dem allwissenden Bu-tön (Bu-ston). Dies veranlaßte ihn, diese Erklärungen zu sammeln, um so die Fehler und Auslassungen in den Darstellungen früherer Lamas richtigzustellen.
Wenn man ein Buch über Geheimes Mantra schreibt, so ist das nicht das gleiche, als würde man ein Buch über Madhyamaka schreiben oder über die in den *Sutras von der Vollendung der Weisheit (Prajñāpāramitā)* enthaltenen Lehren von den Pfaden. Die Themen des Geheimen Mantra sind nichts was man ausstellen sollte wie Handelsware. Man sollte

sie im Geheimen praktizieren. Andernfalls können sie ein falsches Verständnis hervorrufen, und es besteht die Gefahr, daß sie vielen schaden anstatt ihnen zu helfen. Einige, zum Beispiel, sind nicht fähig, die Vier Tantras im allgemeinen und insbesondere das Höchste Yoga Tantra zu praktizieren und wollen mit Mantra nur spielen. Einige haben zwar Glauben, kennen aber die buddhistischen Darstellungen von Ansicht, Meditation und Verhalten nicht genau. Andere kennen die Punkte genau, ihnen fehlt aber die Fähigkeit, Gelübde und Glauben zu erhalten und außerdem Willensstärke aufzubringen. Ohne dieses Wissen und ohne diese Fähigkeit ist die Ausübung des Mantra-Pfades unmöglich.

In Indien pflegte ein ausgebildeter Guru die Lehren des Geheimen Mantra nur an einige wenige Schüler zu geben, die ihrem Karma und ihrem Streben nach geeignet waren und die er gut kannte. Die Gurus gaben die Lehren direkt an ihre Schüler weiter, und wenn die Schüler fähig waren die erhaltenen Lehren mit großer Anstrengung zu praktizieren, dann entstanden ihnen auch die entsprechenden geistigen Erfahrungen und Erkenntnisse. Genau in diesem Maß wurden die Lehren des Siegers (Buddha) verbreitet und das Wohl der fühlenden Wesen verwirklicht. Im Schneeland Tibet fehlten diese Bedingungen jedoch weitgehend. Das Geheime Mantra wurde zu weit verbreitet und die Leute verlangten nach ihm, weil es einen Ruf hatte, ohne zu berücksichtigen, ob sie die Fähigkeit hatten, es zu praktizieren oder nicht.

Man ist weise, wenn man, obwohl man das Beste will, prüft, ob das Beste auch paßt. Die Tibeter wollten das Beste und nahmen an, daß sie das Beste auch praktizieren könnten. Das Ergebnis davon war: das Geheime Mantra wurde unter den Tibetern berühmt, aber ihre Art der Übung war nicht wie die angemessen geheimgehaltene Praxis der Inder. Und so waren wir nicht imstande, die Siddhis (die vollkommenen Leistungen) des Geheimen Mantra in der in den Tantras erklärten Weise zu verwirklichen. Der ›Abdruck‹ (Ergebnis) der Übung des Geheimen Mantra erschien nicht. Wie man in der tibetischen mündlichen Tradition sagt: »Ein Inder praktiziert eine Gottheit und verwirklicht einhundert; ein Tibeter praktiziert hundert Gottheiten und verwirklicht noch nicht einmal eine.«

Es ist nicht gut, wenn man mit vielen verschiedenen Büchern anfängt, indem man sagt »Dies sieht gut aus; das sieht gut aus«, indem man dies anfaßt und das anfaßt und mit keinem erfolgreich umgeht. Wenn man keine großen Wünsche hegt, sondern nur auf das zielt, was geeignet ist, kann man die entsprechenden Anlagen wirklich werden lassen und mit ihnen umzugehen lernen. Dann entstehen erfolgreich ›Stärke‹ oder ›Abdruck‹ der Übung.

Vor allem heute ist das Geheime Mantra zum Gegenstand des Interesses geworden, allerdings nur als Forschungsobjekt. Vom Standpunkt dessen, der praktiziert, scheint es zu einem Unterhaltungsobjekt geworden zu sein, und es scheint der Punkt erreicht, an dem man nicht mehr weiß, ob es hilft oder schadet. Viele Geheimnisse sind verbreitet worden, viele Vortragende erklären Tantra, und es werden Bücher übersetzt. Obwohl Geheimes Mantra im Verborgenen erreicht werden muß, sind viele Bücher erschienen, die eine Mischung aus Wahrheit und Lüge darstellen.

Es wäre gut, wenn Mittel und Umstände erwachsen würden, die mit diesen falschen Vorstellungen aufräumen. Allgemein gesagt: Es ist unpassend, wenn man ein Buch über Mantra übersetzt, damit es in einem Laden verkauft wird. In dieser Zeit und unter diesen Umständen ist es aber ein größerer Fehler, falsche Vorstellungen nicht zu beseitigen, als Übersetzungen zu verbreiten. Viele falsche Vorstellungen über das Geheime Mantra sind heutzutage weit verbreitet. Deshalb glaube ich, daß das Übersetzen und Verbreiten eines sachkundigen Buches helfen könnte, diese falschen Überlegungen zu beseitigen. Aus diesem Grund gebe ich eine Erklärung von Tsong-ka-pas Werk.

Wenn man Geheimes Mantra offen praktiziert und für kommerzielle Zwecke gebraucht, so werden dem, der so übt, Unglücksfälle widerfahren, die ihn sogar das Leben kosten können, und es entstehen ungünstige Bedingungen für die Entwicklung von geistigen Erfahrungen und Erkenntnissen in seinem Geistesstrom. Bei anderen Büchern fällt es nicht so sehr ins Gewicht, wenn man einen Fehler macht; bei Büchern über Mantra ist es sehr ernst, wenn man bei der Erklärung oder in der Übersetzung irrt. Wenn man außerdem noch den Fehler begeht, die Geheimnisse jemandem zu verkünden, der für sie nicht reif ist, dann kommt noch die Gefahr hinzu, daß man schadet anstatt zu helfen. Es gibt viele Geschichten von Leuten, die anfingen Abhandlungen über Mantra zu schreiben und ihre Lebensspanne nicht vollenden konnten, oder von anderen, deren Fortschritt sich verzögerte, weil sie ein Buch über Mantra schrieben.

Eine Person, die die Stufen des Sutra geübt hat und schnell den Zustand eines gesegneten Buddha erreichen will, sollte auf jeden Fall in das Fahrzeug des Geheimen Mantra eintreten, das leicht Verwirklichung von Buddhaschaft gewähren kann. Man kann jedoch nicht nur für sich nach Buddhaschaft streben und sich nur mit Mantra beschäftigen, um etwas besonderes zu werden. Mit einem geistigen Führer als Beschützer muß man sich zuerst in den allgemeinen Pfaden üben, wobei man die Übungen der Wesen von geringen und mittleren Fähigkeiten aufnimmt, das Leiden erkennt und den Wunsch entwickelt, den Existenzkreislauf zu verlassen. Dann muß man sich in Mitgefühl üben; das ist die Unfähigkeit, den Anblick von Leid bei anderen zu ertragen, ohne es lindern zu helfen. Die Wesen wollen Glück, aber sie sind vom Glück verlassen. Sie wollen kein Leid, werden aber von Leid gequält. Man muß aus tiefstem Herzen großes Mitgefühl und Mitleid entwickeln für alle fühlenden Wesen, die im Existenzkreislauf der Drei Bereiche – dem Bereich der Begierde, dem Bereich der Form und dem Bereich des Formlosen – umherwandern. Man braucht einen sehr starken Geist, dessen Wunsch es ist, alle fühlenden Wesen vom Leiden und seinen Ursachen zu befreien.

Es gibt Personen, die verfügen, auch wenn sie noch jung sind, kraft der Anlagen, die sie in vielen Leben angesammelt haben, über einen guten Geist; sie fühlen ein unerträgliches Mitgefühl für ein Insekt, das in Gefahr ist sein Leben zu verlieren oder für Menschen, die von Leiden betroffen sind. Solche Personen mit einem klaren Sinn für Selbstlosigkeit sollten in das Mantra-Fahrzeug eintreten, damit sie schnell Buddhaschaft erreichen.

Nicht jeder kann Tantra üben. Hat aber jemand die nötigen Voraussetzungen erworben, nachdem er viele Leben lang gute Handlungen vollbracht hat, sollte er zuerst den Beistand eines geistigen Führers suchen. Mit Hilfe seiner wesentlichen Unterweisungen sollte der Schüler, unter Aufwendung von Anstrengung und über einen Zeitraum von Monaten und Jahren hinweg, seinen guten Geist auf eine höhere Stufe heben. Schließlich wird er – egal ob er geht, umherwandert, liegt oder sitzt – in seinem Geist ein starkes Bestreben haben, alles zu tun, um anderen zu helfen. Er hat dann den starken Wunsch, anderen umfassende Hilfe zuteil werden zu lassen, spontan, ohne Aufwand von Anstrengung – wie ein Buddha. Eine solche Person ist geeignet und sollte in das Geheime Mantra eintreten, um schnell Buddhaschaft zu erreichen.

Wenn du lediglich an einem zeitlichen Auskommen im Hinblick auf Nahrung und Kleidung für dich und andere interessiert bist, wenn du nur nach den zeitlich wichtigen Dingen dieses Lebens suchst, um vorübergehend Krankheit zu vermeiden und eine Fülle von Besitz, einen zeitweilig guten Namen oder eine große Menge Geld zu erlangen, dann gibt es bestimmt Mittel, durch die du vorübergehend großen Reichtum erhältst, Krankheit vorübergehend linderst und zeitlichen Ruhm erlangst: du kannst gierig sein und betrügen, manchmal ehrlich sein, manchmal nicht, biweilen kämpfen und bisweilen nicht. Das sind zeitliche Mittel, und in dieser Weise gehen heute viele Leute vor. Wenn du solche Absichten hast, brauchst du Tsong-ka-pas *Große Darlegung des Geheimen Mantra* nicht.

Wenn deine Einstellung aber so ist, daß dir dieses System der in der Welt Erfahrenen nicht ausreichend zu sein scheint, wenn dir solche Handlungen sinnlos und hinfällig erscheinen, wenn du weißt, daß sie keine Hilfe sind für zukünftige Leben oder höhere Ziele, wenn du weißt, daß es schwierig ist, Frieden im Geist zu haben, unabhängig davon, wie reich man in diesem Leben wird, und wenn du für dich und andere nach geistigem Frieden suchst, dann ist es sehr wichtig, daß du deinen Geist vervollkommnest.

Viele haben zu diesem Zweck Anweisungen gegeben. Wir aber sagen, daß nur der Lehrer Buddha ausdrücklich gelehrt hat, daß wir andere höher schätzen sollten als uns selbst, und daß wir die Absicht entwickeln sollten, den fühlenden Wesen endgültig zu einem Zustand zu verhelfen, der frei ist von Leiden und den Ursachen des Leidens. Alle religiösen Systeme der Welt lehren ein Mittel, dem Geist ein wenig Frieden zu bringen und die gröberen Aspekte des Geistesstroms zu reinigen. Direkt oder indirekt bringen sie eine Verbesserung in Form des guten Geistes und der Selbstlosigkeit. Jedoch scheint unter ihnen nur der Buddhismus mittels einer großen Anzahl von Beweisführungen, Schriften und Sichtweisen die Möglichkeit zu bieten, den Geist in endgültige Tugend zu verwandeln. Ich sage, der Buddhismus ist die beste Religion, – nicht weil ich selbst Buddhist bin, sondern weil ich denke, daß man bei ehrlicher Betrachtung zu dieser Auffassung gelangt. Aber selbst wenn er die beste Religion ist, heißt das nicht, daß jeder Buddhist sein sollte. Nicht jeder hat die Veranlagungen und Interessen, und nicht jeder ist fähig, das Beste zu praktizieren, deshalb sollte jeder dem Pfad folgen, der den ihm eigenen Veranlagungen, Interessen und Fähigkeiten entspricht.

Wäre es richtig, daß ein jeder Buddhist sein sollte, jeder ein Tantriker und jeder dem Höchsten Yoga Tantra folgen sollte, weil dies das Beste ist, dann hätte Vajradhāra lediglich das Höchste Yoga Tantra gelehrt. Das hätte er gewiß auch getan, wenn jedermann fähig wäre es zu praktizieren. Er lehrte jedoch das Yoga Tantra für diejenigen, für die das Höchste Yoga Tantra nicht geeignet war. Diejenigen, für die das Yoga Tantra nicht geeignet war, lehrte er das Ausübungstantra. Diejenigen, für die das Ausübungstantra nicht geeignet war,

lehrte er das Handlungstantra. Diejenigen, für die das Handlungstantra nicht geeignet war, unterrichtete er mit Hilfe der Sutras, in denen nicht einmal die Bezeichnung ›Geheimes Mantra‹ erscheint.
Innerhalb des Sutra lehrte er die *Sutras von der Vollendung der Weisheit,* die die Sicht des Madhyamika lehren und jene, für die diese Sicht nicht geeignet war, lehrte er die *Sutras von der Sicht des Nur-Geist (Cittamātra).* Er legte das Fahrzeug der Einsamen Verwirklicher dar, mit dem er noch mehr Personen helfen konnte, und um noch mehr helfen zu können, lehrte er auch noch das Fahrzeug der Hörer. Innerhalb dieses Fahrzeuges gibt es Gelübde für Mönche und Nonnen und Novizen und zwei Arten von Gelübden für Laien. Bei der niedersten Art des Laiengelübdes kann man alle fünf Vorschriften einhalten, oder vier, drei, zwei oder auch nur eine oder auch einfach nur die Zuflucht aufrechterhalten – etwas, das viele tun können.
Den Anlagen und Interessen derjenigen entsprechend, die die tiefsten Aspekte seines Pfades nicht praktizieren konnten, hat der Buddha zahllose Stufenformen gelehrt – angefangen vom Zufluchtsgelübde eines Laien bis hin zur Übung des Höchsten Yoga Tantra. Von der Anzahl der Beweisführungen her und im Hinblick auf Weite und Tiefe hat der Buddhismus die meisten Pfade und Techniken, um den Geist in endgültige Tugend umzuwandeln.
Man muß die wesentlichen Punkte des Vajra-Fahrzeuges kennen, um in das tiefe Fahrzeug des Geheimen Mantra eintreten zu können; aus diesem Grund gibt Tsong-ka-pa eine Erklärung der Stufen auf dem Pfade dieses Fahrzeuges. Unter den achtzehn Bänden seiner gesammelten Werke sind die wichtigsten Bücher die *Große Darlegung der Stufen auf dem allen Fahrzeugen gemeinsamen Pfad* und die *Große Darlegung des Geheimen Mantra.* Viele seiner Bücher behandeln ausgewählte Themen des Tantra – die Erzeugungsstufe, die Vollendungsstufe, das Geben von Einweihungen, das Ausführen besonderer Handlungen usw. – aber es ist seine *Große Darlegung des Geheimen Mantra,* die die wichtigsten

Punkte aus allen vier Tantras in geordneter Weise darlegt (und deren erster Abschnitt den zweiten Teil des vorliegenden Buches bildet).
Wenn eine mündliche Übertragung gegeben wird, die die *Große Darlegung des Geheimen Mantra* erklärt, sollten die Zuhörer bereits über Einweihungen zu den Vier Tantras verfügen, das heißt zum Beispiel, die Einweihung in Mahākāruṇika für das Handlungstantra, in Vairocana für das Ausübungstantra, in Sarvavid für das Yoga Tantra und in eine Mandala aus gefärbten Pulvern von Saṃvara, Guhyasamāja oder Bhairava für das Höchste Yoga Tantra. Zumindest sollte man eine Einweihung in ein Mandala aus gefärbten Pulvern oder bemalter Leinwand für das Höchste Yoga Tantra haben. Auch sollten, wenn eine mündliche Übertragung gegeben wird, die (Namen der) Lamas genannt werden, die die ununterbrochene Übertragungslinie bilden.

## DER TITEL

Der vollständige Titel der *Darlegung des Geheimen Mantra* lautet: *Die Stufen auf dem Pfad zu einem großen Vajradhāra, einem Sieger und umfassenden Herrn – offenbart all die geheimen Punkte.* Der Titel bezeichnet den Inhalt des Buches. ›Sieger‹ meint im allgemeinen jemanden, der über die groben und die feinen Dämonen gesiegt hat. Hier in diesem Zusammenhang bezieht ›Sieger‹ sich auf den Sieg über die irrige dualistische Erscheinung. Nur in den Lehren des Höchsten Yoga Tantra, dem vierten und höchsten Mantra-Pfad, ist die Rede von äußerst subtilen Hindernissen auf dem Weg zur Allwissenheit [das ist das gleichzeitige und unmittelbare Wissen um alle Erscheinungen und ihre Seinsweise]. Es sind dies die Verunreinigungen der irrigen dualistischen Erscheinung, die man Erscheinung, Zunahme und Nahe Erreichung nennt. Jemand, der solche Quellen des Irrtums mit Hilfe des jeweiligen Gegenmittels beseitigt hat, ist ein ›Sieger‹. Ein solches Wesen hat in seinem Geistesstrom die groben und die subtilen Hindernisse vor der Befreiung und der Allwissenheit vollständig überwunden und ist auch fähig, in anderen fühlenden Wesen den Sieg über diese Hindernisse zu bewirken und dadurch die Ursachen für das Leiden, das sie befallen hat, zu überwinden.

Ein ›Sieger‹ ist ›umfassend‹ insofern der ursprüngliche Beschützer Vajradhāra, der Hervorbringer aller Buddha-Familien, all die Familien von Vairocana, Akṣobhya, Ratnasambhava, Amitābha und Amogasiddhi ›umfaßt‹. Die vorzüglichen einhundert, fünf und drei Familien sind alle im großen Vajardhāra eingeschlossen, das heißt, in dem Genußkörper, der die Grundlage für ihre Hervorbringung ist und den man deshalb ›Herr‹ nennt. Weil er ›Herr‹ der Familien ist und sie ›umfaßt‹, ist Vajradhara der ›umfassende Herr‹.

Ein ›Vajra‹ ist der beste aller Steine – der Diamant. Es gibt äußere, symbolische Vajras, wie der Vajra und die Glocke, die im Ritual verwendet werden, und es gibt Vajras, die die Bedeutung sind, die symbolisiert wird. Ein Vajra im letzteren Sinne, wie er allen vier Tantraklassen gemeinsam ist, ist die untrennbare Einheit von Methode und Weisheit. ›Methode‹ ist die Beobachtung des Weiten – des Körpers der Gottheit – verbunden mit einem selbstlosen Streben nach Erleuchtung. ›Weisheit‹ ist das Wissen um die Soheit der Erscheinungen, wie sie sind. Nur im Höchsten Yoga Tantra ist ein Vajra auch die untrennbare Einheit von Methode – Großer Glückseligkeit – und Weisheit – Erkenntnis der Leerheit. Weil er einen solchen ›Vajra‹ in seinem Geistesstrom ›trägt‹ *(dhāra)* heißt er ›Vajradhāra‹. Er ist ›groß‹, weil es niemanden über ihm gibt.

Der Text von Tsong-ka-pa ist eine Darstellung der Pfade, die zum Zustand eines großen Vajradhāra führen. Er ist keine Darstellung von ausgewählten wichtigen Punkten in beziehungslosen Gruppen, sondern eine Aufstellung, die der Ordnung der Übung folgt. Weil diese wesentlichen Punkte im Verborgenen geübt werden müssen, geheimgehalten vor denen, die zu diesem Zeitpunkt für sie nicht geeignet sind, nennt Tsong-ka-pa sie die geheimen Punkte des Geheimen

Mantra-Fahrzeuges. Tsong-ka-pa gab seinem Buch diesen Titel, weil es, Beweisführungen und Schriften anführend, in zusammengefaßter Form die Stufen auf dem Pfad darlegt, auf denen man zu der Ebene eines großen Vajradhāra fortschreitet, des umfassenden Herrn aller Buddha-Familien.

## DER AUSDRUCK DER VEREHRUNG

Zu Beginn gibt Tsong-ka-pa seiner Verehrung Ausdruck, ganz allgemein gegenüber seinen Vajra-Lamas mit Kädrub-kjung-po-lhä-pa (mKhas-grub-khyung-po-lhas-pa) als ihrem Bedeutendsten, und im Besonderen gegenüber dem verehrten Mañjuśrī, auf dessen Freundlichkeit gestützt er die Erkenntnis der wesentlichen Punkte des Sutra und des Tantra erlangte. Das Sanskritwort für das Erweisen von Verehrung bedeutet ursprünglich ›das Unzerstörbare suchen‹ und schließt körperliche, verbale und geistige Handlungen ein; es heißt ›Ich setze meine Hoffnung in dich‹. Den ununterbrochenen Strom seiner Leben hindurch erweist Tsong-ka-pa seinen mitleidvollen Lamas, die die wesentlichen Punkte des Pfades kennen, Verehrung. Auch seinem besonderen Guru – Mañjuśrī – erweist er Verehrung. Mañjuśrī ist die natürliche Form der Weisheit aller Sieger, deshalb stützt man sich auf ihn als besondere Gottheit, wodurch die wahrheitsunterscheidende Weisheit in einer Weise zunimmt, wie es sonst kaum möglich wäre. Tsong-ka-pa traf Mañjuśrī so unmittelbar, wie man einen anderen Menschen trifft. Zuerst hatte er in Ga-wa-dong (dGa'-ba-gdong) in Zentraltibet meditiert, um ein Treffen mit Mañjuśrī zu erreichen. In Ga-wa-dong gab es einen Kampa-Lama (das heißt, einen Lama aus Khams – Osttibet) mit Namen U-ma-pa Pa-wo-dor-dsche (dbU-ma-pa dPa'-bo-rdo-rje), der für viele Lebenszeiten unter Mañjuśrīs Obhut gewesen war und schon im Schoße seiner Mutter das Mantra von Mañjuśrī – *Om a ra pa tsa na di* – wiederholt hatte. Er war in eine arme Schafhirtenfamilie geboren worden und eines Tages, als er die Schafe hütete,

hatte er eine Begegnung mit dem schwarzen Mañjuśrī, nach der seine Intelligenz wesentlich zunahm. Als Tsong-ka-pa in Ga-wa-dong auf den Lama U-ma-pa traf, konnte er durch ihn Fragen über die tiefe Leerheit und die weiten Taten des Mitleids in Sutra und Tantra an Mañjuśrī richten.
In Tsong-ka-pas Klause in Ga-wa-dong gab es ein gemaltes Bild von Mañjuśrī, und als die Meditation Fortschritte machte, begann ein großes Licht aus Mañjuśrīs Herz zu strahlen. Dies war das erste Mal, daß Tsong-ka-pa Mañjuśrī sah. Später traf er ihn, wann immer er wollte und erhielt Belehrung über die schwierigen Punkte der Stufen auf dem Pfad. Darum erweist Tsong-ka-pa dem untersten Teil von Mañjuśrīs Körper, den Füßen, seine Verehrung.
Bei einer gewöhnlichen Zuflucht brauchen wir keine Quelle der Zuflucht mehr, sobald unsere zeitliche Absicht einmal erfüllt ist. Tsong-ka-pa nimmt jedoch nicht für ein unwichtiges, oberflächliches Vorhaben Zuflucht, sondern für den letztendlichen Zweck, das heißt, um die Frucht der vollständigen Befreiung vom Leiden und den Ursachen des Leidens zu erreichen. Und weil das normalerweise nicht in ein paar Jahren oder auch nur in einem Leben getan ist, erweist er seine respektvolle Verehrung für alle seine Lebenszeiten. Das zeigt, daß der Pfad im Rahmen einer Zuflucht praktiziert werden muß, die man über die Leben hinweg einhält, bis man zum Buddha wird.
Bücher haben im allgemeinen drei Teile: Ausdruck der Verehrung, eigentlicher Körper des Textes und Abschluß. Nachdem er seinen Lamas im allgemeinen und Mañjuśrī im besonderen seine Verehrung erwiesen hat, beginnt Tsong-ka-pa nun mit dem Ausdruck der Verehrung für seine geistigen Führer. Gewöhnlich richtet sich ein Ausdruck der Verehrung an Buddhas und Bodhisattvas; Candrakīrti dagegen nahm in seinem *Anhang zum ›Mittleren Weg‹ (Madhyamakāvatāra)* das Mitgefühl zum Objekt seiner Verehrung und Maitreya in seinem *Schmuck der Erkenntnisse (Abhisamayālaṃkāra)* die ›Mutter‹ – die Vollendung der Weisheit. Hier nimmt Tsong-ka-pa die Lamas zum Objekt seiner

Verehrung, denn es ist notwendig, sich auf einen Lama *(Guru)* zu stützen, um den Aufstieg über die Stufen und Pfade zu vollenden, und insbesondere wenn man sich in den Pfaden des Mantra übt, ist es äußerst wichtig, daß man sich auf einen qualifizierten geistigen Lehrer stützt. Jemand, der sich mit Glauben und Respekt über einen langen Zeitraum hinweg auf einen Lama stützt, kann schnell und ohne Schwierigkeiten die Pfade erlernen, die frei sind von Irrtum und Beeinträchtigung durch die bloße Suche nach dem eigenen Wohlergehen. Die geistigen Führer lehren nicht aus Verlangen nach Ruhm und Reichtum, sondern aus großem Mitgefühl. Sie lehren die Pfade ohne Verwirrung, genauso wie sie vom Buddha gelehrt wurden.

Als nächstes preist Tsong-ka-pa den ursprünglichen Beschützer Vajradhāra und erweist ihm Verehrung. Vajradhāra erscheint im Spiel seines Körpers wie ein Regenbogen. In vielen Formen bringt er Ansammlungen von Gottheiten für zahllose Länder, reine und unreine – alles was notwendig ist, um die Lernenden zu zähmen, ohne sich dabei aus dem Zustand der Ausdehnung der Soheit fortzubewegen. Der Wahrheitskörper eines Buddha hat zwei Aspekte: einen Weisheit-Wahrheitskörper und einen Wesen-Wahrheitskörper. Der Geist Vajradhāras, die ursprüngliche angeborene Weisheit, ist der Weisheit-Wahrheitskörper, der im meditativen Gleichgewicht der Ausdehnung der Soheit verweilt, solange Raum existiert. Die endgültige Ausdehnung der Soheit, der Zustand, in dem alle vielheitliche Tätigkeit ausgelöscht ist, der sowohl von Natur aus rein als auch von hinzugekommenen Verunreinigungen gereinigt ist, ist der Wesen-Wahrheitskörper.

Ein Bodhisattva erzeugt den Wunsch, zum Wohle anderer Buddhaschaft zu erlangen. Deshalb ist der Zweck der Verwirklichung des Wahrheitskörpers das Wohl der anderen. Das, was den Lernenden unmittelbar erscheinen kann, ist jedoch nicht der Wahrheitskörper, sondern sind Formkörper. Den Wanderern [im Existenzkreislauf] muß also mit Hilfe von Formkörpern geholfen werden, die der Buddha ohne Anstrengung, Bemühung oder Gedanken hervorbringt, ohne sich aus dem nicht-begrifflichen, nicht-dualistischen Wahrheitskörper fortzubewegen. Die Formkörper entstehen spontan, entsprechend den Bedürfnissen der Lernenden.

Der subtilere der Formkörper ist der Körper des Vollkommenen Genusses *(Saṃbhogakāya)* und die gröberen sind die Hervorbringungskörper *(Nirmāṇakāya)*, unter denen es wiederum Arten gibt, die physisch Widerstand bieten und solche, die physisch keinen Widerstand bieten.

So weist dieser Ausdruck der Verehrung entweder auf Drei Körper hin: Wahrheitskörper, Vollkommener Genußkörper und Hervorbringungskörper – oder auf Vier Körper: Wesenskörper, Weisheitskörper, Vollkommener Genußkörper und Hervorbringungskörper. Da man im Höchsten Yoga Tantra auch von der Weisheit des Klaren Lichtes der Großen Glückseligkeit, die der Weisheit-Wahrheitskörper ist, sagt, sie sei ein Wesenskörper, kann man dementsprechend den Wesenskörper als etwas Zusammengesetztes betrachten und nicht notwendigerweise als etwas Nicht-Zusammengesetztes, wie die Sutra-Systeme es sehen. Der Vollkommene Genußkörper ist nur das Spiel des Windes und des Geistes (siehe Anm. 68). Die Hervorbringungskörper erscheinen in zahllosen reinen und unreinen Bereichen in manchmal grobstofflicher Form.

Diesen Vajradhāra, den Herrn oder Vorsteher der Mandalas, preist Tsong-ka-pa und gibt seiner Verehrung für ihn Ausdruck.

Als nächstes verneigt er sich vor Vajrapāṇi, dem Herrn des Geheimen, dem Führer der Halter der Wissensmantras und Hüter der Tantras. Von Vajrapāṇi wurden all die geheimen wesentlichen Punkte der vielen unterschiedlichen Belehrungen gesammelt, die von Vajradhāra, aus der Sicht seines genauen Wissens um die Veranlagungen, Interessen und Möglichkeiten der Lernenden, gegeben wurden. Tsong-ka-pa erweist Vajrapāṇi Verehrung, weckt sein Mitgefühl und legt den inneren und äußeren Dämonen nahe, auf der Hut zu sein.

Seine besondere Verehrung erweist Tsong-ka-pa dann Mañjuśrī, welcher Mutter, Vater und Sohn aller Sieger ist. Er ist die Mutter aller Sieger insofern er die Essenz aller Weisheiten ist. Er ist der Vater aller Sieger insofern er die Form geistiger Führer annimmt und die Wesen veranlaßt, ein selbstloses Streben nach höchster Erleuchtung zu erzeugen, und er ist der Sohn aller Sieger insofern er die Form von Bodhisattvas annimmt, so wie er im Gefolge des Buddha Śakyamūni ein Bodhisattva gewesen ist.
Wenn ein Lernender Mañjuśrī erfreut, so kann dieser ihm durch einen bloßen Blick die wahrheitsunterscheidende Weisheit gewähren. Dies geschieht so, als ob eine Flamme sich entzündet, in Form einer schnell zunehmenden Erkenntnis. Tsong-ka-pa sagt, nachdem er von dieser wunderbaren Nachricht hörte, habe er sich über einen langen Zeitraum hinweg auf Mañjuśrī als seine besondere Gottheit gestützt und werde ihn auch in Zukunft nicht aufgeben. Tsong-ka-pa erweist Mañjuśrī Verehrung als einem Schatz der Weisheit, erweckt sein Mitgefühl, indem er ihn preist und bittet ihn, ihm die Erfüllung seiner Wünsche zu gewähren.

## DAS VERSPRECHEN ZUR ABFASSUNG DES TEXTES

Besonders auf die Bitte von Kjab-tschog-päl-sang (sKyabs-mchog-dpal-bzang) und Sö-nam-sang-po (bSod-nams-bzang-po) hin und aus den oben genannten Gründen, verspricht Tsong-ka-pa diesen Text abzufassen. Um dies zu tun, erweckt er das Mitgefühl der Feld-Geborenen, der Angeborenen und der Mantra-Geborenen Himmelswandlerinnen, damit sie ihn, wie eine Mutter ihr Kind, mit den Siddhis ausstatten. Feld-Geborene Himmelswandlerinnen werden mit Körpern aus Fleisch und Blut geboren. Angeborene Himmelswandlerinnen haben die Verwirklichung der Vollendungsstufe im Höchsten Yoga Tantra erreicht. Die Mantra-Geborenen Himmelswandlerinnen haben diese Vollendungsstufe noch nicht erzeugt – sie verweilen noch in der

Verwirklichung der Erzeugungsstufe. Nach einer anderen Erklärung haben die Feld-Geborenen Himmelswandlerinnen das subjektive Klare Licht erlangt, [das ist die dritte von fünf Ebenen auf der Vollendungsstufe], die Angeborenen Himmelswandlerinnen haben eine geringere Verwirklichung, befinden sich aber bereits auf der Vollendungsstufe, wie die Mantra-Geborenen auf der Erzeugungsstufe. Tsong-ka-pa ersucht diese weiblichen Hüter des Tantra, ihm ihre Zuneigung zu zeigen und alle Hindernisse auszuräumen, die einer klaren Darstellung der tantrischen Lehre entgegenstehen. Er ersucht sie, im Hinblick auf den Zweck seines Vorhabens, ihm die vollkommenen Leistungen und Handlungen zu ermöglichen, die allen Wesen zum Vorteil sind.

## *Die Zuflucht*

Wir leben in einem Meer von Existenzkreisläufen, dessen Tiefe und Ausdehnung unermeßlich sind. Immer wieder bedrängen uns die Plagen von Begierde und Haß – es ist so, als ob wir ununterbrochen von Haien angegriffen würden.
Geist und Körper werden durch frühere, verunreinigte Handlungen und Plagen beherrscht, die der Grund für gegenwärtiges Leiden sind und zukünftiges Leiden auslösen. Solange eine solche Kreislaufexistenz andauert, gehen wir angenehmen und unangenehmen Gedanken nach: »Was werden die Leute denken, wenn ich dies tue?« »Tue ich es nicht, wird es zu spät sein, und ich mache keinen Gewinn.« Wenn wir etwas Angenehmes sehen, denken wir: »Oh, wenn ich das nur haben könnte!« Wir sehen, es geht anderen gut, und wir entwickeln Eifersucht, unfähig zu ertragen, daß es ihnen gut geht. Wir sehen einen anziehenden Menschen und wollen eine Beziehung. Wir sind nicht zufrieden mit einer vorübergehenden Beziehung, wir wollen, daß sie für immer dauert. Sind wir dann mit dem Betreffenden zusammen, begehren wir jemand anders. Sehen wir jemanden, den wir nicht mögen, werden wir zornig und fangen nach einem Wort Streit an. Wir haben das Gefühl, wir müssen fort, ohne auch nur eine Stunde in der Nähe dieser Person zubringen zu können. Tag und Nacht, Nacht und Tag verbringen wir unser Leben in der Gesellschaft von Plagen, lassen Begierde für die angenehmen Dinge entstehen und Zorn für die unangenehmen. Das setzen wir sogar fort, wenn wir träumen: unfähig zu entspannen, bleibt der Geist ganz und gar und ununterbrochen vermischt mit Gedanken von Begierde und Haß.
Wo können wir Zuflucht nehmen? Eine Quelle der Zuflucht müßte alle Unzulänglichkeiten vollständig und endgültig überwunden haben, sie muß frei sein von allen Fehlern. Sie muß auch über alle Attribute der Selbstlosigkeit verfügen, also jene Erlangungen haben, die notwendig sind um das

Wohl anderer zu verwirklichen. Es ist zu bezweifeln, daß jemand Zuflucht gewähren könnte, dem diese beiden Voraussetzungen fehlen. Es wäre so, als würde man in einen Graben fallen und jemanden, der sich auch im Graben befindet, fragen, ob er einem heraushilft. Man muß jemanden um Hilfe fragen, der außerhalb des Grabens steht – es ist sinnlos sich an jemanden zu wenden, der sich in derselben mißlichen Lage befindet. Eine Zuflucht, die geeignet ist, vor den vielfältigen Schrecken Schutz zu bieten, darf nicht in diesem Leiden gebunden sein; sie muß von ihm frei und unbeeinträchtigt sein. Sie muß außerdem auch über die vollkommenen Erlangungen verfügen, denn es ist sinnlos, wenn man in den Graben gefallen ist, jemanden um Hilfe anzugehen, der draußen steht, aber nicht den Wunsch hat zu helfen oder den Wunsch hat, aber nicht die Möglichkeit.
Nur ein Buddha hat alle Fehler ausgelöscht und alle Erlangungen erreicht. Deshalb sollte man in seinem Geist zu einem Buddha Zuflucht nehmen, ihn mit der Rede preisen, und ihm mit dem Körper Achtung erweisen. Man sollte in die Lehre eines solchen Wesens eintreten.
Es sind drei Arten des Aufgebens von Unzulänglichkeiten über die ein Buddha verfügt – das gute, das vollständige und das unwiderrufliche Aufgeben. Das gute Aufgeben schließt ein, daß er die Hindernisse mit Hilfe ihrer Gegenmittel, und nicht bloß dadurch, daß er sich von diesen Tätigkeiten zurückgezogen hat, aufgegeben hat. Vollständiges Aufgeben heißt, daß er nicht oberflächlich von nur einigen Plagen oder gerade von den oberflächlichen Plagen, sondern daß er von allen Plagen Abstand genommen hat. Das unwiderrufliche Aufgeben überwindet die Saat der Plagen und die anderen Hindernisse in einer Weise, daß die Unzulänglichkeiten nie wieder entstehen werden, selbst wenn günstige Bedingungen dafür vorhanden sein sollten.
Wenn Tsong-ka-pa den Buddhismus preist, dann will er damit nicht andere Lehrer, wie etwa Kapila, (den Begründer des nicht-buddhistischen, indischen Sāṃkhya-Systems, Anm. d. Übers.), beleidigen. Aussagen über die Größe des

Buddhismus werden gemacht, um Einsgerichtetheit des Geistes auf die Übung hin zu entwickeln, denn jemand, der fähig ist, den Buddhismus zu praktizieren, muß auch die Willensanstrengung hierzu entwickeln. Er muß vom Grunde seines Herzens her Vertrauen in Buddhas Lehre haben. Es gibt ein tibetisches Sprichwort, das sagt: »Mit einer Nadel, die zwei Spitzen hat, kann man nicht nähen, mit einem Geist, der zwei Spitzen hat, erreicht man kein Ziel.« Ebenso wird ein Praktizierender, der zaudert, auf kein System die Mühe der Übung verwenden. Tsong-ka-pa behauptet, daß der Buddhismus das Beste ist, damit Personen, denen auf einem buddhistischen Pfad besser geholfen werden kann, als durch irgendein anderes System, sich nicht auf einen anderen Pfad leiten lassen.

Der bloße Glaube an eine Quelle der Zuflucht ist nicht beständig. Solange man kein wohlbegründetes Wissen hat, baut man nur auf die Behauptung, daß der Buddhismus gut ist. Die Zuflucht ist kein Akt von Parteigängertum, vielmehr gründet sie sich darauf, daß man untersucht, welche Schriften vernünftig sind und welche nicht. Damit der Geist einsgerichtet in die Übung eintritt, bedarf es der begründeten Überzeugung, daß nur der buddhistische Pfad nicht irrig ist, sondern fähig, zum Zustand einer vollständigen Freiheit von den Unzulänglichkeiten und zum Besitz aller glückverheißenden Erlangungen zu führen. Es gilt, in eine aufrichtige Überprüfung einzutreten, die, Begierde und Haß vermeidend, nach einer Lehre sucht, welche Mittel lehrt, die die Ziele der Lernenden erfüllen.

Die Frucht der Übung besteht in der Verwirklichung von zwei Arten von Zielen: die zeitliche Frucht eines Hohen Standes und die endgültige Frucht des Wirklich Guten. Hoher Stand bezieht sich auf ein Leben als Mensch oder als Gott anstelle eines Lebens als Tier, Hungriger Geist oder Höllenwesen. Das Wirklich Gute besteht in der vollständigen Befreiung aus dem Existenzkreislauf und der Erlangung der Allwissenheit eines Buddha. Der Buddhismus verfügt über Lehren, die sich ebenso auf beide Ziele gründen wie auf die

Mittel für ihre Verwirklichung. Zuerst wird der Hohe Stand erreicht und dann das Wirklich Gute, weil dieses vom ersteren abhängt. Zuerst sollte jedoch die Gültigkeit der Schriften, die sich auf die Verwirklichung des Wirklich Guten beziehen, nachgewiesen werden. Wenn die Gültigkeit der Schriften nachgewiesen ist, die die Befreiung und die Mittel für ihre Verwirklichung darlegen, und wenn die Überzeugung einer gültigen Erkenntnis entstanden ist, läßt sich auch die Überzeugung von der Unwiderlegbarkeit jener Schriften gewinnen, die einen Hohen Stand und die Mittel für seine Verwirklichung lehren.

Die Lehren, die der Buddha über die nicht-offensichtbaren Erscheinungen gegeben hat, sowie die äußerst subtilen Darstellungen solcher sehr verborgenen Erscheinungen wie Handlung *(karma)* und Wirkung, können nicht durch Beweisführung als richtig erkannt werden. Wie kann man dann ihre Richtigkeit feststellen?

Die Richtigkeit von offensichtbaren Erscheinungen braucht man nicht durch Beweisführung festzustellen, weil sie direkt den Sinnen erscheinen. Dagegen kann man die leicht verborgenen Erscheinungen mit Hilfe einer Beweisführung erkennen, die ein Verständnis aus Schlußfolgerungen bewirkt.

Leerheit ist zwar etwas sehr Tiefes, aber nur leicht verborgen und deshalb der Beweisführung zugänglich. Mit dem Entstehen einer Überzeugung von der Unbestreitbarkeit von Buddhas Lehren über die tiefe Leerheit, gelangt man auch zu der Überzeugung von der Gültigkeit seiner Lehren über die sehr verborgenen Erscheinungen, die einer Beweisführung nicht zugänglich, aber auch weniger wichtig sind.

Wir fragen uns vielleicht, wie es zum Beispiel möglich sein kann, was der Buddha in Sutras wie, *Der Weise und der Tor (Damamūkonāmasūtra)*, über die Wirkung von Taten berichtet. Da es sich um sehr verborgene Erscheinungen handelt, lassen sie sich durch Beweisführung nicht erkennen – es scheint so, als könne der Buddha behaupten, was er will. Allerdings können wir aufgrund unserer eigenen Erfahrungen Lehren bestätigen, die der Buddha zu wichtigeren

Punkten gegeben hat – zur Leerheit, zum selbstlosen Erleuchtungsgeist, zur Liebe und zum Mitgefühl. Diese Lehren sind fähig einer Untersuchung standzuhalten und können als mächtige Gedankenquellen dienen. Dabei spielt es keine Rolle, wer sie untersucht, wenn der Betreffende nicht durch Begierde oder Haß beeinflußt ist. Wenn man sieht, daß der Buddha mit diesen Erscheinungen, die von größerer Wichtigkeit sind, nicht fehlgeht, kann man zum ersten Mal auch die anderen Darstellungen von ihm annehmen.

Einige nehmen fälschlicherweise an, daß die mit Plagen behafteten Erscheinungen des Existenzkreislaufs und die gereinigten Erscheinungen des Nirvana sich nicht durch Beweisführung belegen lassen, und daß Befreiung und Allwissenheit, weil sie nicht direkt wahrgenommen werden können und nicht manifest sind, nur durch das Zitieren von Sutras zu beweisen seien. Sie haben nur Glauben in Schriften und lassen erkennen, daß ihnen die Grundlage fehlt. Wer von der Zuflucht solches behauptet, verkündet nur die Schwäche seiner Zuflucht. Der Vorgang des Existenzkreislaufs und seine Aufhebung lassen sich durch eine Beweisführung erkennen, die die falsche Vorstellung von inhärenter Existenz als seine Wurzel und die die Leerheit erkennende Weisheit als sein Gegenmittel feststellt.

Durch drei Arten der Untersuchung können selbst Schriften als gültig erwiesen werden, die sehr verborgene Erscheinungen lehren; Erscheinungen, die weder einer direkten Wahrnehmung noch einer Schlußfolgerung zugänglich sind. Diese Untersuchung besteht in der Feststellung, daß die betreffende Schriftstelle (1.) soweit sie offensichtbare Erscheinungen lehrt, durch eine direkt-gültige Wahrnehmung keinen Schaden leidet; daß sie (2.) soweit sie leicht verborgene Erscheinungen lehrt, nicht durch schlagende Beweisführung Schaden leidet; und daß sie (3.), wenn sie eine sehr verborgene Erscheinung lehrt, nicht durch eine Schlußfolgerung der Schrift Schaden leidet, etwa so, daß es zu einem inneren Widerspruch kommt. So ist selbst dieser Vorgang von Beweisführungen abgeleitet.

In den buddhistischen Schriften gibt es keine inneren Widersprüche, wohl aber in den nicht-buddhistischen. Damit ist nicht gesagt, daß die nicht-buddhistischen Schriften nicht in bezug auf bestimmte Bedeutungen gültig sein könnten. Was wir sagen ist, daß sie Widersprüche aufweisen in bezug auf die Erscheinungen, die zum Bereich der Begierde gehören und in bezug auf die Erscheinungen, die zum Bereich der Reinigung gehören. In den Schriften der Furtler gibt es nicht-irrige Erklärungen darüber, wie man die Vier Konzentrationen und die Vier Formlosen Versenkungen entstehen läßt, aber auch über geringere Formen der Verwirklichung von Selbstlosigkeit. Wenn es jedoch um das Hauptziel der Personen geht, weisen ihre Schriften innere Widersprüche auf. Zum Beispiel behaupten sie, daß der Schöpfer der Welt unvergänglich sei und vertreten dann die Meinung, daß es möglich sei, diesen, von jenem unvergänglichen Schöpfer geschaffenen Existenzkreislauf, zu überwinden. Wenn die Ursache unvergänglich wäre, müßte das auch für die Wirkung noch gelten. Es ist die Natur der Dinge, daß sie nicht überwunden werden können solange ihre Ursache nicht überwunden wird; somit müßte der Existenzkreislauf ohne Ende sein. Wie Dharmakīrti sagt:

> Weil das Unvergängliche nicht überwunden werden kann,
> ist es unmöglich, seine Kraft zu überwinden.

Zuerst ist es notwendig, zu zeigen, daß die Wurzel des Existenzkreislaufs in der Vorstellung von einem Selbst, das heißt, in der Vorstellung von inhärenter Existenz, besteht. Dann läßt sich zeigen, daß ein System, das die Ansicht von einem Selbst vertritt und damit die Ansicht von der Selbstlosigkeit zurückweist, sich selbst widerspricht, wenn es eine Befreiung aus dem Existenzkreislauf annimmt.

Das impliziert, daß vom Prāsaṅgika-Madhyamaka – das heißt, vom höchsten buddhistischen philosphischen System in Tibet – aus gesehen auch die unteren Schulen des Buddhismus, Svatantrika, Cittamātra, Sautrāntika und Vaibhāṣika, solche inneren Widersprüche aufzuweisen scheinen.

Nach dem Prāsaṅgika-Madhyamaka ist die Wurzel des Existenzkreislaufs die Vorstellung von der inhärenten Existenz der Erscheinungen und, daran anschließend, die falsche Vorstellung von der inhärenten Existenz eines ›Ich‹, also jene Vorstellung, die eine flüchtige Ansammlung als ›Ich‹ ansieht. Die anderen buddhistischen Systeme vertreten eine inhärente Existenz der Erscheinungen, dagegen vertreten die Prāsaṅgikas die Meinung, daß es sich bei inhärenter Existenz um das Bezugsobjekt eines irrigen, ein Selbst vorstellendes, Bewußtseins handelt. Wenn die unteren Schulen eine Befreiung aus dem Existenzkreislauf annehmen, schließt das also einen scheinbaren Widerspruch mit ein, der nur dann gelöst wird, wenn man in Betracht zieht, daß es sich bei dieser Lehre um eine nicht-endgültige Lehre handelt, die für jene gegeben wurde, die die höchste Ansicht nicht fassen können.

Es ist der Pfad der Befreiung, der die hinzugekommenen Verunreinigungen von der, ihrer Natur nach reinen, Ausdehnung der Soheit entfernt. Die Befreiung ist jener Zustand, in dem diese hinzugekommenen Verunreinigungen beseitigt sind. Es scheint, daß es Lehrer gibt, die Pfade gelehrt haben, ohne um diese Befreiung oder den zu ihr führenden Pfad zu wissen. Im *Kālacakra Tantra* werden zunächst die verschiedenen Systeme dargelegt und mit Hilfe von Beweisführung ihre relative Über- und Unterlegenheit erklärt. Dann heißt es: »Es ist nicht angebracht, andere Systeme zu verachten.« Als Grund hierfür wird angegeben, daß nicht-buddhistische Systeme oft durch die ermächtigende Segnung von Buddhas gelehrt wurden.

Es gibt Fälle von Lehrern, die in Unwissenheit Pfade erklärt haben, doch andere Lehrer waren Hervorbringungen des Buddha, frei von allen Unzulänglichkeiten und versehen mit allen Erlangungen. Sie kannten den Unterschied zwischen irrigen und nicht-irrigen Pfaden; weil es zu diesem Zeitpunkt aber vielleicht keinen Zweck hatte, einen nicht-irrigen Pfad zu lehren, legten sie – unter dem Vorwand, keinen anderen Pfad zu kennen – einen nicht-endgültigen Pfad dar.

Wer die Fähigkeit dazu hat, sollte auf einem nicht-irrigen

Pfad fortschreiten; eignet sich für jemanden ein anderer Pfad, so ist dieser der richtige. Für eine Person, die zum Beispiel nicht fähig ist, das Madhyamaka zu üben, die aber das Cittamātra praktizieren kann, ist das Cittamātra nicht-irrig. Das gleiche gilt auch in bezug auf nicht-buddhistische Lehren. Auch andere Lehrer, ihre Lehren und die, die sie praktizieren, können eine Zuflucht sein – wenn auch keine endgültige.

Wenn mit Hilfe unvoreingenommener Überprüfung und einwandfreier Beweisführung die Überzeugung von der Quelle der Zuflucht entstanden ist, hat der Glaube Beständigkeit und Macht. Einen solchen Glauben kann man nicht entstehen lassen, wenn man sich allein auf Schriften stützt. Die Mittel, um eine derartige Überzeugung entstehen zu lassen, werden in den *Sieben Abhandlungen* von Dharmakīrti dargelegt. Diese bestehen aus drei Hauptwerken und vier Werken der weiteren Ausführung. Das ausführlichste unter den Hauptwerken ist der *Kommentar zu (Dignāgas) Kompendium gültiger Erkenntnis (Pramāṇavarttika)*, das von mittlerer Länge ist die *Bestimmung von gültiger Erkenntnis (Pramāṇaviniścaya)*, das zusammengefaßte ist sein *Tropfen der Beweisführung (Nyāyabindu)*. Die vier Werke der weiteren Ausführung sind sein *Tropfen des Grundes (Hetubindu)*, die *Untersuchung der Verbindung (Saṃbandhaparīksa)*, die *Beweisführung für die Debatte (Vādanyāya)* und der *Beweis der anderen Kontinuen (Saṃtānāntarasiddhi)*. Aus begründeter Untersuchung entsteht innere Überzeugung.

## *Hinayana und Mahayana*

Wenn ein Hörer die Attribute des Bereichs der Begierde, also angenehme Töne, Gerüche, Geschmäcke und fühlbare Objekte, einsgerichtet als täuschend betrachtet, übt er in einer Weise, die der Praxis der Hinayanadisziplin entspricht. Āryadeva sagt, wer dieser begierdelosen Praxis nachgeht, habe ein ›Interesse am Geringen‹, weil dieser Pfad einer Geistesnatur entspricht, der die Stärke jener ungewöhnlichen Haltung fehlt, die die Last des Wohles aller fühlenden Wesen auf sich nimmt. Er ist unfähig zu üben, indem er die große Macht der Begierde auf dem Pfad benutzt, deshalb wird ihn eine Weise gelehrt, die frei ist von Begierde.

Solange du keinen Gebrauch machen kannst von der Begierde, läufst du Gefahr, unter ihren Einfluß zu geraten; deshalb ist es in diesem Falle besser, wenn du auf einem Pfad fortschreitest, der frei ist von Begierde. Es wird dir sonst eher schaden als nützen, wenn du versuchst, Begierde auf dem Pfad zu verwenden. Der einzige Weg ist das Verbot. Dies ist die Weise der Übung des Hinayana.

Für jene, die am Weiten interessiert sind, werden die Übungen des Sutra-Mahayana der Stufen und Vollendungen gelehrt, die das Ursache- oder Vollendungsfahrzeug ausmachen. Jene, die über ein Interesse am Weiten hinaus noch ein Interesse an der endgültigen Tiefe haben, werden Übungen gelehrt, innerhalb derer man Begierde auf dem Pfad benutzt. Dies ist das Tantra-Mahayana.

Der indische Gelehrte Tripitakamāla faßt alle Lehren des Buddha in diesen drei Weisen zusammen – die Weise des Hinayana der Vier Edlen Wahrheiten, die Weise des Sutra-Mahayana der Vollendungen von Geben, Ethik, Geduld, Anstrengung, Konzentration und Weisheit und die Weise des Tantra-Mahayana, des Geheimen Mantra. So wird also Buddhas Wort in die beiden Abteilungen der Schriften des Hinayana und des Mahayana unterteilt, und ebenso wird der vom Wort des Buddha ausgedrückte Gegenstand, die Fahrzeuge und Pfade, in Hinayana und Mahayana unterteilt. Das Hinayana unterteilt sich wiederum in zwei Fahrzeuge, ein Hörer-Fahrzeug *(Śravakayāna)* und ein Fahrzeug der Einsamen Verwirklicher *(Pratyekabuddhayāna)*. Es gibt zwei Arten der Einsamen Verwirklicher – Einsame Verwirklicher, die sich zusammenschließen und Einsame Verwirklicher von der Art des Nashorns. Sich zusammenschließende Einsame Verwirklicher sind etwas sozialer – sie bleiben für längere Zeit in Gruppen oder Gemeinschaften zusammen –, als die Einsamen Verwirklicher von der Art des Nashorns, die allein bleiben, weil es ihnen unpassend erscheint in Gesellschaft zu sein. Hörer und Einsame Verwirklicher geben in gleicher Weise die Vorstellung von inhärenter Existenz auf. Allerdings häufen Einsame Verwirklicher mehr Verdienst an als die Hörer und sind deshalb fähig, ohne in diesem Leben auf einen Lehrer angewiesen zu sein, die Frucht ihres Fahrzeuges zu verwirklichen und ein Feind-Besieger zu werden – Besieger des Feindes, der in den Plagen besteht, unter denen die wichtigste die Vorstellung von inhärenter Existenz ist. Es ist die Kraft des Verdienstes, das sie über einhundert Zeitalter hinweg anhäufen, durch die sie ›ohne Abhängigkeit‹ die Frucht ihres Fahrzeuges verwirklichen. Man sagt von Einsamen Verwirklichern, daß sie sehr stolz sind und ihre Unabhängigkeit lieben. Meistens erlangen sie ihre Erleuchtung während eines dunklen Zeitalters, wenn keine Buddhas erscheinen – vielleicht, damit die Gegenwart eines Buddha sie nicht überstrahlt, wahrscheinlich aber, weil sie so von größerem Nutzen für andere sind. Wie Nāgārjuna in seiner *Abhandlung vom Mittleren Weg (Madhyamakaśāstra, XVIII.12)* sagt:

Obwohl die vollkommenen Buddhas nicht erscheinen
und die Hörer verschwunden sind,
entsteht doch, ohne einen Beistand,
die Weisheit des Einsamen Verwirklichers.

Sowohl Hörer als auch Einsame Verwirklicher suchen nach der Weisheit, die die nicht-inhärente Existenz aller Erscheinungen – der Person wie der anderen Erscheinungen – erkennt. Und zwar deshalb, weil die Vorstellung von inhärenter Existenz die Hauptfessel ist, die uns im Existenzkreislauf bindet; die anderen Fesseln sind die Plagen von Begierde, Haß und Unwissenheit, die durch die Vorstellung der inhärenten Existenz bedingt sind. Nach dem Mantra sind es zwei Ursachen, die uns im Existenzkreislauf festhalten: Unwissenheit und Winde [Energieströme]. Von diesen ist die Unwissenheit die Hauptursache, da sie eine inhärente Existenz annimmt. Die Winde, welche als Träger des mit Plagen behafteten Denkens dienen, sind die mitwirkenden Ursachen im Prozeß des Existenzkreislaufs.

Hörer und Einsame Verwirklicher verstehen, daß es unmöglich ist, den Existenzkreislauf zu überwinden, ohne die Weisheit von der Selbstlosigkeit zu verstehen. Sie verstehen, daß sie dieser Weisheit bedürfen und streben nach ihr, begleitet von Ethik, Meditativer Gleichgewichtsfindung usf. Durch diesen Pfad löschen sie alle Plagen aus.

Es gibt vier Schulen buddhistischer Lehrmeinungen: Vaibhāṣika, Sautrāntika, Cittamātra und Madhyamaka, welches sich wiederum in Svātantrika und Prāsaṅgika unterteilt. Als höchste philosophische Schule gilt die des Prāsaṅgika, zu dessen Lehrern Nāgārjuna, Āryadeva, Buddhapālita, Candrakīrti, Sāntideva und Atīśa gehören. Die Anhänger des Hinayana und die Anhänger des Mahayana – das heißt, jene, die nicht fähig sind, die Last des Wohles aller fühlenden Wesen zu tragen und jene, die die Fähigkeiten haben, die Last der Wesen des gesamten Raumes auf sich zu nehmen – erkennen beide gleichermaßen die subtile Leerheit der Person und der anderen Erscheinungen. Sie erkennen, daß sowohl die Person als auch die anderen Erscheinungen, so wie Geist und Körper, nicht inhärent oder aus sich heraus existieren.

Doch alle anderen Schulen sind der Ansicht, daß die Anhänger des Hinayana, also Hörer und Einsame Verwirklicher, nur eine Selbstlosigkeit der Person erkennen, die in einer nicht-substantiellen Existenz der Person besteht, in dem

Sinne, daß die Person keinen Charakter hat, der vom Charakter von Geist und Körper verschieden wäre. Vom Standpunkt des Prāsaṅgika aus reicht diese Weisheit als Mittel der Befreiung vom Existenzkreislauf nicht aus. Für die Prāsaṅgikas ist die Beschreibung der falschen Vorstellung durch andere Schulen nicht die Beschreibung der angeborenen, sondern die einer künstlichen Form der falschen Vorstellung von einer substantiell existenten Person. Die angeborene Form dieser groben Art einer falschen Vorstellung von einem Selbst besteht für sie darin, die Person als einen Überwacher von Geist und Körper aufzufassen – ähnlich einem Herrn und seinen Dienern. Dazu gehört aber nicht, daß man die Person so auffaßt als habe sie einen von Geist und Körper verschiedenen Charakter. Zur letzteren Auffassung kommt es nur, wenn man sich den Lehrmeinungen eines nicht-buddhistischen Systems anschließt, darum spricht man von einer ›künstlichen‹ statt einer ›angeborenen‹ falschen Vorstellung. Vom Prāsaṅgika-System aus gesehen ist die von den unteren Schulen dargelegte Selbstlosigkeit der Person somit nur eine *grobe* Selbstlosigkeit; sie ist lediglich die Negation eines Selbst, wie es Gegenstand einer *künstlichen* falschen Vorstellung von der Natur einer Person ist.
Die Nicht-Prāsaṅgika-Systeme, das heißt Svātantrika, Cittamātra, Sautrāntika und Vaibhāṣika, vertreten die Meinung, daß Hörer und Einsame Verwirklicher eine Selbstlosigkeit von anderen Erscheinungen als der Person nicht erkennen. Nach ihnen ist es lediglich die Selbstlosigkeit der Person, die sie erkennen, das heißt, sie erkennen, daß die Person leer ist von einer substantiellen Existenz oder Eigenständigkeit. Sie meinen, daß Hörer und Einsame Verwirklicher allein durch diese Erkenntnis Befreiung erlangen. Tsong-ka-pas Standpunkt ist eindeutig der, daß nach den Nicht-Prāsaṅgika-Systemen Hörer und Einsame Verwirklicher in dieser Weise Befreiung erlangen. Wenn er die Art von Selbstlosigkeit beschreibt, die sie erkennen, dann sagt er: was sie erkennen ist nicht, daß die Person leer ist von natürlicher Existenz, sondern daß sie leer ist von der substantiellen Existenz, *wie*

*die Nicht-Buddhisten sie (der Person) beilegen.* Es scheint so, als sage Tsong-ka-pa, daß es nach Meinung der Lehrsysteme von Vaibhāṣika und Sautrāntika nur darum gehe, zu erkennen, daß eine Person leer davon ist, eine unvergängliche, teillose, unabhängige Entität zu sein. Wir müssen allerdings sagen, daß Svātantrika, Cittamātra, Sautrāntika und Vaibhāṣika nicht behaupten, es sei eine *angeborene* falsche Vorstellung von einem Selbst, gegen die die Erkenntnis der Leerheit einer Person davon, unvergänglich, teillos und unabhängig zu sein, sich richte. Auch in ihrem eigenen System ist die Vorstellung von der Person als unvergänglich, teillos und unabhängig nur eine künstliche, verstandesmäßig angeeignete und keine angeborene.

Die angeborene Vorstellung von einem Selbst, die keine auf Beweisen gründende Bestätigung mit einschließt, ist das, was die Wesen im Existenzkreislauf bindet. Sie besteht nach diesen Systemen in der Vorstellung, daß die Person eine substantiell existente oder eigenständige Entität ist. Die Nicht-Prāsaṅgika-Systeme sagen selbst, man könne beliebig viel darüber meditieren, daß die Person unvergänglich, teillos und unabhängig sei: der Vorstellung von substantieller Existenz oder Eigenständigkeit könne das keinen Schaden zufügen. Dementsprechend erkennen Hörer und Einsame Verwirklicher eine Selbstlosigkeit, die die nicht-substantielle oder nicht-eigenständige Natur der Person ist. In diesem Pfad müssen sie sich üben, und durch dieses Mittel schreiten sie fort.

Tsong-ka-pa scheint hier und an anderen Stellen zu sagen, daß die unteren Systeme die subtile Selbstlosigkeit selbst als ein Nicht-Unvergänglich-, Unteilbar- und Unabhängigsein der Person beschreiben. Viele Gelehrte sagen, Tsong-ka-pa beziehe sich nur darauf, was die unteren Systeme implizieren, wenn man sie vom Standpunkt des Prāsaṅgika aus betrachtet. Das heißt, wenn die Prāsaṅgikas die in den unteren Systemen dargelegten Gründe für den Beweis der Selbstlosigkeit betrachten, dann finden sie, daß da eine inhärente oder natürliche Existenz vorausgesetzt wird, und sie sehen, daß die

Beweisführung, die von diesen Schulen für die Widerlegung des Selbst angeführt wird, zu nicht mehr imstande ist, als die Existenz einer Person zu widerlegen, deren Charakter vom Charakter von Geist und Körper verschieden ist.

Nach den Prāsaṅgikas kann man die Vorstellung von einem Selbst nicht beseitigen, wenn man nicht in bezug auf die geistigen und physischen Anhäufungen die Vorstellung von inhärenter Existenz überwindet. Zum Existenzkreislauf kommt es durch die Macht der Handlungen, und zu den Handlungen kommt es durch die Macht der Plagen. Weil das so ist, läuft ein Aufgeben der Handlungen hinaus auf ein Aufgeben der Plagen. Ein Aufgeben der Plagen läuft hinaus auf ein Aufgeben der Vorstellungen. Ein Aufgeben der Vorstellungen läuft hinaus auf ein Aufgeben der vielheitlichen Tätigkeit der Vorstellung von inhärenter Existenz, die nur durch einen Geist aufgegeben werden kann, der die Leerheit erkennt.

Nach dem endgültigen Gedanken der *Sutras der Vollendung der Weisheit* gehört zur Befreiung aus dem Existenzkreislauf eindeutig beides – die Erkenntnis der Selbstlosigkeit der Person sowie der anderen Erscheinungen. Es sind nicht nur die Schriften des Mahayana, in denen dies gelehrt wird, auch die Hinayanaschriften lehren es, wenn auch nicht die Hinayana-Systeme von Vaibhāṣika und Sautrāntika. In den Schriften beider Fahrzeuge werden jedoch verschiedene Wege gelehrt, um auf dem Pfad fortzuschreiten. Diese gilt es zu untersuchen, um festzulegen, welche von ihnen einer Interpretation bedürfen und welche eindeutig sind. So wird zum Beispiel gelehrt, daß man bloß durch die Erkenntnis der groben Selbstlosigkeit, das heißt, durch die Erkenntnis des Fehlens einer substantiellen oder eigenständig existierenden Person, die Befreiung erlangen kann, während diese Erkenntnis tatsächlich ebenso wie die der Vergänglichkeit nur dazu angetan ist den Geistesstrom zu üben, nicht aber ihn zu befreien.

Um es allgemein zu sagen: wir befinden uns unter dem starken Einfluß der Vorstellung von inhärenter Existenz, und es liegt an ihr, daß wir nicht den Wunsch haben, von dem Existenzkreislauf frei zu werden. Wenn wir jedoch sehen, daß alles Zusammengesetzte vergänglich ist, dann hilft uns das, bis zu einem Punkt vorzurücken, an dem wir fähig sein werden, die Vorstellung von inhärenter Existenz zu überwinden. Wer nur Gefäß ist für solche Pfade, die den Geistesstrom üben, aber nicht befreien, gehört zu den Lernenden von beschränkten Fähigkeiten. Wer außerdem auch Gefäß für den Pfad der Befreiung ist, eignet sich auch für die Lehre von der Selbstlosigkeit der Erscheinungen. Es gibt also zwei Arten von Lernenden des Hinayana – die mit beschränkten und die mit scharfen Fähigkeiten. Die letzteren sind die hauptsächlichen oder besonderen unter den Lernenden des Hinayana – wenn auch nicht die Mehrheit.

Die Mutter, die Vollendung der Weisheit, ist die gemeinsame Ursache für alle vier Söhne – die Höheren Hörer, Einsamen Verwirklicher, Bodhisattvas und Buddhas. Hinayana und Mahayana werden also nicht nach ihrer Sichtweise sondern an Hand der begleitenden Methoden unterschieden. Diese sind insbesondere der strebende, und der angewandte Erleuchtungsgeist sowie die Taten der Sechs Vollendungen, die es im Mahayana gibt, aber im Hinayana nicht.

›Yāna‹ (Fahrzeug) hat zwei Bedeutungen: das Mittel, mit dem man sich fortbewegt und der Bestimmungsort auf den hin man fortschreitet. Mahayana im Sinne eines Fahrzeugs, mit dem man sich fortbewegt, bedeutet, daß man vom Erleuchtungsgeist motiviert ist – man wünscht, daß man das Objekt der eigenen Absicht erlangt, das heißt, die höchste Erleuchtung zum Heil aller Wesen. Außerdem bedeutet es, daß man die Sechs Vollendungen übt. Diese Pfade der Übung sind die Übung des Mahayana ganz allgemein. Madhyamaka und Cittamātra haben zwar verschiedene Ansichten, deshalb bilden sie aber nicht verschiedene Fahrzeuge, weil man Fahrzeuge durch die Methode unterscheidet, und die ist im Cittamātra und Madhyamaka die gleiche – der selbstlose Erleuchtungsgeist und die ihn begleitenden Übungen. Allerdings sind es jene, die fähig sind, so wie im Madhyamaka, die subtile Selbstlosigkeit der Erscheinungen zu begreifen, die die Hauptlernenden des Mahayana darstellen. Auch die Mantra-Abteilung des Mahayana ist, alle vier Tantraklassen mit einschließend, im Besitz von eben diesen Methoden zur Erzeugung des selbstlosen Geistes und der Taten der Vollendungen.

Die Gründe und Notwendigkeiten sehend, hat der Buddha viele Systeme und Fahrzeuge dargelegt, die jedoch nicht deshalb entstanden, weil einige Lernende ihm vertraut und andere ihm fremd gewesen wären. Die Lernenden, die seinen Lehren zuhörten, hatten verschiedene Anlagen, Interessen und Fähigkeiten, deshalb lehrte er sie die Methoden, die jeweils zu ihnen paßten. Wenn jemand zeitweilig nicht den Mut aufbrachte nach Buddhaschaft zu streben oder überhaupt nicht die Fähigkeit hatte, Buddhaschaft zu erreichen, so hat der Buddha ihm auch nicht gesagt: ›Du kannst Buddhaschaft erlangen!‹ Stattdessen legte er ihm einen Pfad dar, der zu seinen Fähigkeiten paßte. Buddha sprach so, wie es der Situation der Zuhörer entsprach, und alles, was er sagte, war ein Mittel, um schließlich höchste Erleuchtung zu erlangen, auch wenn er nicht immer sagte, es sei ein Mittel, um Buddhaschaft zu erlangen.

Der Zweck des Kommens des Buddha liegt darin, daß andere die Weisheit der Buddhaschaft erlangen. Deshalb bilden die Methoden für die Verwirklichung dieser Weisheit nicht zwei, sondern nur ein Fahrzeug. Ein Buddha führt die Wesen nicht mit einem Fahrzeug, das nicht zu Buddhaschaft führt; es ist seine eigene Ebene, in die er die Wesen einführt. Die Vielfalt der Fahrzeuge hat er in Entsprechung zu zeitweiligen Bedürfnissen dargelegt.

*Frage:* Maitreya hat gesagt, wenn jemand die Anlage zum Mahayana in sich trägt und er kommt zeitweilig dazu sich in der Hölle aufzuhalten, ist sein Fortschreiten zur reinen Erleuchtung nicht unterbrochen. Wenn er aber angezogen würde von Hinayanaübungen, die einzig zu einem Zustand des Friedens führen, und mit denen er allein danach trachten würde sich selbst Hilfe und Glück zu verschaffen, würde das sein Fortschreiten entscheidend unterbrechen. So ist also nach Maitreya das Erzeugen einer Hinayanahaltung ein größeres Hindernis als eine Geburt in der Hölle; wie kann man dann sagen, das Hinayana sei ein Mittel, das zur Buddhaschaft führt?

*Antwort:* Wenn jemand die Fähigkeit hat das Mahayana zu üben, tut es aber nicht und nimmt stattdessen Übungen des Hinayana auf, so wird dieses Handeln seinen Fortschritt zur Buddhaschaft entscheidend unterbrechen. Es wird jedoch nicht gesagt, daß das Erzeugen einer Hinayanahaltung für jedermann ein Hindernis zur Buddhaschaft sei. Das gilt nur für jene, die fähig wären, einen Bodhisattva-Pfad zu praktizieren. Es hängt vom Einzelnen ab.

Trotzdem ist das Hinayana kein Teil des Mahayana. Hinayana-Pfade sind ergänzende Hilfen auf dem Pfad zur Buddhaschaft, aber nicht eigentlich Mahayana-Pfade. Das Mahayana verfügt über die vollständigen Pfade für die Erlangung von Buddhaschaft, somit gibt es zwischen dem Hinayana und dem Mahayana einen Unterschied nach Unvollständigkeit und Vollständigkeit und somit nach Unterlegenheit und Überlegenheit. Weil jeder über die Buddhanatur verfügt, die ihm eine volle Erleuchtung möglich macht, ist das Hinayana ein eigenes, aber nicht ein endgültiges Fahrzeug.

Die Lehre, daß in allen Wesen Buddhanatur vorhanden ist, die sie mit der ›substantiellen Ursache‹ für die Erlangung von Buddhaschaft versieht, flößt Mut ein. Buddhanatur ist die Anlage zur Buddhaschaft, von der es zwei Arten gibt: die natürliche Anlage und die Anlage der Verwandlung. Die natürliche Buddhaanlage ist die Leerheit des Geistes und die Buddhaanlage der Verwandlung ist, nach dem Mantra, der verunreinigte Geist des Klaren Lichtes, der als Ursache für die Buddhaschaft dient.

In der Nyingma-Schule der früheren Übersetzungen wird gesagt, daß die Buddhaschaft in uns von Anfang vorhanden ist. Diese Lehre bezieht sich auf den äußerst subtilen Geist des Klaren Lichtes, den wir gegenwärtig in unserem Kontinuum haben; im Sinne der Entität des grundlegenden, angeborenen

Geistes ist er nicht verschieden vom Geist eines Buddha. Es ist das Kontinuum unseres grundlegenden, angeborenen Geistes, das zum Weisheitskörper eines Buddha wird; deshalb verfügen wir jetzt schon über alle wesentlichen Bestandteile für die Verwirklichung von Buddhaschaft und sollten nicht anderswo nach Buddhaschaft suchen. Dies ist eine sehr berühmte und bedeutungsvolle Anweisung der religiösen Sprache des Nyingma-Ordens.

Es ist nicht sehr umfassend, wenn wir an die Buddhanatur nur im Sinne einer Leerheit von inhärenter Existenz denken, denn dann könnte man auch von der Leerheit eines Topfes sagen, sie sei Buddhanatur, weil sie eine Leerheit von inhärenter Existenz ist. Bei dieser Nyingma-Lehre wird es sehr deutlich, daß es sich bei der Buddhaschaft um eine positive Erscheinung handelt – um den Geist des Klaren Lichtes. In den Kontinuen aller fühlenden Wesen ist dieser wesentliche Bestandteil vorhanden, der die Erleuchtung möglich macht, und der Buddha kennt die Mittel, um alle Lernenden durch die Stufen des Pfades zu führen – also würde er den Fehler der Kleinlichkeit besitzen, wenn er diese Mittel vor ihnen versteckte. Sein Geist wäre befangen. Er hätte kein unbeschränktes Mitgefühl. Gerade umgekehrt hat der Buddha aus seinem unbegrenzten Mitgefühl mit den verschiedenen Fahrzeugen alle Methoden für die Verwirklichung der Allwissenheit gelehrt.

Im *Eintritt in die Bodhisattvataten (Bodhisattvacaryāvatāra)* von Śāntideva heißt es, der wahrheitsliebende Buddha habe gelehrt, daß selbst Bienen und Esel, wenn sie Anstrengung aufbringen, Buddhaschaft erlangen können. Warum sollten wir, da wir jetzt einen menschlichen Körper erlangt haben und mit der Lehre zusammengetroffen sind, dann nicht Buddhaschaft erlangen können, wenn wir die Macht mutiger Anstrengung entstehen lassen?

# *Vajrayana*

Das Geheime Mantra-Fahrzeug wird verborgen gehalten, weil es für den Geist vieler nicht geeignet ist. Übungen zur Verwirklichung von Tätigkeiten wie Befriedung, Vermehrung, Kontrolle und Wildheit, die selbst das Vollendungsfahrzeug nicht lehrt, werden im Mantra-Fahrzeug nur im Verborgenen gegeben, weil jemand mit unreiner Motivation sich und anderen Schaden zufügen würde, wenn er diese Übungen aufnähme. Solange der eigene Geist noch nicht durch die dem Sutra- und Tantra-Mahayana gemeinsamen Übungen zur Reife gebracht ist, [das heißt, durch die Erkenntnis von Leiden, Vergänglichkeit, Zuflucht, Liebe, Mitgefühl, die Erzeugung eines selbstlosen Geistes und die Leerheit von inhärenter Existenz], kann es sein, daß die Übungen des Mantra-Fahrzeugs den zerstören, der eine Praxis aufnimmt, die seinen Fähigkeiten nicht entspricht. Eine offene Verbreitung ist untersagt, und die Übenden müssen Geheimhaltung gegenüber jenen praktizieren, die keine Gefäße für diesen Pfad sind.

Das Wort ›Mantra‹ bedeutet ›Geist-Schutz‹. Mantra schützt den Geist vor allen gewöhnlichen Erscheinungen und Begriffen. ›Geist‹ bezieht sich hier auf alle sechs Arten von Bewußtsein: Seh-, Hör-, Riech-, Schmeck-, Körper- und Geist-Bewußtsein. Diese müssen von der Welt befreit oder vor ihr geschützt werden. In der Übung des Mantra gibt es zwei Faktoren – der Stolz, selbst eine Gottheit zu sein und die lebhafte Erscheinung dieser Gottheit. Der göttliche Stolz schützt vor Gewöhnlichkeit, und die lebhafte göttliche Erscheinung schützt vor gewöhnlichen Erscheinungen. Alles was den Sinnen erscheint, betrachtet man als das Spiel einer Gottheit. So werden zum Beispiel alle gesehenen Formen als die Hervorbringungen einer Gottheit gesehen, und jeder Ton den man hört, wird als ihr Mantra betrachtet. Dies schützt vor gewöhnlichen Erscheinungen, und durch den Wandel der

Einstellung entsteht der Stolz, eine Gottheit zu sein. Einen solchen Schutz des Geistes, zusammen mit den begleitenden Versprechen und Gelübden, nennt man die Übung des Mantra.

Es wird auch gesagt, die Silbe ›Man‹ in ›Mantra‹ sei ›Wissen von der Soheit‹ und ›tra‹ wird abgeleitet von ›traya‹, was ›Mitgefühl, das die Wanderer schützt‹ bedeutet. Diese Erklärung wird von allen vier Tantraklassen geteilt. Vom besonderen Gesichtspunkt des Höchsten Yoga Tantra aus, kann man unter dem ›Mitgefühl, das die Wanderer schützt‹ aber auch die Weisheit der Großen Glückseligkeit verstehen. Zu dieser Interpretation kommt es im Rahmen eines etymologischen Zusammenhangs des Sanskritwortes für Glückseligkeit *sukha,* das als ›Einhalten von Freude‹ erklärt wird. Wenn jemand Mitgefühl entwickelt, also unfähig wird die Leiden der Wesen zu ertragen, ohne tätig zu werden, um sie zu erleichtern, tut das Freude, Friede und Entspannung vorübergehend ›Einhalt‹. Im Höchsten Yoga Tantra bezeichnet das Wort ›Mitgefühl‹ *(karuṇā)* also das Einhalten der Freude des Aussendens der vitalen Essenz und ist bezogen auf die Weisheit von der Großen Glückseligkeit *(mahāsukha)*. Es ist das Mantra der eindeutigen Bedeutung und die Gottheit der eindeutigen Bedeutung.

Nach einer Interpretation, die für alle vier Tantras gilt, meint ›Mitgefühl, das die Wanderer schützt‹ eine untrennbare Einheit von der die Leerheit erkennenden Weisheit und von Großem Mitgefühl, oder eine Vereinigung von Weisheit und Methode – die Weisheit in Vereinigung mit der Methode, und die Methode in Vereinigung mit der Weisheit.

›Fahrzeug‹ läßt sich unter zwei Aspekten betrachten: als Wirkung-Fahrzeug, das heißt, als das Objekt, auf das hin man fortschreitet, und als Ursache-Fahrzeug, das heißt, als das Mittel, mit dem man sich fortbewegt. Im Vajra-Fahrzeug gibt es zwar sowohl Ursache- als auch Wirkung-Fahrzeuge, trotzdem nennt man es Wirkung-Fahrzeug, weil hier ein Pfad der Imagination geübt wird, in dem man auf der Basis überzeugter Vorstellung, die Aspekte der vier vollkommenen

Reinheiten annimmt – die des *Aufenthaltsorts* an dem der Tathagata nach der vollen Erleuchtung weilt, des *Körpers*, der Manifestation des Weisheit-Wahrheitskörpers des Buddha in der Form eines Wohnsitzes mit Bewohnern, des *Reichtums*, den man im hohen Zustand der Buddhaschaft genießt und der höchsten *Heilsaktivität*, mit der ein Buddha die Wesen zur Reife bringt. Es sind Entsprechungen zu diesen vier Faktoren des Zustandes der Wirkung, die in der Meditation kultiviert werden.

Die Wirkung, das heißt, die Weise des Mantra, ist im Höchsten Yoga Tantra die Weisheit der Großen Glückseligkeit; die Ursache, das heißt, die Weise der Vollendungen, ist die in den Schriften des Madhyamaka dargelegte Weisheit der Erkenntnis der Leerheit. Die untrennbare Einheit dieser beiden ist es, was gemeint ist mit ›untrennbare Einheit von Glückseligkeit und Leerheit‹.

Nach dem *Kālacakra Tantra* ist die Ursache die Leerheit. Diese Leerheit besteht aber nicht in der Leerheit von inhärenter Existenz, sondern in der Negation physischer Partikel. Dies wird ›Form der Leerheit‹ genannt, es ist eine Form leer von physischen Partikeln, jenseits von Materie. Geschmückt mit den Merkmalen und Zeichen eines Buddha im Vater-und-Mutter-Aspekt, ist diese Form der Leerheit die Ursache. Die Wirkung ist die höchste, unwandelbare Glückseligkeit, die abhängig von verschiedenen leeren Formen entsteht. Die Einheit dieser zwei ist das Ursache-Wirkung-Fahrzeug. Diese Untrennbarkeit von in jeder Hinsicht höchster Form der Leerheit und höchster, unwandelbarer Glückseligkeit im Kontinuum eines Lernenden, ist ein Fahrzeug im Sinne des Fortbewegungsmittels. Im Kontinuum eines Nicht-Lernenden, eines Buddha also, ist es ein Fahrzeug im Sinne von dem, auf das hin man fortschreitet. Es gibt also zwei Arten der Einheit von in jeder Hinsicht höchster Form von Leerheit und höchster, unwandelbarer Glückseligkeit.

Diese Art der Darlegung der untrennbaren Einheit von Methode und Weisheit gibt es nur im Höchsten Yoga Tantra und dort besonders im *Kālacakra Tantra.* Es ist eine Erklärung, die nicht für die drei unteren Tantras von Handlung, Ausübung und Yoga gilt, weil diese nicht die Mittel haben, um die unwandelbare Große Glückseligkeit entstehen zu lassen. Das *Kālacakra Tantra* hat sechs Zweige: Rückzug, Konzentration, Lebenskraft und Bemühung, Halten, Achtsamkeit und Meditative Gleichgewichtfindung. Mit dem Zweig der Achtsamkeit wird eine Form der Leerheit verwirklicht, und gestützt darauf entsteht der Zweig der Meditativen Gleichgewichtfindung – die höchste, unwandelbare Glückseligkeit. Die drei unteren Tantras verfügen nicht über alle Faktoren, die zu den fünf ursächlichen Zweigen gehören, darum haben sie natürlich auch den sechsten Zweig nicht.

Untrennbarkeit von Methode und Weisheit weist auf die Notwendigkeit hin, mit untrennbarer Methode und Weisheit fortzuschreiten, um Befreiung vom Existenzkreislauf und Allwissenheit zu erlangen – die Frucht des Wirklich Guten. Diese Weise des Vorgehens ist Ursache-Fahrzeug und Wirkung-Fahrzeug gemeinsam. Im Vollendungsfahrzeug bezieht sich »untrennbare Methode und Weisheit« auf die mit der Weisheit vereinte Methode und die mit der Methode vereinte Weisheit. Wenn der selbstlose Erleuchtungsgeist manifest wird, ist der Geist, der die Leerheit erkennt, nicht gegenwärtig, und wenn die wirkliche Erkenntnis der Leerheit manifest wird, ist der selbstlose Erleuchtungsgeist nicht gegenwärtig. Nach dem Vollendungsfahrzeug ist es nicht angängig, daß man nur im Meditativen Gleichgewicht über die Leerheit bleibt, ohne, zu anderen Zeiten, auch die Vollendungen von Geben usf. auszuüben; und ebenso ist es nicht angängig nur den Übungen von Geben usf. nachzugehen ohne, zu anderer Zeit, auch in die Meditation über die Leerheit einzutreten. Weil das so ist, muß ein Yogi des Vollendungsfahrzeugs jenen Geist kultivieren, der die Leerheit erkennt und sich dann in Geben, Ethik, Geduld usf. üben, ohne dabei in der Kraft der Überlegung nachzulassen, daß alle Erscheinungen wie die Illusionen eines Zauberers sind. Ebenso muß er, ohne in der

Kraft seines selbstlosen Strebens nachzulassen, sich im Erkennen der Leerheit üben. Dies ist die Untrennbarkeit von Methode und Weisheit im Vollendungsfahrzeug.

Im Mantra ist die Untrennbarkeit von Methode und Weisheit noch tiefer. Sie bedeutet hier nicht die Vereinigung verschiedener Entitäten von Weisheit und Methode, vielmehr bilden Weisheit und Methode hier eine Entität. Im Mantra sind diese beiden in verschiedenen Aspekten eines Bewußtseins vollständig enthalten.

Wenn man, wie im *Kālacakra Tantra,* unter Methode die in jeder Hinsicht höchste Form von Leerheit versteht, und unter Weisheit die höchste, unwandelbare Glückseligkeit, so ist das eine Interpretation, die sich nicht allgemein auf alle Vier Tantras anwenden läßt. Welche Bedeutung von untrennbarer Methode und Weisheit oder von ›Vajra-Fahrzeug‹ gibt es dann, die auf alle Vier Tantras anwendbar ist? Die Sechs Vollendungen sind in Methode und Weisheit eingeschlossen, die das Mantra als die eine Entität der Meditativen Gleichgewichtfindung von Vajrasattva betrachtet. Dabei handelt es sich um ein Bewußtsein, das Kenntnis nimmt von der Erscheinung – dem Körper einer Gottheit – und dabei die Leerheit dieser Erscheinung von inhärenter Existenz erkennt. Der Yoga nicht-dualer Tiefe und Erscheinung ist die Meditative Gleichgewichtfindung von Vajrasattva. Es ist die Untrennbarkeit von Methode und Weisheit, ein Vajra im Sinne von dem, auf das hin man fortschreitet im Kontinuum eines Nicht-Lernenden; und ein Vajra im Sinne von dem, durch das man fortschreitet im Kontinuum eines Lernenden.

Das Mantra-Fahrzeug verfügt über eine größere Auswahl von Methoden oder geschickten Mitteln als das Vollendungsfahrzeug, deshalb wird es auch das Methode-Fahrzeug genannt. In dem Sinne, daß man gegenwärtig die vier vollkommenen Reinheiten von Aufenthaltsort, Körper, Reichtum und die Heilsaktivität des Wirkungszustandes kultiviert, wird die Wirkung selbst in ihm als Pfad genommen. Deshalb wird es Wirkung-Fahrzeug genannt. Weil es in strengster Geheimhaltung praktiziert werden muß, wird es auch das Geheime Fahrzeug genannt, und weil es die Hauptpunkte der Ausbildung der Wissenshalter enthält wird es auch die Schriftabteilung der Wissenshalter genannt.

Man kann die Tantras als vierte Schriftabteilung betrachten neben den drei Schriftabteilungen des Sutra, nämlich Disziplin, Sammlung von Lehrreden und Wissen *(Vinayapiṭaka, Sūtrapiṭaka* und *Abhidharmapiṭaka*). Es gibt jedoch guten Grund sie als einen Teil der Sammlungen von Lehrreden zu betrachten. Von den drei Arten der Übung von Ethik, Meditativer Gleichgewichtfindung und Weisheit befaßt der Aspekt der Tiefe in den Tantras sich vor allem mit der Übung der Meditativen Gleichgewichtfindung. Der Disziplinteil der Schriften lehrt vor allem die Übung der Ethik, die Sammlungen von Lehrreden lehren vor allem die Übung der Meditativen Gleichgewichtfindung und die Wissensabteilung lehrt vor allem die Übung der Weisheit. Da die Tantras außergewöhnliche Mittel für die Verwirklichung Meditativen Gleichgewichts enthalten, kann man Tantras, die diese Mittel lehren, mit zu den Sammlungen von Lehrreden rechnen.

In Tsong-ka-pas kleinen Schriften findet sich eine diesbezügliche Frage, auf die er antwortet, für einen Unterschied in den Tantras seien Unterschiede in der Meditativen Gleichgewichtfindung verantwortlich. Es gäbe zwar auch einen Unterschied, der sich auf die Übung der Ethik beziehe sowie einen geringen Unterschied in der Übung der Weisheit, der die Arten des Bewußtseins betrifft, das die Leerheit erkennt. Der Hauptunterschied liege jedoch in der Meditativen Gleichgewichtfindung, die eine Einheit von Ruhigem Verweilen und Besonderer Einsicht darstellt. Das wollen wir besprechen.

Die Verwirklichung der Buddhaschaft, so wie sie im Vollendungsfahrzeug dargestellt wird, erfordert mindestens drei zahllose Zeitalter der Übung. Die erste, zahllose Zeitalter dauernde Ansammlung von Verdienst findet auf den Pfaden der Ansammlung und der Vorbereitung statt. Die zweite findet auf den ersten sieben Bodhisattvastufen statt, die man die unreinen nennt, weil hier die Vorstellung von inhärenter Existenz noch nicht ganz aufgegeben wurde. Zur dritten, zahllose Zeitalter dauernden Ansammlung von Verdienst kommt es auf der achten, neunten und zehnten Stufe, die man die reinen nennt, weil hier die Vorstellung von inhärenter Existenz vollkommen aufgegeben ist.

Die drei unteren Tantras geben einen Yoga mit Zeichen und einen Yoga ohne Zeichen. Diese verfügen über eine besondere Methode, die schnell eine Einheit von Ruhigem Verweilen und Besonderer Einsicht entstehen läßt. Es ist eine Weisheit, die ›aus Meditation entstanden‹ die Leerheit erkennt. Damit kann die erste, zahllose Zeitalter dauernde Ansammlung von Verdienst in einem kürzeren Zeitraum vollendet werden. Von der ersten Bodhisattvastufe an entspricht der in den drei unteren Tantras gegebene Pfad dann in etwa dem des Vollendungsfahrzeugs.

Der besondere Lernende des Mantra erzeugt zuerst ein selbstloses Streben nach höchster Erleuchtung, um sich dann im Pfad des Mantra zu üben. Im Handlungstantra, der untersten der vier Tantraklassen, nimmt der Yogi zum Beispiel Übungen auf, wie die mit vier Zweigen versehene Wiederholung und die sich anschließende Übung der Drei Konzentrationen – die im Feuer verweilende, die im Ton verweilende und die, die am Ende des Tons Befreiung gewährt. Während der Konzentration des Verweilens im Feuer und des Verweilens im Ton gewinnt die Fähigkeit der Meditativen Gleichgewichtfindung an Macht. Dadurch verwirklicht man dann in der Konzentration, die am Ende des Tones Befreiung gewährt eine Meditative Gleichgewichtfindung, die in der Einheit von Ruhigem Verweilen und Besonderer Einsicht besteht. Dieser Pfad führt schneller zur Verwirklichung von Ruhigem Verweilen und Besonderer Einsicht, als ein Pfad des Vollendungsfahrzeugs.

Auch das zweite der Vier Tantras, das Ausübungstantra, verfügt für die Verwirklichung von Meditativer Gleichgewichtfindung über diese unterscheidende Eigenschaft, und noch tiefere Techniken der Meditativen Gleichgewichtfindung besitzen das Yoga Tantra und das Höchste Yoga Tantra für die Verwirklichung der Einheit von Ruhigem Verweilen und Besonderer Einsicht. Obwohl es zwischen dem Vollendungsfahrzeug und dem Mantra-Fahrzeug auch einen Unterschied in der Übung der Ethik gibt, so liegt der bezeichnende Unterschied in der Übung der Meditativen Gleichgewichtfindung.

## *Das klare Licht*

›Tantra‹ heißt ›Kontinuum‹ – so wie Strom. Es gibt drei Arten von Tantra: Basis-, Pfad- und Frucht-Tantra. Das Basis-Tantra ist die praktizierende Person. Nach dem *Guhyasamāja Tantra,* einem Höchsten Yoga Tantra, gibt es fünf Klassen von Personen – Weißer Lotus, Utpala, Lotus, Sandelholz und Juwel, von denen die letzte die höchste Klasse von Personen ist. Das Basis-Kontinuum ist auch ›die natürlich verweilende Anlage‹, ›das Element‹, ›die Buddhanatur‹, ›die Essenz des Tathagata‹. Man nennt es Basis, weil es die Grundlage für das Wirken des Pfades ist.

Das Pfad-Tantra besteht aus den Pfaden, die diese Basis reinigen. In den unteren Tantras sind es der Yoga mit Zeichen und der Yoga ohne Zeichen. Im Höchsten Yoga Tantra sind es die Stufen der Erzeugung und der Vollendung, welche die Unreinheiten von der Soheit des Geistes reinigen.

Das Frucht-Tantra ist der Zustand der Wirkung – der Wahrheitskörper, der in dem vollständigen Auslöschen aller Verunreinigungen in Form eines Vajradhara besteht. Diese drei Tantras – Basis, Pfad und Frucht – umfassen Gegenstand und Bedeutung aller Tantraklassen. Die diesen Gegenstand ausdrückenden Kontinuen von Worten [Texte] nennt man ›ausdrückende Wort-Tantras‹. Sie sind in Tantraklassen oder Tantragruppen unterteilt.

Das Vollendungsfahrzeug erschöpft sich in der Übung des selbstlosen Erleuchtungsgeistes und der Sechs Vollendungen; eine andere Weise des Fortschreitens legt es nicht ausdrücklich dar. Mantra nimmt diese Pfade als Grundlage, verfügt aber noch über andere, differenziertere Pfade. Da das Mantra-Fahrzeug auch über die Übung des selbstlosen Erleuchtungsgeistes und der Sechs Vollendungen verfügt, sagt Tsong-ka-pa, das Vollendungsfahrzeug habe *nur* diese Pfade.

Es gibt zwei Objekte der Erzeugung eines selbstlosen Geistes

– das Feld der Absicht, bestehend im Wohle anderer Wesen und das Objekt der Beobachtung, das heißt, die eigene Erlangung von Buddhaschaft. In diesen beiden unterscheiden sich Vollendungsfahrzeug und Mantra-Fahrzeug nicht; die Lernenden von Sutra und Tantra haben beide den Wunsch nach höchster Erleuchtung zum Heile anderer und nehmen beide Kenntnis von derselben Frucht – der Buddhaschaft, die im Auslöschen aller Fehler und dem Besitz aller glückverheißenden Qualitäten besteht.

Auch in der Ansicht gibt es keinen Unterschied, denn im Mantra gibt es keine Ansicht, die über den von Nāgārjuna dargelegten Mittleren Weg des Vollendungsfahrzeugs hinausgeht. Selbst wenn es einen Unterschied in der Ansicht gäbe, könnte das nicht für eine Unterscheidung der beiden Fahrzeuge dienen, da auch Cittamātra und Madhyamaka mit ihren verschiedenen Ansichten innerhalb eines Fahrzeugs miteinander vereinbar sind.

Der Unterschied der Fahrzeuge muß entweder im Hinblick auf die Weisheit oder durch die Methode festgelegt werden. Die Weisheit, die die Leerheit erkennt, ist eine Mutter, die allen vier Söhnen gemeinsam ist – den Höheren Hörern, Einsamen Verwirklichern, Bodhisattvas und Buddhas. Also werden Hinayana und Mahayana durch die Methode unterschieden und nicht durch die Weisheit. Aus demselben Grund werden auch Vollendungsfahrzeug und Mantra-Fahrzeug mit Bezug auf die Methode unterschieden und nicht mit Bezug auf die Weisheit.

Tsong-ka-pa sagt, in bezug auf die Ansicht gibt es keinen Unterschied zwischen Hinayana und Mahayana oder, innerhalb des Mahayana, zwischen Vollendungsfahrzeug und Mantra-Fahrzeug. Wenn er von ›Ansicht‹ spricht, bezieht er sich auf das Objekt, die Leerheit, das objektive Klare Licht, und nicht auf das subjektive Klare Licht des Weisheitsbewußtseins, das die Leerheit erkennt. Auch Sakya Pandita vom Sakya-Orden vertritt die Meinung, daß es im Geheimen Mantra keine Ansicht gibt, die von der des Vollendungsfahrzeugs verschieden ist, und er meint, wenn es sie gäbe würde sie dualistische Tätigkeit miteinschließen. Weil das Madhyamaka über die Grenzen vielheitlicher Tätigkeit hinausgegangen ist, müßte eine von seiner abweichende Ansicht solche Tätigkeit miteinschließen.

Im Nyingma-Orden der alten Übersetzungen wird gesagt, es gäbe einen Unterschied zwischen Sutra und Mantra; diese Unterscheidung bezieht sich aber vor allem auf das Subjekt. Die Nyingmapas machen keine klare Unterscheidung zwischen Subjekt – das heißt dem Weisheitsbewußtsein – und Objekt – der Leerheit –, weil auf den höchsten Stufen des Pfades Subjekt und Objekt sich untrennbar in einer Entität mischen und nur noch sprachlich zu differenzieren sind. Zur Zeit des Meditativen Gleichgewichts über die Leerheit werden Subjekt und Objekt zu einer untrennbaren Entität, und weil unsere gewöhnlichen Ausdrücke und Begriffe diesen Zustand nicht übermitteln können, wird er ›undenkbar‹ und ›unausdrückbar‹ genannt. Es handelt sich um eine Ununterscheidbarkeit von Glückseligkeit und Leerheit, eine Untrennbarkeit der Zwei Wahrheiten, eine Einheit. Dies sind die besten Worte, um es zu beschreiben, und sie müssen verstanden werden; ohne diese sehr tiefen Ausdrücke ist jedes Fassen in Sprache ungenügend. Die Nyingmapas betonen diese Ununterscheidbarkeit wenn sie von der Ansicht sprechen und unterscheiden dabei nicht zwischen einem objektiven Klaren Licht und einem subjektiven Klaren Licht. Mit Hinblick auf *diese* Ansicht gibt es also durchaus einen Unterschied zwischen Vollendungs- und Mantra-Fahrzeug.

Wie der Gelugpa-Meister Dscham-jang-shä-pa sagt, wird das objektive Klare Licht – also die Leerheit als das vornehmliche Objekt – im Sutra ebenso gelehrt wie im Tantra; das subjektive Klare Licht jedoch – der äußerst subtile, grundlegende, angeborene Geist des Klaren Lichts – wird nur im Höchsten Yoga Tantra gelehrt, nicht aber in den unteren Tantras und natürlich auch nicht im Vollendungsfahrzeug. Die von der Nyingma-Schule der alten Übersetzungen so häufig erwähnte Ansicht, die frei ist von den vielheitlichen

Tätigkeiten des Denkens, bezieht sich deshalb auf das Element des Klaren Lichtes ohne irgendeine Unterscheidung von Subjekt und Objekt. Dieses nennt man die essentielle Reinheit; es ist eine bestätigende Negation, keine nicht-bestätigende, wie die Leerheit.

In den Orden der neuen Übersetzungen (Sakya, Kagyü und Gelug) nennt man dieses Klare Licht die Vollendungsstufe des endgültigen Klaren Lichts oder sogar die endgültige Wahrheit. Die Svātantrika-Mādhyamikas des Vollendungsfahrzeugs führen zum Beispiel eine metaphorische engültige Wahrheit an, die sich auf einen Geist bezieht, der die Leerheit zum Objekt hat. In ähnlicher Weise bezieht sich im Höchsten Yoga Mantra, wenn dort die konventionelle Stufe der Vollendung – der illusorische Körper – und die endgültige Stufe der Vollendung – das Klare Licht – dargelegt wird, das Wort ›endgültig‹ nicht auf das Objekt, sondern auf das die Leerheit erkennende Subjekt. Der Grund dafür liegt darin, daß der Geist von seinem Objekt – der Leerheit – untrennbar geworden ist und man ihn deshalb eine endgültige Wahrheit oder eine metaphorisch endgültige Wahrheit nennt. In dieser Weise wird der Begriff ›endgültige Wahrheit‹ auch in den Büchern der neuen Übersetzungen häufig benutzt und bezieht sich auch hier auf mehr als die Leerheit allein.

In diesem Rahmen gibt es also doch einen Unterschied in der Ansicht von Sutra und Mantra. Wenn Tsong-ka-pa sagt, für die Ansicht des Mittleren Weges gebe es keine Darstellung, die der von Nāgārjunas *Abhandlung vom Mittleren Weg* überlegen wäre, ist es deshalb das objektive Klare Licht, die Leerheit also, auf die er sich bezieht. Diese ist frei von aller dualistischen Tätigkeit und darin kann es, wie Sakya Pandita sagt, keinen Unterschied zwischen Sutra und Mantra geben.

Vollendungsfahrzeug und Mantra-Fahrzeug können auch nicht mit Hinblick auf die Sechs Vollendungen unterschieden werden. Im Mantra muß man, den Tag in sechs Abschnitte unterteilend, sich bei sechs täglichen Sitzungen in Geben, Ethik, Geduld usf. üben. Ein Versäumnis wird als Verletzung [des Gelübdes] betrachtet. Mit einem Vorhandensein oder Fehlen der Übung der Sechs Vollendungen lassen sich die beiden Fahrzeuge deshalb nicht unterscheiden.

Der grundlegende Pfad für die Verwirklichung des Formkörpers eines Buddha ist die Methode – der von Liebe und Mitgefühl ausgelöste, selbstlose Geist der Erleuchtung. Der grundlegende Pfad für die Verwirklichung des Wahrheitskörpers eines Buddha ist die Weisheit, die die Leerheit erkennt. Es gibt keinen Unterschied zwischen Sutra und Mantra was diese beiden grundlegenden Pfade betrifft. Vom praktizierten Pfad aus gesehen, das heißt, von seiner Grundlage – der Erzeugung eines selbstlosen Geistes und seinen Taten, den Sechs Vollendungen, die Weisheit eingeschlossen – besteht kein Unterschied. Auch kleine Unterschiede des Pfades können nicht für eine Unterscheidung in ein Vollendungsfahrzeug und ein Mantra-Fahrzeug dienen.

Man kann diese beiden Fahrzeuge nicht im Hinblick auf die Praktizierenden unterscheiden, also nicht danach, ob diese sich nach Schärfe und Beschränktheit abstufen, denn wenn das möglich wäre, müßte auch das Vollendungsfahrzeug in viele Fahrzeuge unterschieden werden. Auch die Geschwindigkeit, mit der ein Übender auf dem Pfad fortschreitet, kann nicht für die Unterscheidung dienen, weil schon innerhalb des Vollendungsfahrzeugs von vielen Unterschieden in der Geschwindigkeit gesprochen wird.

Wie werden die beiden Fahrzeuge dann unterschieden? Einige sagen, der Unterschied liege darin, daß Mantra für jene gelehrt würde, die Begierde auf dem Pfade verwenden können, wogegen das Vollendungsfahrzeug gelehrt würde, um Wesen im Rahmen einer Trennung von Begierde zu zähmen. Diese Meinung ist falsch, denn sowohl im Vollendungsfahrzeug als auch im Mantra-Fahrzeug gibt es Weisen, um auf dem Pfad fortzuschreiten ohne Begierde aufgeben zu müssen, und in beiden gibt es Weisen des Fortschritts durch Pfade, die dem Aufgeben von Begierde dienen. Im Sutra heißt es, ebenso wie der Unrat einer Stadt hilfreich sein kann für das Feld eines Zuckerrohrpflanzers, der es versteht ein Gut zu nutzen, das an sich unnütz ist, so können auch die Plagen hilfreich sein für den Pfad. Wenn man es versteht die Plagen zum Wohle anderer zu nutzen, können sie als Hilfsmittel dienen für die Anhäufung von Verdienst. In diesem Sinne ist Begierde nicht etwas, was es einsgerichtet zu vermeiden gilt. Vom Gesichtspunkt der Entitäten der Plagen aus gesehen müssen sie allerdings sehr wohl aufgegeben werden.

Auch Bodhisattvas des Sutra, die die Plagen von Begierde und Haß noch nicht vollständig aufgegeben haben, können diese benutzen, um anderen zu helfen. So etwa im Fall der Bodhisattva-Könige, die viele Kinder zeugten, damit das Wohl des Landes durch das Wirken der Kinder gemehrt würde. Hier dienen die Plagen als sekundäre Ursachen der Hilfe für andere.

Ebenso wie es in der Übung des Sutra Situationen gibt, in denen Bodhisattvas Plagen absichtlich nicht aufgeben, um sie als Hilfe zu benutzen, so machen auch in der Übung des Mantra Bodhisattvas je nach Zeit und Gegebenheiten von den Plagen Gebrauch. Allerdings muß der Praktizierende des Mantra absichtsvoll danach streben diese Plagen aufzugeben, wenn Begierde und Haß diesen Zweck nicht erfüllen. Wenn es so wäre, daß man um ein Praktizierender des Mantra zu sein, Begierde und Haß auf keinen Fall aufgeben darf, gäbe es keine Möglichkeit durch den Mantra-Pfad zu einem Buddha zu werden.

Einige vertreten den verfeinerten Standpunkt, die Unterscheidung von Tantra und Sutra werde dadurch bestimmt, daß die besonderen oder hauptsächlichen Lernenden, die zum ersten Male in dieses Fahrzeug eintreten, fähig sind, Begierde als Hilfe auf dem Pfad zu benutzen, beziehungsweise nicht dazu fähig sind. Allgemein gesprochen ist es wahr, daß der Gebrauch der vier Arten von Freuden, die aus den vier Arten von Begierde – Anschauen, Lachen, Umarmen und Vereinigung – entstehen, in den vier Tantraklassen als günstige Umstände für das Kultivieren von Pfaden erscheinen. So kann man von jenen, die zum ersten Mal das Vollendungsfahrzeug oder das Mantra-Fahrzeug üben, sagen, der eine sei nicht fähig und der andere sei fähig die Begierde auf dem Pfad zu verwenden. Man kann diese Tatsache aber nicht als das postulieren, was die Pfade der beiden Fahrzeuge unterscheidet. Sie weist zwar auf die Ungleichheit in den Fähigkeiten der zwei Arten von Personen hin, trotzdem ist sie nicht die tiefe und vollständige Unterscheidung zwischen Vollendungsfahrzeug und Mantra-Fahrzeug.

Andere sagen, es sei jene Glückseligkeit, die aus der Konzentration auf die Kanäle, Winde und Tropfen [siehe Anm. 68] entsteht, die die beiden Fahrzeuge unterscheide. Diese Glückseligkeit ist jedoch allein eine charakteristische Eigenschaft des Höchsten Yoga Tantra und nicht des Mantra allgemein. Somit kann sie auch nicht zur Unterscheidung der beiden Fahrzeuge dienen.

# *Die Überlegenheit der Methode des Mantra*

Eine Unterscheidung zwischen Vollendungsfahrzeug und Mantra-Fahrzeug muß mit Hinblick auf eine der beiden Bedeutungen von ›Fahrzeug‹ geschehen: entweder in Hinblick auf das Mittel, durch das man fortschreitet oder in bezug auf die Frucht, zu der man fortschreitet. Es gibt keinen Unterschied in der Frucht – der Buddhaschaft – also bleibt der Unterschied im Mittel, durch das man zur Frucht fortschreitet.

Das Mahayana ist dem Hinayana durch seine Methode des selbstlosen Strebens nach höchster Erleuchtung zum Heile aller Wesen überlegen, und die Methode ist es auch, durch die es zur Unterteilung des Mahayana in ein Vollendungsfahrzeug und ein Mantra-Fahrzeug kommt. Allgemein sind die Pfade, die zum Faktor der Methode gehören, die Mittel für die Verwirklichung des Formkörpers eines Buddha, wogegen die zum Faktor der Weisheit gehörenden Pfade Mittel für die Verwirklichung des Wahrheitskörpers eines Buddha sind. Um einen Wahrheitskörper zu verwirklichen, ist es notwendig, daß man einen Pfad kultiviert, der in seinem Aspekt mit einem Wahrheitskörper übereinstimmt. Beide, Vollendungsfahrzeug und Mantra-Fahrzeug haben einen solchen Pfad, in dem man ein Ebenbild des Wahrheitskörpers kultiviert – die Erkenntnis der Leerheit im raumgleichen Meditativen Gleichgewicht.

Für die Verwirklichung eines Formkörpers ist es notwendig, daß man einen Pfad kultiviert, der in seinem Aspekt mit dem Formkörper eines Buddha übereinstimmt. Die besondere Methode, um diese Siddhis zu erreichen, gibt es nur im Mantra, wo man Pfade kultiviert, die im Aspekt mit dem Formkörper eines Buddha übereinstimmen. Das Vorhandensein einer Methode, die sich eines Ebenbildes des Formkörpers bedient, macht die Überlegenheit der Mantra-Methode aus. Sie wird im Sutra nicht dargelegt.

Die Meditation über die Leerheit ist notwendig, um die geistigen Verunreinigungen zu beseitigen, sie ist aber keine vollständige Methode für die Verwirklichung von Buddhaschaft. Die Meditation über die Leerheit beseitigt nämlich nur die Vorstellung von inhärenter Existenz und alle darauf gründenden Plagen; für die Verwirklichung der Vollendung des Körpers eines Buddha bedarf es anderer Übungen. Die vollständige, zur schnellen Gewährung von Buddhaschaft geeignete Methode besteht im Kultivieren eines Pfades des Gottheit-Yoga, in dem man den Stolz entstehen läßt, selbst die Gottheit des Wirkung-Zustandes zu sein.

Die angestrebte Erleuchtung ist der Zustand eines mit den Merkmalen und Zeichen versehenen Buddha. Für die Verwirklichung dieses Zustandes muß man sich in dem Pfad eines göttlichen Körpers üben, der in seinem Aspekt mit dem Körper eines Buddha übereinstimmt. Das Kultivieren eines göttlichen Körpers dient deshalb nicht nur der Verwirklichung gewöhnlicher Siddhis, es ist auch wesentlich für die Verwirklichung der außergewöhnlichen Siddhis des Formkörper eines Buddha.

Im Vollendungsfahrzeug muß die Weisheit, die die Leerheit erkennt, mit der Erzeugung eines selbstlosen Geistes und der Übung der Vollendung verbunden werden, damit sie als Gegenmittel für die Hindernisse zur Allwissenheit dienen kann. Die weiten Methoden, wie Geben, Ethik und Geduld, helfen zahllosen Wesen und hinterlassen bei Erlangen der Buddhaschaft ihren Abdruck in Form der Verwirklichung der Formkörper, die zahllose selbstlose Tätigkeiten ausüben.

Die Weisheit, die die Tiefe der Soheit der Erscheinungen durchdringt, ist das Mittel für die Verwirklichung des nicht-begrifflichen Weisheitsbewußtsein eines Buddha. So ist der Abdruck der Ansammlung von Weisheit die mit dem Aufgeben aller Verunreinigungen gepaarte Erlangung des Weisheit-Wahrheitskörpers.

Wahrheitskörper und Formkörper werden nicht einzeln für sich erlangt, denn beide hängen sie ab von Vervollständigung dieser ursächlichen Ansammlungen von Methode und Weisheit. Die beiden Ansammlungen dienen als mitwirkende und besondere Ursache von Wahrheits- und Formkörper. Ein Beispiel: Ein Sehbewußtsein entsteht in Abhängigkeit von drei Ursachen – Objekt, Sehsinn und vorhergehendes Bewußtseinsmoment. Daß das Sehbewußtsein fähig ist, Farben und Formen und nicht etwa Töne wahrzunehmen, ist Abdruck des Sehsinns; daß es eine Bewußtseinsentität ist, ist Abdruck des unmittelbar vorhergehenden Bewußtseinsmoments, und daß es als Abbild eines bestimmten Objekts entsteht, ist Abdruck des Objekts. So, wie man davon spricht, daß jede dieser drei Ursachen beim Entstehen des Sehbewußtseins seinen eigenen Abdruck hinterläßt, so sagt man, daß der Wahrheitskörper Abdruck der Weisheit und der Formkörper Abdruck der Methode ist.

Das Vollendungsfahrzeug legt eine Methode dar für die Verwirklichung des nicht-begrifflichen Weisheitskörpers und für die Verwirklichung der Formkörper, die ohne Begrenzung die Reifung des Geistes anderer bewirken. Insofern sagt man, es habe eine unübertroffene Methode. Die Ursachen, die der Pfad des Vollendungsfahrzeugs für die höchste Erleuchtung erklärt, gehen jedoch über die Sechs Vollendungen nicht hinaus. Diese reichen aber nicht aus, weil man die Erleuchtung eines Buddha nicht durch das Kultivieren solcher Ursachen verwirklichen kann, die sich im Aspekt von den Formkörpern unterscheiden. Es hieße eine Wirkung herbeizuführen suchen, die sich im Aspekt von den Ursachen unterscheidet. Die Wirkung der Buddhaschaft hat, in einer ununterscheidbaren Entität, die Natur der Tiefe – Wahrheitskörper – und der Weite – der mit den Merkmalen und Zeichen versehene Formkörper –, und sie wird durch Ursachen von entsprechender Natur verwirklicht. Ebenso wie man über die Bedeutung einer Selbstlosigkeit meditiert, die in ihrem Aspekt mit einem Wahrheitskörper übereinstimmt, so sollte man auch Pfade der Weite kultivieren, die in ihrem Aspekt mit einem Formkörper übereinstimmen.

»Weite« bezieht sich im Mantra-Fahrzeug auf die Erscheinung eines göttlichen Körpers. Eine Weite gibt es zur Zeit des Pfades – das ist die Kultivation der mit göttlichem Stolz gepaarten Erscheinung eines göttlichen Körpers – und es gibt eine Weite zur Zeit der Frucht – das ist eine endgültige Weite, die das Wohl anderer verwirklicht. Der Gottheit-Yoga ist »weit«, weil Gottheiten wie Vairocana, die, indem sie erscheinen, die Qualität der Leerheit haben, unerschöpflich sind, andauernd, unbegrenzt und rein. Zwar haben sowohl reine als auch unreine Erscheinungen die Qualität der Leerheit, trotzdem sagt man, daß ein Unterschied bestehe, je nachdem, welche Erscheinung es ist, die die Qualität der Leerheit hat.

Im Mantra bedeutet die Vereinigung der Methode mit der Weisheit und umgekehrt nicht, daß Methode und Weisheit eigene Entitäten sind, die nur einfach miteinander vereinbar sind; es bedeutet, daß sie vollständig sind innerhalb *einer* Entität eines Geistes. Mit dem Kultivieren dieser Einheit von Methode und Weisheit als Grundlage erscheint bei der Buddhaschaft der Wahrheitskörper der nicht-dualen Weisheit selbst in Form der Eigenschaften einer Gottheit. Deshalb ist es notwendig, bevor man über einen göttlichen Körper meditiert, mit Hilfe von Beweisführung die eigene, nicht-inhärente Existenz festzustellen. Dann dient, im Rahmen dieser Meditation der Leerheit, eben der Geist, der seine eigene Leerheit zum Objekt hat, als die Grundlage für das Erscheinen der Gottheit.

Ausgelöst dadurch, daß man sich Gewißheit verschafft über die Leerheit eigener inhärenter Existenz, erscheint das Bewußtsein selbst in der Form der Gottheit, mit Gesicht, Armen usf. Das Weisheitsbewußtsein erscheint lebhaft als ein göttlicher Körper und ist sich zur selben Zeit seiner nicht-inhärenten Existenz gewiß. Diese beiden – die Weisheit, die die nicht-inhärente Existenz erkennt, und der Geist des Gottheit-Yoga – bilden eine Entität; nur mit Hinblick auf ihren Abdruck werden sie als verschieden bezeichnet. Sie sind also vom Standpunkt der Konvention aus verschieden, wenn sie auch eine Entität bilden. Man sagt, sie seien insofern verschieden, als Methode das ist, was Nicht-Methode ausschließt und Weisheit das, was Nicht-Weisheit ausschließt.

Auf der Grundlage des Erscheinens eines göttlichen Körpers entsteht der Stolz, diese Gottheit zu sein, versehen mit endgültigen und konventionellen Aspekten. Einige Gelehrte sagen, wenn ein Geist, der der Leerheit gewiß ist, in der Form einer Gottheit erscheint, bedeute das, daß dieser eine Geist die Leerheit als sein Bezugsobjekt und einen göttlichen Körper als das ihm erscheinende Objekt hat. So hat das Bewußtsein einen Faktor der Gewißheit, nämlich das Verständnis einer Negation von inhärenter Existenz, und einen Faktor der Erscheinung, das ist der lebhafte Widerschein eines göttlichen Körpers. Auf diese Weise hat der göttliche Stolz zwei Aspekte: er beobachtet das Endgültige – die Leerheit –, und er beobachtet das Konventionelle – den göttlichen Körper.

Unter den Interpretationen des Sutra gibt es zwei Systeme, die sich mit der Frage befassen, ob einem Geist, der schlußfolgernd die Leerheit wahrnimmt, auch jene Erscheinung erscheint, die die Qualität der Leerheit hat. Die einen sagen, daß eine Erscheinung mit der Qualität, von Natur aus leer zu sein, auch während der schlußfolgernden Erkenntnis seiner Leerheit erscheint, und die anderen sagen, daß die Erscheinung des Objekts nicht mehr gegenwärtig ist, wenn seine Leerheit erscheint. In Tsong-ka-pas *Großer Darlegung der Stufen auf dem allen Fahrzeugen gemeinsamen Pfad* scheint es so zu sein, daß dem schlußfolgernden Bewußtsein, das die Leerheit einer Erscheinung erkennt, auch die Erscheinung, die die Qualität der Leerheit hat, erscheint. Die Lehrbücher einiger Klöster behaupten jedoch das Gegenteil. Wie dem auch sei, zuerst meditiert man über eine Leerheit; während der Geist sich ununterbrochen der Leerheit gewiß ist, vertraut der Meditierende darauf, daß er diesen Geist als Grundlage [oder Quelle] der Erscheinung benutzt. Das Gefühl von einem bloßen ›Ich‹, das sich als Bezeichnung auf den reinen Bewohner – die Gottheit – und den Wohnort – den

Palast mit Umgebung – stützt, besteht zu diesem Zeitpunkt in einem voll ausgestatteten göttlichen Stolz. Je mehr man fähig ist, einen solchen Stolz zu kultivieren, um so mehr leidet die Vorstellung von inhärenter Existenz – die Wurzel des Existenzkreislaufs.

Die Erscheinung einer Gottheit ist wie eine Illusion – leer von wahrer Existenz. Bei einer solchen Zusammensetzung von Methode und Weisheit handelt es sich um eine bestätigende Negation, denn sie ist eine Abwesenheit von inhärenter Existenz und ebenso eine positive Erscheinung. Nach und nach wird man mit diesem Geist vertraut und erreicht schließlich, wenn man auf die hohe Ebene der im Höchsten Yoga Tantra gelehrten Stufe der Vollendung gelangt, die Vereinigung eines Lernenden, in der man ein dauerndes Ebenbild von Formkörper und Weisheitskörper verwirklicht. Diese sind ein ›Formkörper‹ des Pfades und ein Weisheitskörper des Klaren Lichts. Es sind die eigentlichen, wesentlichen Ursachen der Buddhaschaft.

Das Mantra unterscheidet sich vom Vollendungsfahrzeug also durch seine überlegene Methode der Verwirklichung eines Formkörpers. Eine Meditation über einen göttlichen Körper, die nicht mit der Meditation über die Leerheit verbunden wird, genügt allerdings nicht, weil der Zweig der Weisheit nicht vollständig ist. Andererseits genügt auch die bloße Meditation über die Leerheit nicht. Allein gestützt auf die Pfade des Vollendungsfahrzeugs ist es nicht möglich Buddhaschaft zu erlangen, gleichwohl sind es Pfade für die Verwirklichung von Buddhaschaft, die das Vollendungsfahrzeug darlegt. Wenn man in diese Pfade eintritt, über Leerheit meditiert und die von ihm dargelegten Eigenschaften der Methode kultiviert, wird man Buddhaschaft erlangen – allerdings nicht schnell, sondern erst nach vielen zahllosen Zeitaltern. Eigentlich kann man Buddhaschaft nur mit Hilfe von Ursachen erlangen, die in ihrem Aspekt mit dem Formkörper – der Wirkung – übereinstimmen. Kurz gesagt, man erlangt den Buddhakörper, indem man über ihn meditiert. Man sollte solange über einen göttlichen Körper

meditieren bis seine Eigenschaften deutlich und beständig erscheinen, bis es so scheint, als könne man ihn mit der Hand berühren und mit den Augen sehen.
Man könnte denken, auch im Vollendungsfahrzeug werde der Formkörper eines Buddha kultiviert – durch eine Meditation, die Bittgebete zur Erlangung eines solchen Körpers miteinschließt. Wäre das der Fall, bestünde keine Notwendigkeit über die Leerheit zu meditieren, um einen Wahrheitskörper zu erlangen – Gebete würden genügen. Man erlangt Buddhaschaft durch den nicht-dualen Yoga von Tiefem und Manifestem; ohne ihn ist Buddhaschaft nicht möglich. Dies wird im Höchsten Yoga Tantra wie in den drei anderen Tantras festgestellt. Im Handlungs- und im Ausübungstantra sagt man, ein Wahrheitskörper sei »vollständig rein« in dem Sinne, daß er frei ist von aller dualistischen Tätigkeit, und man verwirklicht ihn durch den Yoga der Zeichenlosigkeit – die Meditation der Leerheit. Einen Formkörper, von dem man sagt er sei »unrein« in dem Sinne, daß er in Dualität verknüpft ist, wird durch den Yoga mit Zeichen verwirklicht – das ist der Gottheit-Yoga. Im Yoga Tantra wird der Gottheit-Yoga in Verbindung mit fünf Faktoren dargelegt, die man die Fünf Läuterungen nennt.
Dieser Yoga der Einheit von Tiefem und Manifestem ist der Yoga von allen *Haupt*-Lernenden des Vjra-Fahrzeugs. Er ist nicht unbedingt der Yoga von *allen* Lernenden des Vajra-Fahrzeugs. Für jene, die sich selbst nicht als Gottheit vorstellen können, wurde die Übung dargelegt, in der man die Gottheit vor sich kontempliert und dabei Mantras wiederholt, Bitten äußert usf. Die Haupt-Lernenden im Sinne der Lernenden, für die das Vajra-Fahrzeug gelehrt wurde, sind jene, die fähig sind den ganzen Mantra-Pfad zu üben. Sich selbst als Gottheit entstehen zu lassen, ist etwas, das eindeutig für alle Haupt-Lernenden gelehrt wurde. Die Weisen der Meditation, die, so wie die Techniken der Meditation über die Winde *(prāṇa)*, der Verwirklichung der Siddhis dienen, haben alle den Zweck den Gottheit-Yoga beständiger werden zu lassen, oder die Erkenntnis der Soheit zu verstärken.

## *Klärung einiger Mißverständnisse*

Das Mantra benutzt die Wirkung auf dem Pfad in dem Sinne, daß es einen Pfad kultiviert, der in seinem Aspekt der Wirkung entspricht. Sowohl im Vollendungsfahrzeug als auch im Mantra-Fahrzeug wird ein Pfad kultiviert, der in seinem Aspekt mit einem Wahrheitskörper übereinstimmt, aber nur das Mantra-Fahrzeug kultiviert außerdem noch einen Pfad, der in seinem Aspekt dem Formkörper entspricht. In dieser Weise ist das Mantra-Fahrzeug dem Vollendungsfahrzeug überlegen.

### *Ein Mißverständnis: Der Gottheit-Yoga ist unnötig*

Jemand mag einwenden: Es ist nicht nötig, daß man einen Pfad kultiviert, der in seinem Aspekt mit dem Körper eines Weltherrschers übereinstimmt, wenn man den mit den glückverheißenden Zeichen geschmückten Körper eines Weltherrschers verwirklichen will. [Siehe Anm. 62] Es ist also nicht erwiesen, daß man, um eine Wirkung zu erlangen, eine Ursache kultivieren muß, die in ihrem Aspekt mit dieser Wirkung übereinstimmt. Aus welchem Grunde wird die Buddhaschaft da ausgenommen, als etwas, das eine Ursache braucht, die der Wirkung entspricht?

*Antwort:* Nach dem Vollendungsfahrzeug wird ein Formkörper im allgemeinen durch das Anhäufen von Verdienst verwirklicht. Im besonderen verwirklicht ein Bodhisattva, wenn er auf der achten der Zehn Stufen anlangt, einen neuen, geistigen Körper, der Entsprechungen aufweist zu den Merkmalen und Zeichen eines Buddha. Dieser Körper entsteht in Abhängigkeit von der Stufe der latenten Anlagen von Unwissenheit, [die Motivation des Wunsches einen geistigen Körper anzunehmen], und von der unverunreinigten Handlung, [ein Geist-Faktor der Absicht, der die subtile Bemühung ist, die die Motivation des Wunsches nach Annehmen eines geistigen Körpers einschließt]. Dieser Körper wird nach und nach besser und wandelt sich schließlich zum Formkörper eines Buddha. Selbst das Vollendungsfahrzeug spricht also nicht davon, daß das Anhäufen von Verdienst allein schon ausreichen würde, oder daß man bei Erreichen von Buddhaschaft einen Formkörper neu verwirklicht, von dem ein Kontinuum vorher noch nicht existiert hat. Es ist im Sutra ebenso notwendig wie im Tantra, daß man schon vor der Buddhaschaft ein Ebenbild des Buddha verwirklicht.

Nach dem Höchsten Yoga Tantra gibt es Personen, die in einem Leben Buddhaschaft erreichen. Diese Personen werden nicht etwa mit dem Körper, der mit den Merkmalen und Zeichen geschmückt ist, geboren; sie müssen ihn durch die Übung des Gottheit-Yoga erst verwirklichen. Diese Praxis ist keine Ursache von der Art, die bewirkt, daß die Personen als Formkörper geboren werden, sie entspricht also nicht dem Anhäufen von Ursachen, die dafür sorgen, daß man als Weltherrscher, oder als Tier, Hungriger Geist oder Höllenwesen geboren wird. Für eine Wiedergeburt braucht man keine Ursachen anzuhäufen, die *in ihrem Aspekt* mit der von ihnen ausgelösten, besonderen Art von Wiedergeburt übereinstimmen. Es besteht ein großer Unterschied zwischen einer eine Wiedergeburt auslösenden Ursache und einer »Ursache von gleicher Art«.

Daß man über sich selbst als untrennbar von seiner Gottheit meditiert, ist die spezifische Ursache für die Erlangung von Buddhaschaft. Wenn man nur über Leerheit meditieren und nicht auch irgendeine Methode kultivieren würde – sei es die des Vollendungsfahrzeugs oder die des Mantra-Fahrzeugs – würde man nur die Frucht eines Hinayana-Feind-Besiegers erlangen. Es bedarf des Gottheit-Yoga, wenn man das Wirklich Gute der höchsten Verwirklichung, Buddhaschaft, erlangen will. Auch wenn man die allgemeinen Verwirklichungen, das heißt, die acht Siddhis usf., verwirklichen will, muß man den eigenen Körper deutlich als einen göttlichen Körper schauen und sich in dem Stolz üben, selbst eine

Gottheit zu sein. Ohne den Gottheit-Yoga ist der Mantra-Pfad nicht möglich: er ist das Wesen des Mantra.
Darüber zu meditieren, daß man selbst einen göttlichen Körper habe, erscheint wie ein kindliches Spiel, oder so, als ob man einem Kind eine Geschichte erzählt, um seine Einbildungskraft anzuregen. In Verbindung mit der Sicht der Leerheit, mit einer selbstlosen Motivation und dem Wissen um seinen Zweck jedoch stellt es eine sehr wichtige Übung dar – man sieht den eigenen Körper in der Form einer Gottheit, erzeugt den Stolz, eine Gottheit zu sein, vollzieht vorübergehend die Tätigkeiten von Befriedung usf. und erlangt schließlich Buddhaschaft. Es besteht ein Unterschied in der Stärke des Mantra, je nachdem, ob man es nur einfach wiederholt oder ob man es im Rahmen des Gottheit-Yoga wiederholt; vielleicht wird es für diesen Unterschied einmal eine wissenschaftliche Erklärung geben.

*Ein Mißverständnis: Die Buddhaschaft des Vollendungsfahrzeugs ist von der Buddhaschaft des Vajra-Fahrzeugs verschieden*

Es besteht ein Unterschied zwischen Vollendungs- und Mantra-Fahrzeug, was die Methode und die vielen Formen von Pfaden betrifft, es gibt jedoch keinen Unterschied in bezug auf die Frucht – die von beiden angestrebte Buddhaschaft. In einigen Schriften scheinen Buddhaschaft und Vajradhāraschaft etwas Verschiedenes zu sein, und so kommt manchen der Gedanke, daß die Frucht der beiden Fahrzeuge verschieden sein müsse, und daß Vajradhāraschaft mehr sei als Buddhaschaft. Es kommt manchmal zu dieser Verwechslung, weil man häufig ›Buddha‹ sagt, wenn man von einem Bodhisattva der Zehnten Stufe spricht, der noch nicht wirklich ein Buddha ist.
Wenn die Übung des Vollendungsfahrzeugs allein auch nicht ausreicht, um Buddhaschaft zu verwirklichen, so ist die dort beschriebene Buddhaschaft doch dieselbe, wie im Mantra-Fahrzeug. Es ist unzutreffend, wenn man sagt, man könne

Buddhaschaft zwar allein durch die Pfade des Vollendungsfahrzeugs verwirklichen, müsse dann aber, mit Erlangung der Buddhaschaft, in das Mantra-Fahrzeug eintreten, um eine noch höhere Frucht zu verwirklichen. Man muß zwar tatsächlich letzten Endes in das Mantra eintreten, um ein Buddha zu werden, allgemein kann jedoch gesagt werden, daß Vollendungs- und Mantra-Fahrzeug dieselbe Frucht verwirklichen, wobei der Unterschied in der Schnelligkeit liegt, mit der die Frucht erlangt wird.

Man kann nicht sagen, daß man die Buddhaschaft durch das Mantra generell innerhalb eines Lebens in diesem Zeitalter des Niedergangs verwirklichen kann, ohne sich auf zahllose Zeitalter der Übung stützen zu müssen. Dies gilt nämlich nicht, wenn man ausschließlich den unteren Tantras folgt. Wenn man Buddhaschaft verwirklichen will, ohne zahllose Zeitalter lang zu üben, muß man letzten Endes in das Höchste Yoga Tantra eintreten. Nach Tsong-ka-pas *Großer Darlegung des Geheimen Mantra* ist die Erlangung von Buddhaschaft in einem Leben eine unterscheidende Eigenschaft des Höchsten Yoga Tantra.

Die Pfade der drei unteren Tantras sind insofern schneller als der Pfad des Vollendungsfahrzeugs, als sie für die Pfade der Ansammlung und der Vorbereitung nicht ein zahlloses Zeitalter der Übung brauchen; ihre Weise des Vorgehens auf dem Pfad des Sehens und der Meditation entspricht jedoch der des Vollendungsfahrzeugs. Man muß allerdings in Rechnung stellen, daß die Handlungs-, Ausübungs- und Yoga Tantras auch selbst sagen, man könne Buddhaschaft in einem Leben verwirklichen. In der Fortsetzung des *Vairocanabhisambodhi Tantra,* einem Ausübungstantra, heißt es zum Beispiel: »Jene Bodhisattvas, die durch das Geheime Mantra in die Übung eintreten, werden noch in diesem Leben vollkommen und vollendet erleuchtet werden.« Solche Äußerungen, daß man mit Hilfe der unteren Tantras in einem Leben Erleuchtung erlangen könne, sind als übertriebene Äußerungen, die die Größe des jeweiligen Tantra betreffen, aufzufassen.

Die Praktizierenden der drei unteren Tantras verwirklichen viele allgemeine Siddhis, durch die sie Buddhas und Bodhisattvas sehen, ihre Belehrungen hören und unter ihrer Obhut die Übungen zur Erleuchtung schnell vollenden; abgesehen davon, daß sie auf den Pfaden der Ansammlung und der Anwendung schneller fortschreiten, zieht sich der Rest ihres Pfades jedoch länger hin. Nach der mündlichen Tradition ist die Erlangung in dem einen kurzen Leben dieses Zeitalters des Niedergangs, [also in einem Leben von heutzutage ungefähr sechzig Jahren], eine unterscheidende Eigenschaft des Höchsten Yoga Tantra. Jedoch ist die Erlangung von Buddhaschaft in einem Leben auch eine unterscheidende Eigenschaft der drei unteren Tantras. Das meint dann aber nicht das kurze Leben des Zeitalters des Niedergangs, sondern die Fähigkeit, die die Yogis durch die Übung von Gottheit-Yoga, Wiederholen von Mantras usf. erworben haben, mit der sie ihr Leben auf viele Zeitalter ausdehnen. Man kann innerhalb eines solchen Lebens höchste Erleuchtung erlangen indem man sich auf die Pfade der drei unteren Tantras stützt und schließlich in den Höchsten Yoga eintritt. Vielleicht bezieht sich die Stelle aus dem *Vairocanabhisaṃbodhi Tantra* auf ein solches langes Leben.

### *Ein Mißverständnis: Die Stufe der Erzeugung ist nur Gottheit-Yoga*

Śāntideva sagt in seinem *Eintritt in die Bodhisattvataten*, daß ein Bodhisattva, der eine Stufe erreicht hat, auf der er seinen Körper weggibt, kein körperliches Leiden und daher auch kein geistiges Leiden hat, sodaß er seinen Körper ohne Schwierigkeiten weggeben kann, wenn es nötig ist. Auch im *Sutra vom Treffen von Vater und Sohn (Pitāputrasamāgama)* heißt es, ein Bodhisattva könne in allen Situationen ein Gefühl von Glückseligkeit beibehalten, selbst wenn er gefoltert wird. Auf solche Belehrungen stützt sich Ratnarakṣita, wenn er irrtümlich verkündet, daß die Glückseligkeit, die im Vollendungsfahrzeug entsteht, dieselbe sei, wie die im Höchsten Yoga Tantra. Doch vertritt er auch die richtige Meinung, daß sowohl Mantra-Fahrzeug als auch Vollendungsfahrzeug die Meditation der Leerheit miteinschließen, und er weist zutreffend darauf hin, daß im Vollendungsfahrzeug die Bodhisattvas gelegentlich von Attributen des Bereichs der Begierde, wie angenehmen Formen, Tönen, Gerüchen, Geschmäcken und fühlbaren Objekten, Gebrauch machen; der Gebrauch von Begierde somit keine unterscheidende Eigenschaft des Mantra-Fahrzeugs ist. Er zitiert das *Sutra des Kapitels von Kaśyapa (Kaśyapaparivarta):*

So wie der Unrat der Stadtbewohner
eine Hilfe ist für das Feld des Zuckerrohranbauers,
so ist der Dünger der Plagen eines Bodhisattva
hilfreich, um die Qualitäten eines Buddha wachsen zu lassen.

Er bemerkt auch zutreffend, daß ein von Liebe und Mitgefühl ausgelöstes, selbstloses Streben nach höchster Erleuchtung dem Vollendungs- und Mantra-Fahrzeug gemeinsam ist. Er irrt jedoch, wenn er schließt, daß die unterscheidende Eigenschaft des Tantra die Erzeugungsstufe sei. Er nimmt fälschlicherweise an, daß die Erzeugungsstufe des Höchsten Yoga Tantra in erster Linie in Gottheit-Yoga bestehe und die Vollendungsstufe in erster Linie Meditation über Leerheit sei. Tatsächlich ist die Meditation über die Leerheit eben die Grundlage für den Gottheit-Yoga, den es [entgegen Ratnarakṣitas Meinung] auch auf der Vollendungsstufe gibt.

### *Ein Mißverständnis: Nur die niederen Lernenden benutzen Begierde auf dem Pfad*

Tripiṭakamāla sagt, das Ziel, die Buddhaschaft, sei für beide Fahrzeuge zwar dasselbe, das Mantra-Fahrzeug übertreffe das Vollendungsfahrzeug jedoch aufgrund von vier charakteristischen Eigenschaften:

Die erste charakteristische Eigenschaft besteht darin, daß die Praktizierenden des Mantra nicht verdunkelt sind, wie die des Vollendungsfahrzeugs. Sie erkennen nämlich, daß die Vervollkommnung einer Vollendung die Frucht einer Meditativen Gleichgewichtfindung ist, und daß man eine Vollendung nicht dadurch vervollkommnen kann, daß man tatsächlich den eigenen Körper weggibt usf. Die Praktizierenden des Vollendungsfahrzeugs erkennen das nicht, deshalb sind sie verdunkelt.

Diese Interpretation ist falsch, sagt doch Śāntideva im Vollendungsfahrzeug selbst, daß wir sehen, daß es immer noch Bettler in der Welt gibt, und da wir wissen, daß die Buddhas und Bodhisattvas von früher eine Vollendung des Gebens verwirklicht haben, kann eine Vollendung des Gebens nicht einschließen, daß die Armut in der Welt beseitigt wird. Die Vollendung besteht vielmehr in der vollständigen Entwicklung einer Haltung der Freigebigkeit, das heißt, in der Vollendung des Gedankens, daß man allen fühlenden Wesen allen eigenen Besitz gibt, mitsamt den von ihm hervorgebrachten Wirkungen. Nach Śāntideva ist die Vollendung vom Geist abhängig. Die Erklärung, die Tripiṭakamāla in bezug auf eine charakteristische Eigenschaft des Nicht-Verdunkeltseins gibt, läßt sich deshalb nicht aufrechterhalten.

Die zweite charakteristische Eigenschaft besteht darin, daß das Mantra-Fahrzeug über viele Methoden verfügt, die das Vollendungsfahrzeug nicht hat. Im Vollendungsfahrzeug schreitet man nur durch friedvolle Mittel fort. Das Mantra-Fahrzeug dagegen hat vier Abteilungen, von denen jede über eine Vielzahl von Techniken verfügt, mit der sie jedem Problem begegnet. So hat das Mantra zum Beispiel viele Methoden für die Begierigen und Stolzen, etwa die Vorstellung von sich selbst als eine beliebige Gottheit.

Die Erklärung, die Tripiṭakamāla zu dieser charakteristischen Eigenschaft gibt, scheint richtig zu sein, jedoch kann sie nicht als ein Grund dienen, um das Mahayana in ein Vollendungsfahrzeug und ein Mantrafahrzeug zu unterscheiden, weil auch das Höchste Yoga Tantra viele Techniken hat, die die drei unteren Tantras nicht haben, ohne deswegen ein eigenes Fahrzeug zu sein.

Die dritte charakteristische Eigenschaft besteht darin, daß das Vollendungsfahrzeug Askese miteinschließt und das Mantra-Fahrzeug nicht. Jñānakīrti und Tripiṭakamāla erklären, daß es zwei Arten von Lernenden im Mantra gibt: solche, die ohne Begierde sind für eine Wissensfrau [siehe Anm. 72] und solche, die diese Begierde haben. Die höchsten Lernenden sind die ohne Begierde für eine Wissensfrau, sie meditieren über das wirkliche Große Siegel, das eine Einheit von Methode und Weisheit ist. Diejenigen mit Begierde unterteilen sich in zwei Gruppen: diejenigen, die Begierde nach einer äußeren Wissensfrau haben und diejenigen, die keine Begierde nach einer äußeren Wissensfrau haben. Die ersteren meditieren über eine vorgestellte Wissensfrau, und die letzteren machen Gebrauch von einer wirklichen Wissensfrau.

Diese Interpretation ist falsch, denn tatsächlich sind es die Besten unter den Lernenden des Höchsten Yoga Tantra, die auf dem Pfad von der Begierde für eine Wissensfrau Gebrauch machen. Es ist diese Methode, durch die ›juwelengleiche Personen‹ in einem Leben Buddhaschaft verwirklichen. Beide Fahrzeuge kultivieren Pfade, die Begierde benutzen und Pfade, die frei von Begierde sind; diese Eigenschaft kann die beiden Fahrzeuge nicht unterscheiden.
Auch die Erklärung von Tripiṭakamāla zur vierten charakteristischen Eigenschaft, der Schärfe der Fähigkeit, ist unzutreffend. Wenn sie nämlich ein Nicht-Verdunkeltsein in bezug auf die Methode meint, dann hat sich schon bei seiner Erklärung, die sich mit dem Unterschied in der Methode befaßte, gezeigt, daß sie unangemessen ist. Auch wenn er sagen will, daß im Mantra Begierde für die Attribute des Bereichs der Begierde auf dem Pfad benutzt wird, befindet er sich im Unrecht, weil die besten unter den Lernenden mit scharfen Fähigkeiten [seiner Ansicht nach] keine Begierde haben – was jedoch nicht stimmt.

### *Ein Mißverständnis: Die vier Tantraklassen entsprechen den vier Kasten*

Es gibt vier Klassen des Tantra: Handlung, Ausübung, Yoga und Höchster Yoga. Manche trennen den Höchsten Yoga noch in ein Vater-Tantra, ein Mutter-Tantra und ein Nicht-Duales Tantra: damit wären es sechs. Nach Tsong-ka-pa bedeutet »Nicht-Duales Tantra« eine Nicht-Dualität von Methode und Weisheit – Große Glückseligkeit und Leerheit – deshalb sagt er, sind alle Höchsten Yoga Tantras nicht-duale

Tantras. Der Übersetzer Tag-tsang (sTag-tshang) vertritt dagegen die Meinung das *Kālacakra Tantra* sei ein Nicht-Duales Tantra, weil es besondere Betonung auf die vierte Einweihung lege, die sich mit einer Vereinigung von höchster, unwandelbarer Glückseligkeit und in jeder Hinsicht höchster Leerheit befaßt. Für ihn betonen dualistische Tantras entweder das eine oder das andere.

Die Praktizierenden der Vier Tantras haben dieselbe Absicht, insofern sie alle das Wohl anderer suchen. Das Objekt der Erlangung ist das gleiche, die Buddhaschaft, die in der Auslöschung aller Unzulänglichkeiten und der Erfüllung aller glückverheißenden Attribute besteht. Die Vier Tantras lassen sich also nicht nach dem Gesichtspunkt des Bereichs ihrer Absicht oder ihrem Objekt der Erlangung unterteilen. Den Gottheit-Yoga haben sie alle, und jedes von ihnen hat viele Formen des Gottheit-Yoga, so daß Abweichungen auch nicht ausreichen, um sie zu unterscheiden. Es gibt zwar indische Textquellen, die sagen, daß die Vier Tantras für die vier Kasten seien oder für jene, die von bestimmten Plagen beherrscht werden, jedoch kann das nicht für eine Unterscheidung der Vier Tantras dienen oder sogar ein Vorherrschen unter den Lernenden aufzeigen.

Die Tantras wurden vor allem für jene im Bereich der Begierde gelehrt und insbesondere für jene, die nach Erleuchtung suchen, indem sie auf dem Pfad Gebrauch von Begierde machen. Man unterscheidet die Tantraklassen durch die vier Weisen der Übung und durch die vier Arten von Lernenden, deren Fähigkeiten diesen vier Arten von Übung entsprechen. Es gibt vier Wege um Begierde auf dem Pfad zu benutzen; sie sind gegründet auf die unterschiedlichen Fähigkeiten die Leerheit und den Gottheit-Yoga entstehen zu lassen.

Es gibt sieben Zweige – Vollständiger Genuß, Vereinigung, Große Glückseligkeit, Nicht-inhärente Existenz, Mitgefühl, Ununterbrochene Kontinuität und Nicht-Aufhören. Drei von ihnen gibt es nur im Tantra – Vollständiger Genuß, Vereinigung, und große Glückseligkeit; die anderen vier sind Sutra und Tantra gemeinsam, wenn man auch Nicht-inhärente Existenz zu der Gruppe der für das Tantra spezifischen Zweige rechnen kann, sofern man es als das Objekt betrachtet, dessen sich ein Bewußtsein der Glückseligkeit gewiß wird. Den Zweig der Vereinigung gibt es in den drei unteren Tantras nicht; man erlangt in den drei unteren Tantras auch nicht Kenntnis von einer äußeren Wissensfrau oder benutzt Begierde auf dem Pfad. Es wird nur von einer meditierten Wissensfrau Kenntnis erlangt. In den Yoga-Tantras macht man auf dem Pfad von dem Glück Gebrauch, das aus Händehalten oder Umarmen entsteht, in den Ausübungstantras ist es das Glück, das aus dem Lachen entsteht und in den Handlungstantras das aus dem Anschauen entstehende Glück. Kurz gesagt, die Vier Tantras stimmen darin überein, daß sie jeweils Begierde für die Attribute des Bereichs der Begierde auf dem Pfad benutzen.

In den Handlungstantras herrschen äußere Tätigkeiten vor. In den Ausübungstantras werden äußere Tätigkeiten und innerer Yoga zu gleichen Teilen ausgeübt. In den Yoga Tantras herrscht der innere Yoga vor. In den Höchsten Yoga Tantras wird ein Yoga gelehrt, dem kein anderer gleichkommt. Diese, sich an ihrer Etymologie orientierenden Beschreibungen der Namen der Vier Tantras, treffen auf ihre Haupt-Lernenden zu, jedoch nicht auf alle ihre Lernenden. Es wird zum Beispiel gesagt, daß es sogar einige Yoga Tantras gibt, die für solche dargelegt wurden, die die Meditation ihrer selbst als Gottheit in Furcht versetzt.

Die Unterscheidung der Vier Tantras richtet sich nach den Fähigkeiten ihrer Haupt-Lernenden und nicht nach denen, die an ihnen einfach nur Interesse haben; wie es heute nämlich häufig ist, zeigen viele Interesse für einen Pfad, für den ihnen die Fähigkeit fehlt.

## *Einweihung*

Von einem Mandala wird gesagt, es sei so äußerst tiefgründig, weil die Meditation darüber als ein Gegenmittel wirkt, das die Hindernisse zur Befreiung und die Hindernisse zur Allwissenheit zusammen mit ihren latenten Anlagen unverzüglich beseitigt. Für jemanden von geringem Verstand ist es schwer seine Bedeutung zu begreifen.

Es macht einen Unterschied, ob man in ein Mandala eintritt oder eine Einweihung erhält. Wenn man in ein Mandala nur eintritt, ist es ausreichend, wenn man Glauben hat, doch es ist nicht notwendig, den selbstlosen Erleuchtungsgeist erzeugt zu haben. Man kann auch in ein Mandala eintreten *und* Einweihung erhalten ohne den selbstlosen Erleuchtungsgeist erzeugt zu haben; doch dies ist notwendig, sobald man sich in den zwei Stufen des Höchsten Yoga Tantra übt.

In der Vergangenheit wurden das Eintreten in ein Mandala und das Gewähren von Einweihungen sehr vorsichtig gehandhabt indem man beide sorgsam unterschied. Heutzutage neigen Tibeter jedoch dazu, jedem Einweihung zu geben. Vajradhāra hat ein vollständiges System dargelegt, das verschiedene Ebenen hat – für die, die in ein Mandala nur eintreten, für die, die außerdem die Wasser- und Kopfschmuck-Einweihung erhalten usf. Wenn man nach diesem System vorgeht überprüft der Lama, bevor er die Einweihung gibt, zuerst, ob er oder sie die drei Arten der Übung [Ethik, Meditative Gleichgewichtfindung und Weisheit] aufnehmen kann und fähig ist, die Gelübde einzuhalten. Denen, die nicht qualifiziert sind, aber großen Glauben haben, erlaubt er in das Mandala einzutreten, gewährt ihnen aber keine Einweihung. Diese systematischen Einschränkungen, die, wo sie eingehalten werden, Einweihungen wirkungsvoll und nutzbringend machen, werden heutzutage häufig nicht befolgt, was zu Schwierigkeiten für Lama und Eingeweihte führt.

Es gibt eine Geschichte von Drug-pa-kün-leg, der eine

Gegend besuchte wo ein Lama Einweihungen gab. Als der Lama vorüberkam standen alle Anwesenden auf und erwiesen ihm Respekt – bis auf Drug-pa-kün-leg. Der Lama fragte ihn erheitert, was er da tue: »Andere zeigen Respekt, wenn ich vorbeigehe, warum zeigst du so ein schlechtes Benehmen?« Drug-pa-kün-leg antwortete, indem er fragte: »Gibst du viele Einweihungen? Sorgst du dafür, daß viele ihre Gelübde und Versprechen brechen? Öffnest du vielen den Weg zur Hölle?«

Wenn man fähig ist über die Bedeutung des Existenzkreislaufes im allgemeinen und über das menschliche Leben im besonderen nachzudenken, wird es möglich, den Geist durch religiöse Praxis zu schulen. Dabei handelt es sich um einen Vorgang, durch den man friedlich und ohne Angst wird. Wenn dagegen die Betonung zu sehr auf die Leiden der Höllen und die drohende Nähe des Todes gelegt wird, kann es passieren, daß man in lähmende Angst verfällt. Es gibt in Tibet eine Geschichte, wo der Abt eines Klosters ausgeht, um eine Ansprache zu halten. Jemand fragt den Diener des Abts, wo der Abt hingegangen sei, worauf der Diener antwortet: »Er ist ausgegangen, um alten Männern und Frauen Angst zu machen.« Wenn man den Wert eines menschlichen Lebens dadurch erfüllt, daß man religiöse Praxis aufnimmt, gibt es keine Veranlassung vor dem Tod Angst zu haben.

Zuerst solltest du aus tiefstem Herzen Zuflucht nehmen zu den Drei Juwelen. Nimm danach ein Gelübde für die eigene Befreiung, um dann den strebenden und den angewandten Geist der Erleuchtung entstehen zu lassen. Wenn du dann einen Punkt erreichst, wo es angemessen ist Tantra zu hören, solltest du Belehrungen erhalten zu den *Zwanzig Strophen über das Bodhisattvagelübde (Bodhisattvasaṃvaraviṃśaka)* und die *Fünfzig Strophen über den Guru (Gurupañcaśikā)* von Aśvaghoṣa. Dann kannst du die Einweihung erhalten.

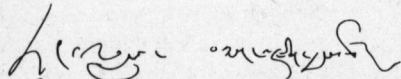

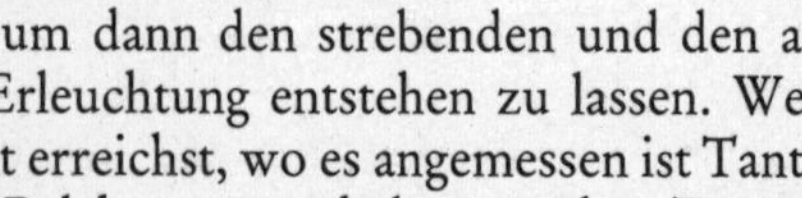

Tenzin Gyatso, 2518 (1974) das tibetische Feuer-Tiger-Jahr

# TEIL ZWEI
# DIE GROSSE DARLEGUNG DES GEHEIMEN MANTRA

*Die Stufen auf dem Pfad zu einem großen Vajradhāra, einem Sieger und umfassenden Herrn – offenbart all die geheimen Punkte*

*Von Tsong-ka-pa*

*Teil Eins*

Übersetzt und herausgegeben von Jeffrey Hopkins
Mitherausgeber: Lati Rinpoche und Geshe Gedün Lodrö

In allen meinen Leben verbeuge ich mich mit großer Achtung vor den Lotusfüßen der hervorragenden Gurus und des ehrwürdigen Mañjughoṣa [Mañjuśrī].

VEREHRUNG DER GEISTIGEN FÜHRER

Ich verneige mich zu den Füßen der hervorragenden Führer.
Wenn ich ihre Lotusfüße zu meinem Scheitel führe
lehren sie, durch ihren mitleidvollen Geist, den unverunreinigten Pfad,
der die Fehler des Existenzkreislaufs und des bloßen Friedens beseitigt. [Sie lehren ihn], wie er ist.

VEREHRUNG DES VAJRADHĀRA

Möge der Herr der Mandalas mich schützen,
der wie ein bezaubernder Regenbogen am fleckenlosen Himmel
sich nicht fortbewegt aus dem Zustand der vollkommenen Auslöschung aller begrifflichen Vielheit,
und zahllose Scharen von Gottheiten hervorbringt
durch sein Spiel der Schöpfung von Körpern.

VEREHRUNG DES VAJRAPĀṆI

Voller Achtung verneige ich mich vor dem mächtigen Schützer,
Dem Herrn, der die Wissensmantras hält, der all die
geheimen Punkte sammelte, die er[1] sprach.
Die Scharen der Dämonen mögen jetzt also gut auf der Hut sein.

## VEREHRUNG DES MAÑJUGHOṢA

O Mañjughoṣa, einziger Vater aller Sieger.
Du bist ein Schatz der Weisheit, habe ich doch gehört,
daß du, auf einen bloßen Blick des Gefallens hin,
das höchste Geschenk jener Unterscheidung gewährst,
die eine Erkenntnis des tiefen Gedankens des Siegers verleiht.
Lange Zeit habe ich mich ohne Unterbrechung auf dich
als meiner besonderen Gottheit gestützt und werde
von deinen Lotusfüßen auch nicht lassen. Denn
für mich gibt es keine andere Zuflucht.
O Mañjughoṣa, gewähre mir die Frucht meiner Wünsche.

## GRÜNDE FÜR DIE ABFASSUNG DES BUCHES

Von vielen, die den Wunsch hatten, die Tantras, so wie sie von den Weisen erklärt sind,
in der rechten Weise zu praktizieren, wurden Ersuchen an mich gerichtet;
auch von einem, der zwei Sprachen spricht und über eine breite Kenntnis zahlloser Bücher verfügt.[2]
Immer und immer wieder wurde ein dringendes Ersuchen an mich gerichtet
von jemandem, der in der vordersten Reihe aller Wesen von Verdiensten strahlt,
ein gutes Wesen, von ungewöhnlichem Denken, das die Last trägt,
das glorreiche Vajra-Fahrzeug in alle Richtungen zu verbreiten.[3]
Wer sich bloß mit Teilen zufrieden gibt und die großen Systeme nicht wie Vorschriften verwendet,
wer die Bedeutung der Schriften nicht mit fehlerlosen Gründen untersuchen kann,
wer zwar gelehrt ist, aber keine Anstrengung auf die Verwirklichung verwendet,
der kann die Sieger nicht erfreuen.

Nachdem ich dies gesehen habe und weil mein Geist
tief beeindruckt ist von den Taten der Hervorragenden der Vergangenheit, die die Lehre gut praktizierten,
will ich streben ihr System klar darzustellen.
Mögen für diese meine Anstrengung die Scharen der Himmelswandlerinnen
– die Feld-Geborenen, die Angeborenen und die Mantra-Geborenen –
voll Liebe an mich denken, wie eine Mutter an ihren Sohn,
mir all die Siddhis geben und mir die Freundlichkeit gewähren,
alle [auftretenden] Hindernisse zu beseitigen.

Es gibt welche, deren Fähigkeit zur Mahayanaanlage nicht gering ist. Gestützt auf einen geistigen Führer, einen hervorragenden Beschützer, haben sie sich im allgemeinen Pfad geübt und nun rührt ein großes Mitgefühl ihren Geist. Sie befinden sich in großer Eile, die freundlichen Mütter, die im Existenzkreislauf wandern, aus ihm zu befreien. Sie sollten eintreten in den kurzen Pfad, in das Vajra-Fahrzeug, das schnell zu dem Zustand eines Gesegneten Buddha verhilft, der einzigen Zuflucht für alle fühlenden Wesen. Dafür werde ich hier die Stufen auf dem Pfad zu [dem Zustande] eines großen Vajradhāra erklären.

Die Erklärung hat zwei Teile: [Der eine] zeigt, daß für diejenigen, die Befreiung wollen, nur die Lehren des Siegers ein Zugang sind, und [der andere] beschreibt die Eintrittstore zur Lehre auf den verschiedenen Ebenen.

## FÜR DIEJENIGEN, DIE BEFREIUNG WÜNSCHEN, IST NUR DIE LEHRE DES SIEGERS EIN ZUGANG.

Hat man einmal angefangen, die großen Ziele für einen selbst und für andere zu untersuchen, findet man keine Befriedigung in dem System, wie es von den Alten der Welt offenbart wurde, das besteht in dem Erreichen von Glück und dem Vermeiden von Leiden für die Dauer dieses Lebens. Nur die Lehre des Gesegneten Buddha, dessen Banner über den Drei Bereichen fliegt, ist ein Zugang für diejenigen, die [auch] die höheren Besonderheiten von zukünftigen Leben und dem darüber [die Befreiung aus dem Existenzkreislauf und das Erlangen von Allwissenheit] wünschen. Er ist die große Grundlage für das Wohlergehen aller Wesen, die bloße Ein- und Auswärtsbewegung seines Atems wird ihnen zum großen Heilmittel. Denn er hat seinen höchsten, wunderbaren Zustand erlangt, nachdem er zum Heile aller Wesen das Streben nach höchster Erleuchtung geübt hat und durch die Wogen der Taten der Buddhasöhne, die sein selbstloser Erleuchtungsgeist in Bewegung setzte. Erleuchtungsgeist, das heißt, andere höher zu schätzen als sich selbst; es ist ein Gesprächsgegenstand, der überhaupt nicht mit der Welt übereinstimmt, finden es doch die meisten schon schwierig, sich aus der Tiefe ihres Herzens an ihm zu freuen.

Im *Miśrakastotra*[4] von Matṛceta (Aśvaghoṣa) und Dignāga heißt es:

Ich befinde mich im Existenzkreislauf,
dem Ozean, dessen Tiefe ohne Grenze ist.
Die furchterregenden Seeungeheuer der Begierde usf.
verzehren meinen Körper.
Wo werde ich nun Zuflucht nehmen?

Wer Verstand hat
würde seine Zuflucht zu ihm nehmen,
zu dem, der keinerlei Fehler hat,
der in jeder Hinsicht über glückverheißende Vorzüge verfügt.
Es wäre richtig diesen zu preisen, ihm
Verehrung zu erweisen und in seiner Lehre zu verweilen.

Trotzdem wurden Kapila und die anderen trunken durch das Gift des Stolzes und brüsteten sich Lehrer zu sein, obwohl sie den Pfad der Befreiung nicht kannten. Sie wollten eine Soheit der Erscheinung lehren, die abweicht von der Weise, wie die Sugatas[5] sie lehrten; sie verfaßten viele Bücher, die so aufgemacht waren, daß sie wie ein richtiger Pfad erschienen und gaben denen Ratschläge, die nach Befreiung verlangten. Jedoch nur der vollkommen vollendete Buddha, seine Lehre und diejenigen, die sie in der rechten Weise erlernen, können Lehrer, Pfad und Freunde auf der Reise zur Befreiung derer sein, die Befreiung wünschen. Andere als diesen Lehrer, diese Lehre und diese Schüler gibt es nicht.

Du mußt eine unbeirrbare Gewißheit in die Quelle der Zuflucht gewinnen. Dadurch wirst du begreifen, daß nur die Lehre des Überwinders ein Zugang ist für diejenigen, die Befreiung wollen. Diejenigen von geringer Geistesstärke werden es bloß als Vermutung feststellen, diejenigen von starkem Geist sollten nach einer durch gültige Erkenntnis herbeigeführten Gewißheit suchen. Etwas anderes wäre nicht mehr als eine Behauptung.

Weiter heißt es im *Lob des Höchst-Göttlichen (Devātiṣayastotra)*[6]:

> Ich bin kein Parteigänger des Buddha.
> Ich habe keinen Haß gegenüber Kapila und den anderen.
> Ich halte nur den für einen Lehrer,
> dessen Worte Richtigkeit haben.

So sollte man Parteigängertum und Haß in bezug auf das System des eigenen Lehrers und die Systeme der Lehrer anderer aufgeben und untersuchen, welches von ihnen gute und welches schlechte Erklärungen gibt. Dann sollte man dasjenige annehmen, das Mittel aufzeigt, mit denen man die beiden Ziele eines Lernenden erreicht [den Hohen Stand innerhalb des Existenzkreislaufs und das Wirklich Gute der Befreiung und der Allwissenheit] und das richtige Beweise liefert. Es sind die Schriften zweier Systeme, die man untersuchen muß, um herauszufinden, welches die Wahrheit hat und welches nicht. Es ist also nicht zulässig, wenn man sie selbst als Beweise [für die eigene Wahrheit] zitiert; nur durch Beweisführung ist zu unterscheiden, was wahr ist und was nicht.

Die Art der Beweisführung ist folgende: Es verhält sich zwar so, daß man bei der Reihenfolge ihres Entstehens im Kontinuum einer Person zuerst die zeitweilige Erlangung eines Hohen Standes und später das Wirklich Gute erreicht. Jedoch wird man, wenn man diese beiden Ziele der Wesen untersucht, um herauszufinden, ob sie falsch sind oder nicht, zuerst festlegen, daß ein System in bezug auf das Hauptziel des Wirklich Guten nicht irreführt. Davon kann man folgern, daß ein System auch in bezug auf die zweitrangige Erlangung eines Hohen Standes nicht irreführt. Das ist die Behauptung der Könige unter den Gelehrten; Dharmakīrti sagt in seinem *Kommentar zu (Dignāgas) ›Kompendium gültiger Erkenntnis‹ (Pramāṇavarttika, I.217cd):*[7]

Weil es keinen Widerspruch gibt zur Hauptbedeutung
kann man [das gleiche] auch für die anderen erschließen.

Und Āryadeva sagt in seinen *Vierhundert (Catuḥsataka):*[8]

Wem Zweifel entstehen in das Nicht-Offensichtbare,
über das der Buddha sprach,
der wird glauben, daß nur der Buddha [allwissend ist],
wenn er sich auf [seine Lehre von der] Leerheit stützt.

Man muß beides logisch feststellen: das Existieren eines Existenzkreislaufes, das heißt, die Fortdauer der leidhaften Anhäufungen, die entstehen aus dem Vorstellen eines Selbst [einer inhärenten Existenz] und die Existenz von Stufen, die zur Befreiung führen, das heißt, die Erreichung eines Zustandes von Freiheit durch die Weisheit, die die Selbstlosigkeit erkennt. Diese sollte man unter Zuhilfenahme jener Beweisführungen beweisen, wie sie sich in den logischen Systemen finden.

Angenommen jemand sagte: »Für ein gewöhnliches Wesen ist das äußerst schwer zu erkennen, deshalb sind die Schriften allein Beweis; ich verlasse die anderen Lehrer und nehme meine Zuflucht zu dir, O Gesegneter [Buddha]!« Dieser würde die Fehler der eigenen Zuflucht verkünden. Es wäre so als würde er sagen: »Die Zuflucht ist nur der eigene Wunsch; es gibt keine richtigen Beweise.« Denn das Zitieren von Schrift ist als Beweis nicht zulässig und man würde behaupten, es gäbe keine logischen Beweise.

Außerdem stimmen die Schriften unseres Lehrers und der

Lehrer anderer nicht darin überein, ob es eine Wiedergeburt gibt oder nicht, ob die geistigen und physischen Anhäufungen vergänglich sind oder nicht, ob ein Selbst existiert oder nicht usf. In der Debatte über die Richtigkeit oder Unrichtigkeit [dieser Punkte] zwischen unseren großen Schulen und denen der anderen, könnte [ohne sich auf Beweisführung zu stützen] nicht bewiesen werden, daß die Schriften unseres Lehrers richtig sind.

Es gibt Schriften, die äußerst schwer erkennbare Punkte lehren, welche nicht durch direkt erschließende gültige Erkenntnis bewiesen werden können. Diese werden mit Hilfe einer durch die Drei Untersuchungen[9] gereinigten Beweisführung ihrem Inhalt nach als nicht-irrig erwiesen. Die Art dieses Vorganges wird durch Beweisführung bestimmt, nicht durch den Rückgriff auf das Zitieren von Schriften als Beweis. Hier habe ich einen Gegenstand nur angerührt, den ich ausführlicher in anderen Büchern erläutern werde.[10]

Die Schriften, in denen von anderen Schulen das Hauptziel der Personen gelehrt wird, widersprechen sich nur selbst. Zum Beispiel verkünden sie, ein unvergänglicher Faktor, etwa ein allgemeines Prinzip *(pradhāna)* oder ein Herr *(īśvara)*, sei der Schöpfer des Existenzkreislaufes, und sie sagen weiter, wer nach Befreiung suche, überwinde diesen Existenzkreislauf, indem er den Pfad kultiviere. Das ist widersprüchlich, denn ohne seine Hauptursache zu überwinden, läßt sich der Existenzkreislauf nicht überwinden, und seine Ursache ließe sich auch niemals überwinden, wäre sie unvergänglich. In gleicher Weise ist es widersprüchlich, die Ansicht der Selbstlosigkeit zurückzuweisen und [gleichzeitig] als Objekt der Erlangung eine Befreiung zu nehmen, die die Fesseln des Existenzkreislaufes durchschneidet.

Wie oben erklärt wurde, ist die dreifache Zuflucht – unser Lehrer usf. – eine Zuflucht für die, die Befreiung wünschen, und Lehrer usf., die nicht mit ihr übereinstimmen, sind niemals eine [letzte] Zuflucht. Ohne eine Überzeugung in diese Tatsache herbeigeführt zu haben, kann man keinen beständigen Geist haben, der einsgerichtet ist auf seine Quelle der Zuflucht. Das Entstehen eines solchen Geistes hängt davon ab, daß man sich darauf stützt, mit Hilfe von Beweisführung die Fehler und Vorzüge zweier Systeme zu sehen.

Deshalb ist es ohne Belang, ob ein Furtler (*Tīrthika,* Nicht-Buddhist) tatsächlich anwesend ist [damit man ihn in einer Debatte widerlegen kann] oder nicht; wenn die Intelligenten den besonderen Geist der Zuflucht entstehen lassen wollen, müssen sie tun wie es oben erklärt wurde, [das heißt, sie müssen sich durch Beweisführung die Gewißheit verschaffen, daß die Drei Juwelen die einzige Zuflucht sind]. Darum sollte man wissen, daß die Abhandlungen über Logik, wie die *Sieben Abhandlungen* von Dharmakīrti[11], ein überlegenes Mittel sind, um eine große, nicht nur verbale Achtung entstehen zu lassen für unseren Lehrer Buddha, für seine Lehre – die in Worten gegebene Lehre sowie ihre Verwirklichung – und für die richtige Übung.

## TORE DER VERSCHIEDENEN STUFEN FÜR DEN ZUGANG ZUR LEHRE

Dieser Abschnitt hat zwei Teile: Unterteilung der Fahrzeuge im Allgemeinen und Unterteilung des Mahayana.

## UNTERTEILUNG DER FAHRZEUGE IM ALLGEMEINEN

Dieser Abschnitt hat vier Teile: Wie die Fahrzeuge unterteilt werden, die Gründe für die Unterteilung und das Wesen der einzelnen Abteilungen sowie die Belehrung, daß sie letztendlich alle Zweige des Prozesses der vollständigen Erleuchtung sind.

## WIE DIE FAHRZEUGE UNTERTEILT WERDEN

In der *Leuchte eines Kompendiums der Praxis (Caryāmelāpaka-pradīpa)*[12] von Āryadeva werden die Fahrzeuge nach den Interessen der drei Arten von Lernenden unterteilt, indem man sie in drei Arten der Praxis zusammenfaßt. Diejenigen, die interessiert sind am Niederen, werden Übungen gelehrt, die frei sind von Begierde; diejenigen, die am Weiten interessiert sind, werden Übungen der Stufen und Vollendungen gelehrt und diejenigen, die besonders am Tiefen interessiert sind, werden Übungen der Begierde gelehrt. Ebenso heißt es in der *Leuchte der drei Weisen (Nayatrayapradīpa)*[13] von Tripiṭakamāla:

> Die Bedeutung der Weise der Wahrheiten,
> die der Vollendungen und
> die des großen Geheimen Mantra
> wurden hier in gekürzter Form gelehrt.

Der Meister Tripiṭakamāla faßt also alle [Fahrzeuge] unter drei Weisen zusammen – im Yoga der Vier Wahrheiten und so fort. Das gleiche tut auch Jñānakirti in seiner *Gekürzten Erklärung des Ganzen Wortes (Tattvavatarakhyasakalasugatavacastatparyavyakhyaprakarana)*[14].

Im *Schmuck der Mahayanasutras (Mahāyānasūtrālaṃkāra)* von Maitreya heißt es: »Abteilungen der Schriften gibt es entweder zwei oder drei.« Somit wird dort gesagt, daß es zwei Abteilungen von Schriften gibt – Hinayana und Mahayana. [Beziehungsweise drei – Disziplin, Sammlungen von Lehrreden und Wissen]. Es ist zulässig, wenn man diese Erklärung sowohl auf die Abteilungen von Schriften als auch auf die Abteilungen von Pfaden und Fahrzeugen anwendet.

## GRÜNDE FÜR DIE UNTERTEILUNG

Wir werden nun erklären, aus welchen Gründen gesagt wurde, daß es zwei Abteilungen von Schriften und Fahrzeugen gibt. Es gibt niedere Lernende, die nach einem niederen Objekt ihrer Absicht streben, das allein in einer niederen Erlangung für ihr eigenes Heil besteht – dem Zustand des einfachen Auslöschens des Leidens im Existenzkreislauf.

Es gibt die höchsten Lernenden, die nach einem gehobenen Objekt ihrer Absicht streben, der höchsten Erlangung – dem Zustand der Buddhaschaft zum Heile aller fühlenden Wesen. Weil es diese beiden Arten von Lernenden gibt, die niederen und die höheren, nennt man die Fahrzeuge, mit denen sie zu ihrem jeweiligen Zustand gehen, das Niedere Fahrzeug *(Hīnayāna)* und das Große Fahrzeug *(Mahāyāna)*. Lehren, die diesen beiden entsprechend gegeben wurden, nennt man die Abteilungen der Schriften des Hinayana und des Mahayana.

Das Hinayana hat zwei Arten von Anhängern: die Hörer und die Einsamen Verwirklicher. Die Pfade, die zu ihrem jeweiligen Zustand führen, sind unterteilt in das Fahrzeug der Hörer und das Fahrzeug der Einsamen Verwirklicher. So gibt es also drei Fahrzeuge [das Fahrzeug der Hörer, das der Einsamen Verwirklicher und das Mahayana].

## WESEN DER EINZELNEN ABTEILUNGEN

Dieser Abschnitt hat zwei Teile: die Darstellung des Hinayana und die Darstellung des Mahayana.

## DARSTELLUNG DES HINAYANA

In der *Wirklichkeit der Stufen (Bhūmivastu, Yogacaryābhūmi)* von Asaṅga heißt es, daß die Fähigkeiten und Früchte von Hörern und Einsamen Verwirklichern sich zwar nach Unter- und Überlegenheit unterscheiden, [wobei die ersteren den letzteren unterlegen sind], die Darstellung ihrer Pfade aber im großen und ganzen die gleiche ist. Weil ich fürchte, daß die genauen Einzelheiten in zuviel Worten enden würden, werde ich die Gemeinsamkeiten der Hörer und der Einsamen Verwirklicher nur grob zusammenfassen.

Die mit der Anlage zu einem Hörer oder Einsamen Verwirklicher haben sich von der Last, das Wohlergehen anderer zu tragen, abgewandt und sind nur mit ihrer eigenen Befreiung beschäftigt. Die Hauptursache für die Erlangung von Befreiung ist die Weisheit, die die Bedeutung der Selbstlosigkeit erkennt, denn die Hauptursache für das Gebundensein im Existenzkreislauf ist die Vorstellung von einem Selbst [inhärente Existenz]. Auch die Hörer und die Einsamen Verwirklicher [und nicht nur die Bodhisattvas] suchen, indem sie diese Tatsache verstehen, nach dieser Weisheit. Sie paaren sie mit anderen Pfaden, wie Ethik und Meditativer Gleichgewichtfindung und bringen, indem sie diese Weisheit kultivieren, alle Plagen zum Erlöschen.

Sautrāntikas, Vaibhāṣikas aus Kaschmir, Cittamātras und einige [nämlich die Svātantrika-] Mādhyamikas nehmen [unzutreffenderweise] an, daß Hörer und Einsame Verwirklicher nicht erkennen, daß eine Person, obwohl leer von einer inhärenten Existenz im Sinne des Fehlens einer natürlichen Existenz – wie die Illusion eines Magiers – als inhärent existierend erscheint. Sie sagen [unzutreffenderweise], daß die Erkenntnis einer Selbstlosigkeit der Person die Erkenntnis beinhaltet, daß die Person nicht die substantiell existierende Entität hat, wie sie ihr von den Nicht-Buddhisten beigelegt wird. Der ruhmreiche Candrakīrti sagt, wenn es sich so verhielte, würden Hörer und Einsame Verwirklicher auch in Hinblick auf die Person niemals die Vorstellung wahrer Existenz überwinden; dies sei also nicht die Bedeutung einer Erkenntnis der Selbstlosigkeit der Person. Denn, die Vorstellung eines Selbst einer Person ist nicht überwunden, solange man die Person als wahrhaft existent auffaßt.

Und, ebenso wie man unter Erkenntnis der Selbstlosigkeit der [von der Person verschiedenen] Erscheinungen eine Erkenntnis zu verstehen hat, die eine geistige oder physische Anhäufung als nicht inhärent existierend auffaßt, so muß auch Erkenntnis der Selbstlosigkeit der Person bedeuten, daß erkannt wird, daß die Person nicht inhärent existiert. Solange man die Anhäufungen als wahrhaft existierend auffaßt, ist die Vorstellung tätig, daß die Person in Wahrheit existiert. Solange das so ist, kann man auch die Plagen nicht überwinden. Man müßte also behaupten, daß die Hörer und Einsamen Verwirklicher, soviel Anstrengung sie auch aufwenden mögen, nicht aus dem Existenzkreislauf frei werden können, und das ist nicht vernünftig. In Bezug auf diesen Gedanken sagt Candrakīrti in seinem *Anhang zum Mittleren Weg (Madhyamakāvatāra, VI. 131):*

Nach eurer Meinung würde ein Yogi, der die Selbstlosigkeit gesehen hat
die Soheit von Formen usf. nicht erkennen.
Formen [als inhärent existierend] auffassend
würde er auf sie eingehen, und ihm würde Begierde usf. entstehen,
weil er die Natur der Formen nicht erkannt hätte.

Und in Candrakīrtis Eigenkommentar heißt es: »Weil er die

inhärente Existenz von Formen usf. erfassend in die Irre gegangen wäre, würde er noch nicht einmal die Selbstlosigkeit der Person erfassen. Denn er würde [die inhärente Existenz der] geistigen und physischen Anhäufungen erfassen, die die Ursache sind für das ihnen beigelegte Selbst.«

Dies ist der Gedanke des Schützers Nāgārjuna; in seiner *Kostbaren Girlande (Ratnāvalī, 35)* heißt es:

Solange die Anhäufungen aufgefaßt werden,
solange gibt es die Vorstellung von einem ›Ich‹.
Wenn diese Vorstellung von einem ›Ich‹ existiert,
gibt es Handlung, aus der Geburt entsteht.

Und in seiner *Abhandlung über den Mittleren Weg (Madhyamakaśāstra, XVIII. 4–5)* heißt es:

Wenn Handlungen und Plagen aufhören ist das Befreiung.
Sie entstehen aus falschen Vorstellungen, die wiederum entstehen aus der vielheitlichen Tätigkeit [der falschen Ansichten über inhärente Existenz].
Diese vielheitliche Tätigkeit hört auf in der Leerheit.

Durch die Auffassung, daß die Anhäufungen inhärent existieren, wird man im Existenzkreislauf gebunden, und um von dieser Existenz freizukommen müssen wir ihre Ursachen überwinden – die vielheitliche Tätigkeit der Vorstellung von inhärenter Existenz. Man überwindet diese, wenn man die Bedeutung der Leerheit der Anhäufungen von inhärenter Existenz erkennt. Auch im *Lob des Nicht-Begrifflichen (Nirvikalpastava [?])* von Nāgārjuna heißt es:

Nur du bist der Pfad zur Befreiung, auf den sich
Buddhas, Einsame Verwirklicher und Hörer stützen,
niemand anders, das ist gewiß.

So sagt Nāgārjuna, daß nur die Mutter – die nicht-begriffliche Weisheit, die erkennt, daß alle Erscheinungen nicht-inhärent existieren – in allen drei Fahrzeugen der Pfad zur Befreiung ist. In der *Mutter der Sieger* (das *Sutra von der Vollendung der Weisheit in Achttausend Strophen, Aṣṭasāhasrikāprajñāpāramitā*)[15] heißt es: »Auch jemand, der sich in den Ebenen eines Hörers üben will, muß sich in ebendieser Vollendung der Weisheit üben.« Dasselbe wurde auch von den Ebenen eines Einsamen Verwirklichers und eines Buddha gesagt; das *Zusammengefaßte Sutra von der Vollendung der Weisheit (Sañcayagāthāprajñāpāramitā)*[16] stellt fest:

Wer daran denkt ein Hörer des Sugata zu werden,
und wer den Wunsch hat ein Einsamer Verwirklicher zu werden oder ein König der Lehre,
kann sein Ziel nicht erreichen ohne sich auf diese Geduld zu stützen.

Eine Schrift der Hörer[17] sagt:

Formen sind wie Schaum.
Empfindungen sind wie Luftblasen.
Unterscheidungen sind wie Luftspiegelungen.
Zusammensetzungsfaktoren sind [hohl] wie die Stämme des Bananenbaumes.
Bewußtsein gleicht magischen Illusionen.
So hat der Freund der Sonne [Buddha] gesagt.

In diesem Sinne heißt es auch in der *Abhandlung über den Mittleren Weg (Madhyamakaśāstra, XV. 7):*

Der Gesegnete, der [das Wesen][18] kennt
von Dingen und Nicht-Dingen, hat im
»Rat an Katyāyana« ›existiert‹, ›existiert nicht‹
und ›beides‹ zurückgewiesen.

Es trifft also nicht zu, daß in den Schriften der Hörer außer der Selbstlosigkeit der Person eine Selbstlosigkeit von Erscheinungen nicht gelehrt wird.

Nun gibt es in den Schriften der Hörer viele Erklärungen dafür, daß man durch die Schau der sechzehn Aspekte der Vier Wahrheiten, also Vergänglichkeit usf., den Zustand eines Feind-Besiegers erreichen kann. Auch werden im Mahayana zwei Weisen des Fortschreitens gelehrt – die eine über die Erkenntnis, daß die Erscheinungen nicht inhärent existieren und die andere über die Pfade von Vergänglichkeit usf. Und in den Sutras des Mahayana wird gesagt, daß man Allwissenheit sowohl durch die Schau des Cittamātra erlangt, wie auch durch die Schau des Madhyamaka. Der Meister, der Höhere Nāgārjuna hat jedoch in seinen *Sammlungen der Beweisfüh-*

*rung*[19] gezeigt, daß es nicht angeht, die Sutras, die den Mittleren Weg lehren, anders [als wörtlich] zu verstehen, und daß deshalb Sutras, die das Vorgehen des Cittamātra erklären, in einer anderen Weise interpretiert werden müssen [als es ihrem Wortsinn entspricht]. So muß ein solches System auch hier angenommen werden.

Auch in den Tantras wird häufig gesagt, daß Hörer und Einsame Verwirklicher nicht die Soheit der Erscheinungen erkannt haben, jedoch wird auch oft gesagt, daß man den Existenzkreislauf nicht verlassen kann, ohne die Soheit der Erscheinungen erkannt zu haben, und daß es die Idee von der wahren Existenz der Erscheinungen ist, die uns im Existenzkreislauf bindet. So muß man wissen, wie man diese [Äußerungen] ohne Widerspruch erklärt [indem man die Lehre, daß Hörer und Einsame Verwirklicher die Soheit der Erscheinungen nicht erkannt haben, als eine Belehrung akzeptiert, die nicht wörtlich zu nehmen ist].

*Frage:* Wenn die Belehrungen von den Pfaden der Vergänglichkeit usf. uns nicht aus dem Existenzkreislauf befreien, zu welchem Zweck sind sie dann gegeben worden?

*Antwort:* In den *Sechzig Strophen der Beweisführung (Yuktiṣaṣṭika; 21, 22)* von Nāgārjuna heißt es:

Die Pfade von Entstehen und Vergehen
wurden zu einem sinnvollen Zweck gelehrt.
Indem man Entstehen kennt, kennt man Vergehen.
Indem man Vergehen kennt, kennt man Vergänglichkeit.

Indem man Vergänglichkeit kennt, kennt man die hervorragende Lehre.
Diejenigen, die wissen, wie man das Entstehen und Vergehen
von dem aufgibt, das in Abhängigkeit entsteht,
die überqueren den Ozean des Existenzkreislaufes mit seinen [schlechten] Ansichten.

Dementsprechend sollte man den Zweck der Belehrung von der Vergänglichkeit verstehen, denn ein Geist, der sich ganz angezogen fühlt von den zusammengesetzten Dingen, hat nicht den Wunsch, den Existenzkreislauf zu verlassen. Als Gegenmittel dafür werden die Pfade der Vergänglichkeit und des Leidens gelehrt, wodurch der Wunsch entsteht, den Existenzkreislauf zu verlassen. Wenn man dann – mit Entstehen und Vergehen als Grund – die hervorragende Lehre versteht, daß das in Abhängigkeit Entstehende kein inhärent existierendes Entstehen und Vergehen hat, dann wird man aus dem Existenzkreislauf frei. Der Pfad der Befreiung ist also eben diese Erkenntnis, daß die Person und andere Erscheinungen nicht inhärent existieren; die Pfade der Vergänglichkeit usf. sind Mittel, diese Erkenntnis entstehen zu lassen und Pfade, die den Geistesstrom üben.

Andere Meister [Svātantrikas, Cittamātras, Sautrāntikas und Vaibhāṣikas] vertreten zwar die Meinung, daß die Pfade von Leerheit und Selbstlosigkeit befreien und das Kultivieren der Pfade der anderen Aspekte der Vier Wahrheiten, wie etwa Vergänglichkeit, das Kontinuum für die Erkenntnis der Selbstlosigkeit übt. Jedoch ist bei den sechzehn Aspekten der Vier Wahrheiten die Erkenntnis von Leerheit und Selbstlosigkeit für sie nicht mehr, als die Vergewisserung, daß das Selbst, so wie es von den Nicht-Buddhisten der Person beigelegt wird, nicht existiert. Eine solche Erkenntnis ist kein geeignetes Gegenmittel für die angeborene Vorstellung, daß die Person ihrer Natur nach existiert. Also haben die Pfade aller sechzehn Aspekte gemeinsam, daß es sich bei ihnen um keine befreienden Pfade, sondern nur um Techniken handelt, die den Geistesstrom üben.

Ein Anhänger des Hinayana mit beschränkten Fähigkeiten ist erst einmal nur ein geeignetes Gefäß für Pfade, die das Kontinuum üben, aber nicht für einen befreienden Pfad. Ein Anhänger des Hinayana von sehr guten Fähigkeiten ist auch für einen befreienden Pfad als Gefäß geeignet. Der letztere ist ein Lernender, für den die Hinayanaschriften hauptsächlich oder insbesondere gesprochen wurden, für den ersten Lernenden wurden sie nur in zweiter Linie gesprochen.

Die Anhänger des Hinayana erkennen zwar, daß die Erscheinungen nicht inhärent existieren, deshalb ist es aber nicht so, daß es keinen Unterschied gibt zwischen Hinayana und Mahayana. Denn die Mahayanalehre klärt nicht nur die

Selbstlosigkeit der Erscheinungen, sie lehrt außerdem auch noch die [Bodhisattva]-stufen, die Vollendung, die Wunschgebete, großes Mitgefühl, die Widmungen, die zwei Ansammlungen und die von allen Verunreinigungen freie, nicht erfaßbare Natur [der Wesenskörper eines Buddha]. In der *Kostbaren Girlande (Ratnāvalī; 390, 393)* von Nāgārjuna heißt es:

All die Wunschgebete, Taten und
Widmungen der Bodhisattvas
wurden im Hörer-Fahrzeug nicht erklärt.
Wie kann man durch diesen Pfad ein Bodhisattva werden?
Die Lehrgegenstände, die auf den Taten der Bodhisattvas gründen,
wurden in den [Hinayana] Sutras nicht erwähnt.
Sie wurden aber erklärt im Mahayana.
So sollten die Hellsichtigen dies [als das Wort des Buddha] anerkennen.

Hinayana und Mahayana werden nicht nach ihrer Sicht [der Leerheit] unterschieden; der Höhere Nāgārjuna und seine Söhne vertreten die Meinung, daß sich die beiden Fahrzeuge nach der Art ihrer Handlungen der geschickten Methoden unterscheiden. Ein Beispiel: Eine Mutter ist die gemeinsame Ursache ihrer Kinder, [verschiedene] Väter sind jedoch die Ursache für eine Unterscheidung von Arten der Kinder [Tibeter, Mongolen, Inder usw.]. In der gleichen Weise ist die Mutter – die Vollendung der Weisheit – die gemeinsame Ursache für alle ihre vier Söhne [Hörer, Einsamer Verwirklicher, Bodhisattva und Buddha]. Die Ursache jedoch für ihre Unterteilung in die einzelnen Arten des Hinayana und des Mahayana sind solche Methoden, wie die Erzeugung eines Strebens nach höchster Erleuchtung zum Heile aller Wesen.

## DARSTELLUNG DES MAHAYANA

Zum Heile aller fühlenden Wesen die höchste Erleuchtung erlangen, diesen Wunsch zu haben und sich dann in den Bodhisattvataten – den Sechs Vollendungen – zu üben, das ist die allgemeine Bedeutung davon, ein Anhänger des Mahayana, im Sinne eines Fahrzeuges, zu sein. Denn es wurde viele Male in den Tantras gesagt, daß man im Mantra-Fahrzeug durch diesen Pfad fortschreitet. Dabei gibt es allerdings viele unterscheidende Merkmale verschiedener Pfade.

Der Pfad dieser Personen ist die Weise, in der man im Mahayana zur Allwissenheit fortschreitet, und ebendiese ist auch der allgemeine Körper des Pfades für die Anhänger des Mahayana des Vollendungsfahrzeuges. Wenn man die Anhänger des Mahayana aber nach ihrer Sicht der Leerheit unterscheidet, gibt es Mādhyamikas und Cittamātras. Selbst dann werden sie nicht so betrachtet als seien sie verschiedene Fahrzeuge – sie bilden zusammen ein Fahrzeug. Wegen des Unterschiedes, daß die Mādhyamikas und die Cittamātras die Tiefe der Soheit ausgelotet, beziehungsweise nicht ausgelotet haben, heißt es, daß die ersteren von scharfen und die letzteren von beschränkten Fähigkeiten sind. Auch sind die Mādhyamikas hauptsächlich oder insbesondere die Lernenden, für die das Vollendungsfahrzeug gelehrt wurde, die Cittamātras sind zweitrangige oder gewöhnliche Lernende dieses Fahrzeuges.

Im *Sutra der Einführung in die Formen des gewissen und des ungewissen Fortschreitens (Niyatāniyatagatimudrāvatāra)*[20] werden, in Entsprechung zu ihrer Schnelligkeit auf dem Pfad, fünf Arten von Angehörigen des Vollendungsfahrzeuges unterschieden: zwei [Arten von] Bodhisattvas, die sich wie in einem Ochsenkarren, beziehungsweise in einem Elefantenwagen fortbewegen; einer, der in seinem Fortschreiten von Sonne und Mond getragen wird, und zwei weitere, die den magischen Schöpfungen von Hörern und Einsamen Verwirklichern oder den magischen Schöpfungen von Buddhas gleichen. Obwohl sie sich, entsprechend ihren Bildern, sehr in der Schnelligkeit unterscheiden, mit der sie auf dem Pfad fortschreiten, haben sie keine getrennten Fahrzeuge. Deshalb können die Fahrzeuge nicht nach Schärfe oder Beschränktheit ihrer Fähigkeiten oder nach großem oder geringem Fortschritt unterteilt werden.

Man postuliert verschiedene Fahrzeuge, (1.) wenn, in dem Sinne, daß Fahrzeuge die Frucht oder das Ziel sind, auf das hin man fortschreitet, in diesen ein Unterschied nach Überlegenheit und Unterlegenheit besteht; oder (2.) wenn, in dem Sinne, daß Fahrzeuge die Ursache sind, aufgrund derer man fortschreitet, es verschiedene Stufen des Pfades gibt, die den Fahrzeugen unterschiedliche Körper geben. Wenn die Pfade jedoch in ihrer Art keine großen Unterschiede aufweisen kann man auch keine Folge von Fahrzeugen postulieren, nur weil die Pfade viele innere Unterteilungen haben oder die Personen, die auf ihnen fortschreiten, sich nach Über- oder Unterlegenheit unterscheiden.

## ALL DIE ABTEILUNGEN SIND LETZTLICH ZWEIGE DES PROZESSES DER VOLLSTÄNDIGEN ERLEUCHTUNG

Zwar nehmen die Anhänger des Hinayana, wenn sie in ihre Pfade eintreten, nicht die Erlangung von Buddhaschaft zum Ziel, doch sind ihre Pfade Methoden, die zur Buddhaschaft führen. Deshalb sollte man nicht einseitig die Meinung vertreten, bei Hinayana-Pfaden handele es sich um Hindernisse der vollständigen Erleuchtung. Der *Weiße Lotus der Hervorragenden Lehre (Saddharmapuṇḍarīkasūtra)* sagt:

Aus mir heraus habe ich diese Mittel gelehrt,
damit jene die Weisheit eines Buddha erkennen mögen.
Doch habe ich ihnen nicht gesagt: Ihr werdet Buddhas werden!
Warum? Der Schützer sieht die Zeit.

und:

Damit sie die Weisheit eines Buddha erkennen mögen
erscheint der einzige Schützer in der Welt.
Es gibt ein Fahrzeug, ein zweites gibt es nicht,
es ist das Fahrzeug der Buddhaschaft.
Ich führe nicht mit einem niederen Fahrzeug.
Ich führe die fühlenden Wesen ein in Stärken,
Konzentrationen, Befreiungen und Kräfte, die sind
wie die Pfade, in denen der Buddha, als ein unabhängiges Wesen verweilt und erkennt.

Wenn ich einige Wesen in ein niederes Fahrzeug einführen würde, nachdem ich selbst die besondere, reine Erleuchtung verwirklicht habe, hätte ich den Fehler des Geizes. Das wäre nicht gut.
Es gibt ein Fahrzeug, keine zwei und niemals ein drittes, ausgenommen, die verschiedenen Fahrzeuge, die in der Welt gelehrt werden durch die geschickten Mittel der Höheren.

Der Zweck, warum der Buddha in die Welt kam, war, daß alle Wesen die Weisheit erlangen sollten, die er erreicht hatte. Die von ihm gelehrten Pfade sind also ausschließlich Mittel, die zur Buddhaschaft führen; er führt die Wesen nicht mit einem niederen Fahrzeug, das keine zur Buddhaschaft führende Methode ist. Er führt die Wesen in jene Stärken usf. ein, die es auch in seinem Zustand gibt.
Er wäre geizig in bezug auf die Lehre, wenn er, nachdem er selbst Erleuchtung erlangt hatte, einige Wesen in ein niederes Fahrzeug eingeführt hätte, das kein zu Buddhaschaft führendes Mittel ist. Da es ein letztes, endgültiges Fahrzeug gibt, sind auch die mit einer niederen Anlage geeignet, zur Buddhaschaft geführt zu werden, und da er die Methoden dafür kannte hätte er diese Lehre vor ihnen verborgen, wenn er sie ihnen nicht gegeben hätte.
Das *Sutra des Kapitels vom Wahren (Satyakaparivarta)*[21] sagt es deutlich:

Mañjuśrī, wenn der Tathagata einige das Mahayana lehrte, einige das Fahrzeug der Einsamen Verwirklicher und andere das Fahrzeug der Hörer, dann wäre der Geist des Tathagata sehr unrein und ohne Gleichmut. Er hätte den Fehler des Anhaftens, des einseitigen Mitgefühls und den Fehler verschiedener Unterscheidungen. Auch wäre ich geizig in bezug auf meine Lehre.
Mañjuśrī, all die Lehren, die ich fühlenden Wesen gebe, sind für die Erlangung der allwissenden Weisheit. Sie fließen ein in die Erleuchtung, sie steigen herab in das Mahayana. Sie sind Mittel für die Verwirklichung der Allwissenheit und führen in vollkommener Weise an einen Ort. Deshalb schaffe ich keine verschiedenen Fahrzeuge.

Die Bedeutung von ›Mañjuśrī, wenn der Tathagata . . .‹ entspricht der Erklärung oben.

*Frage:* Im *Schmuck der Mahayanasutras (Mahāyānasūtrālaṃkāra, XIII.15)* von Maitreya heißt es:

Wenn die Intelligenten in einer Hölle leben, ist das niemals ein Hindernis für ihren [Fortschritt zur] weiten und makellosen Erleuchtung.
Durch den Gedanken, der Gefallen findet an einem anderen Fahrzeug hilft man sich selbst und lebt in Glück – aber es ist ein Hindernis.

Wie sollen wir das auffassen, wenn hier gesagt wird, daß die Erzeugung einer Hinayanahaltung [für die Erlangung der höchsten Erleuchtung] ein Hindernis darstellt und die Geburt in einer Hölle nicht?

*Antwort:* Die Stelle besagt: Wenn die Intelligenten, das heißt die Bodhisattvas, ein Streben nach dem Hinayana entstehen lassen, bewegen sie sich weit weg von der Buddhaschaft; das tun sie nicht, wenn sie in einer Hölle leben. Deshalb gibt es keinen Fehler in dieser Äußerung. Es besteht auch kein Widerspruch, wenn das Hinayana für einen Anhänger des Mahayana ein Hindernis zur vollen Erleuchtung ist und für einen mit der Anlage zum Hinayana eine Methode für die volle Erleuchtung. Unmittelbar vor dieser Strophe wurde [im Text] Bezug genommen auf die Söhne des Siegers [die Bodhisattvas], so ist diese Strophe nicht Gegenstand einer Debatte. [Was sie wäre, wenn sie sich auf alle Praktizierenden beziehen würde.]

Das *Sarvavaidalyasaṃgraha*[22] sagt, es wäre ein Aufgeben der Lehre, wenn man das Wort des Siegers aufteilen würde in das, was gut und das, was schlecht ist, was gerechtfertigt und was nicht gerechtfertigt, was für Hörer und Einsame Verwirklicher und was für Bodhisattvas gelehrt wurde. Das bezieht sich auf die Meinung, einige Worte [des Buddha] seien Methoden zur vollständigen Erleuchtung und einige seien Hindernisse zur vollständigen Erleuchtung.

Im selben Sutra heißt es[23], daß, wenn es durch einen sündigen Führer zu einem solchen Aufgeben der Lehre kommt, man es wegreinigen kann, indem man sieben Jahre lang dreimal jeden Tag bekennt; daß man aber zehn Zeitalter benötige um Geduld zu erlangen [das heißt, die Fähigkeit zur nächsten

Stufe vorzurücken]. Wenn die Zeit also unter falschem Verständnis vergeht, wird man in großem Irrtum gebunden. Hat man jedoch ein nicht-irriges Verständnis [von der Vereinbarkeit der Fahrzeuge miteinander] gefunden, wird es nur dadurch, daß man dieses gefunden hat, nicht zu diesen Fehlern kommen.

Man sollte verstehen, daß alle vom Buddha gegebenen Lehren – immer bezogen auf die Lernenden, für die sie gegeben wurden – ausschließlich Methoden sind, die zur Buddhaschaft führen. Dementsprechend sagt auch das *Sutra vom Kapitel des Wahren,* daß, ebenso wie viele Flüsse von verschiedenen Seiten in einen großen Ozean einfließen, so fließen all die Wasser der drei Fahrzeuge in den großen Ozean der Tathagataschaft. Es stimmt jedoch, daß diese Methoden sich nach der Vollständigkeit und Unvollständigkeit und nach der Schnelligkeit auf dem Pfad usf. unterscheiden – aufgrund der Überlegenheit beziehungsweise Unterlegenheit der Lernenden.

Aus diesem Grund sind ein Pfad, der Teil des zur Buddhaschaft führenden Prozesses ist und ein Mahayana-Pfad, nicht dasselbe. Die hieraus sich ergebenden Folgen berücksichtigend heißt es im *Ausspruch der endgültigen Namen des Weisheits-Wesens Mañjuśrī (Mañjuśrījñānasattvasyaparamārthanāmasaṃgīti):*[24]

Die Erlösung der drei Fahrzeuge
verweilt in der Frucht des einen Fahrzeuges.

## UNTERTEILUNG DES MAHAYANA

Dieser Abschnitt hat zwei Teile: Die Zweiteilung des Mahayana und eine ausführliche Erklärung der Arten des Zugangs zum Vajra-Fahrzeug.

## ZWEITEILUNG DES MAHAYANA

Dieser Abschnitt hat drei Teile: Die Anzahl der Abteilungen des Mahayana, ihre Bedeutung und die Gründe für die Unterteilung.

## ANZAHL DER ABTEILUNGEN DES MAHAYANA

In der *Einführung in die Bedeutung des Höchsten Yoga Tantra (Yogānuttaratantrārthāvatāra)*[25] von Śraddhākaravarma heißt es: »Es gibt zwei Arten von Bodhisattva-Fahrzeugen: ein [Ursache]-Fahrzeug der Stufen und der Vollendungen und ein Wirkung-Fahrzeug des Geheimen Mantra.« So sind ›Geheimes Mantra-Fahrzeug‹, ›Wirkung-Fahrzeug‹ und ›Vajra-Fahrzeug‹ Synonyme für Mantra-Fahrzeug, das man auch das Methode-Fahrzeug nennt. Der Ausdruck ›Ursache-Wirkung-Fahrzeug‹ stellt eine Aufzählung beider Fahrzeuge dar, [des Vollendungs- und des Mantra-Fahrzeuges]. Im *Sutra der Offenbarung des Geheimen*, so wie es in der *Ausrottung der zwei Extreme im Vajra-Fahrzeug (Vajrayānakoṭidvayāpoha)*[26] von Jñānaśrī zitiert wird, heißt es:

Ist das Rad der Ursache-Lehren,
die sich nach der Ursache richten
einmal gedreht, wird das Wirkung-Fahrzeug, der kurze Pfad . . .

In den Büchern über das Vajra-Fahrzeug ist es auch als ›die Schriftabteilung der Wissenshalter‹ und ›Tantra-Abteilung‹ bekannt.

## DIE BEDEUTUNG DER EINZELNEN ABTEILUNGEN DES MAHAYANA

Was das Geheime Mantra-Fahrzeug betrifft, so ist es geheim, weil es geheim und im Verborgenen verwirklicht, und jene, die keine geeigneten Gefäße dafür sind, nicht gelehrt wird. In dem Wort ›Mantra‹ bedeutet *Man* Geist und *tra [trā]* Schutz. In der Fortsetzung des *Guhyasamāja Tantra (Kap. XVIII)*[27] heißt es:

Ein Geist, der abhängig von einem Sinn
und einem Objekt entsteht, wird *Man* genannt.
*Tra* bedeutet Schutz.
Der Schutz durch alle Vajras,
der Versprechen und Gelübde,
die erklärt wurden frei von den Wegen der Welt,
nennt man »die Ausübung des Mantra«.

Man sollte wissen, daß nach einer anderen Erklärungsweise *Man* das Wissen von der Soheit bedeuten soll und *trāya* das Mitleid, das die Wesen schützt, die [in den sechs Arten von Kreislaufexistenz] wandern.

Bei dem Ausdruck ›Wirkung-Fahrzeug‹ bezieht sich das Wort ›Wirkung‹ auf die vier vollkommenen Reinheiten – Aufenthaltsort, Körper, Reichtümer und Taten. Diese sind der Palast eines Buddha, sein Körper, sein Vermögen und seine Heilsaktivität. In Entsprechung zu diesen meditiert man über sich selbst als jemanden, der gegenwärtig einen unvorstellbaren Wohnsitz, göttliche Gefährten und geheiligte Gegenstände hat und Taten ausübt, wie die Reinigung von Umgebung und Wesen. Darum heißt es Wirkung-Fahrzeug, weil man mit Hilfe einer Meditation fortschreitet, die den Aspekten der Wirkung [oder Frucht, das heißt der Buddhaschaft] entspricht. In der *Einführung in die Bedeutung des Höchsten Yoga Tantra*[28] von Śraddhākaravarma heißt es: ›Es wird ›Wirkung‹ genannt, weil man die Art und Weise des vollkommenen reinen Körpers, der Reichtümer, des Aufenthaltsortes und der Taten vollzieht.‹

Über das ›Vajra-Fahrzeug‹ sagt das *Makellose Licht (Vimālaprabhā)* [ein Kommentar zum *Kālacakra Tantra* von Rig-dän-pä-ma-kar-po (Rigs-ldan-pad-ma-dkar-po), ein Hervorbringungskörper von Avalokiteśvara]: »›Vajra‹ bedeutet das Unteilbare und das Große Unbrechbare. Das ist das Mahayana; dies Mahayana ist das Vajra-Fahrzeug. Es ist die Verbindung der Weise des Mantra, deren Wesen die Wirkung ist, mit der Weise der Vollendung, deren Wesen die Ursache ist, zu einem Geschmack.« Die Bedeutung von ›Vajra-Fahrzeug‹ ergibt sich, wenn man ›Vajra‹ als die Untrennbarkeit von Wirkung – der Weise des Mantra – und Ursache – der Weise der Vollendung – nimmt. ›Ursache und Wirkung‹ beziehen sich hier auf die vollkommen höchste Leerheit und die höchste, unveränderliche Glückseligkeit. In der *Kurzen Erklärung der Einweihungen (Śekhoddheśa)* [ein Tantra des *Kālacakra*zyklus] heißt es:

Die Ursache ist das, was die Form der Leerheit trägt.
Die Wirkung ist das, was das unveränderliche Mitgefühl trägt.
Es ist die untrennbare Einheit von Leerheit und Mitgefühl,
die man den Geist der Erleuchtung nennt.

Die untrennbare Einheit dieser beiden ist ein ›Ursache-Fahrzeug‹, in dem Sinne, daß es ein Mittel ist, mit dessen Hilfe man fortschreitet; es ist ein ›Wirkung-Fahrzeug‹, in dem Sinne, daß es das ist, auf das hin man fortschreitet. Ein solches Vajra-Fahrzeug steht in Zusammenhang mit dem Höchsten Yoga Tantra, es kann nicht in den unteren Tantraklassen auftreten. Die höchste, unveränderliche Glückseligkeit kann nur entstehen, wenn der Zweig der Meditativen Gleichgewichtfindung [im *Kālacakra*-System][29] erlangt wurde; der Zweig der Achtsamkeit und die Zweige darunter müssen also die Mittel für ihre Erlangung sein. Die unteren Tantraklassen verfügen nicht über alle Faktoren, die diese als Ursache dienenden Zweige enthalten.

Deshalb hat diese Interpretation von ›Vajra-Fahrzeug‹ wenig

mit der allgemeinen Bedeutung dieses Begriffes zu tun; das gilt auch für die [hier aufgeführte Interpretation] der Bedeutung der Fahrzeuge als Ursache und Wirkung. Deshalb ist ›Vajra-Fahrzeug‹ hier in Entsprechung zu dem zu verstehen, was in *Eine Handvoll Blumen, Erklärung des Guhyasamāja Tantra (Kusumāñjali Guhyasamājanibandha)* von Ratnākaraśānti gesagt wird: »Das Mahayana, wenn es Vajra-Fahrzeug genannt wird, ist ganz enthalten in den Sechs Vollendungen. Diese sind enthalten in Methode und Weisheit, und was diese wiederum in einem Geschmack zusammenfaßt, ist der Erleuchtungsgeist. Das ist die Meditative Gleichgewichtfindung des Vajrasattva, eben diese ist ein Vajra. Weil es sowohl Vajra ist als auch Fahrzeug, ist es ein Vajra-Fahrzeug – das Mantra-Fahrzeug.« So ist das Vajra-Fahrzeug der Vajrasattva-Yoga, der Methode und Weisheit untrennbar miteinander vereint. Er tritt sowohl zu der Zeit des Pfades als auch zur Zeit der Frucht auf.

Weil es über mehr geschickte Methoden verfügt als das Vollendungsfahrzeug, wird es Methode-Fahrzeug genannt. In der *Ausrottung der zwei Extreme*[30] von Jñānaśrī heißt es: »Wegen der Untrennbarkeit ist es das Vajra-Fahrzeug. Weil es eben die Wirkung ist, die zum Pfad wird, ist es das Wirkung-Fahrzeug. Wegen der Größe seiner Methoden ist es das Methode-Fahrzeug. Weil es äußerst geheim ist, ist es das Geheime Fahrzeug.«

Unter ›Schriftabteilung der Wissenshalter‹ sollte etwas verstanden werden, das die Hauptpunkte der Ausbildung sowie die Lehrmeinung derjenigen lehrt, die die Wissensmantras halten. So wird es in der *Zusammenfassung des Tantra der Fragen des Subāhu (Subāhuparipṛcchānāmatantrapiṇḍārtha)* von Buddhaguhya erklärt. Śraddhākaravarma gibt in seiner *Einführung in die Bedeutung des Höchsten Yoga Tantra*[31] zwei Erklärungsweisen für diesen Ausdruck: nach der einen ist die ›Schriftabteilung der Wissenshalter‹ eine vierte Abteilung neben den drei Schriftabteilungen [von Disziplin, Sammlungen von Lehrreden und Wissen]; nach der anderen ist sie in diesen dreien enthalten. Das *Tantra des Subāhu* sagt jedoch: »Höre, ich werde es in Übereinstimmung mit der Abteilung der Lehrreden des Geheimen Mantra erklären.« Außerdem heißt es in vielen Tantras ›*Sūtra*‹ oder ›Abteilung von Lehrreden *(Sūtrānta)*‹ [an Stellen, wo Tantras gemeint sind]. Deshalb behauptet Ratnākaraśānti zu Recht, bei ›Schriftabteilung‹ handele es sich um eine Abteilung von Lehrreden, weil sie tiefe Bedeutung in kurzer Form lehre. Betrachtet man ihre inneren Unterteilungen, so lehrt die Schriftabteilung der Wissenshalter allerdings auch viele Bedeutungen der anderen Schriftabteilungen [Disziplin und Wissen]; deshalb ist die Behauptung von Abhayākara, die Schriftabteilung der Wissenshalter sei in den drei anderen Schriftabteilungen enthalten, auch richtig.

Nach der Fortsetzung des *Guhyasamāja Tantra*[32] ist ein ›Tantra‹ ein Kontinuum, von dem es drei Arten gibt: ein ›Basis-Kontinuum‹, das die Basis ist, auf der die Pfade tätig sind, [um sie von ihren Hindernissen zu reinigen], ein ›Pfad-Kontinuum‹, das diese Basis reinigt und ein ›Frucht-Kontinuum‹, das die Frucht dieser Reinigung ist. Alle drei sind ›Tantras‹ in dem Sinne, daß sie Diskussionsgegenstand [in Büchern] sind, [die Tantras genannt werden]. Eine Schrift die irgendeines von diesen [dreien] zum Gegenstand der Diskussion macht, ist ein, den [erwähnten Gegenstand] diskutierendes ›Buch-Kontinuum‹ [Tantra].

Das Wort ›Abteilung‹ in ›Tantra-Abteilung‹ *(tantrānta)* steht für eine Sammlung oder eine Gruppe von Tantras.

Die Grundlage der Übungen des Vollendungsfahrzeuges ist die Erzeugung eines Strebens nach höchster Erleuchtung zum Heile aller Wesen. Durch diese Übungen, die Sechs Vollendungen, schreitet es fort; außer diesen hat es keine Pfade, wie etwa die Zwei Stufen [des Höchsten Yoga Tantra]. Nähme man als ein Vollendungsfahrzeug einfach etwas, das die Erzeugung eines Strebens nach höchster Erleuchtung zum Heile aller Wesen einschließt und mit Hilfe der Sechs Vollendungen fortschreitet, dann wäre auch das Vajra-Fahrzeug ein Vollendungsfahrzeug.

Das Vollendungsfahrzeug wird Ursache-Fahrzeug genannt,

weil es nicht die Kultivation eines Pfades miteinschließt, der in seinen Aspekten den oben angeführten vier Früchten [Aufenthaltsort, Körper, Reichtümer und Heilsaktivität eines Buddha] entspricht und nur die Meditation der Ursache dieser Früchte hat.

## GRÜNDE FÜR DIE UNTERTEILUNG DES MAHAYANA IN EIN VOLLENDUNGSFAHRZEUG UND EIN VAJRA-FAHRZEUG

Dieser Abschnitt hat zwei Teile: die Angabe der Punkte, die im Verständigen Zweifel entstehen lassen und deren Beantwortung.

### ANGABE DER PUNKTE, DIE IM VERSTÄNDIGEN ZWEIFEL ENTSTEHEN LASSEN

Warum wird das Mahayana in zwei Fahrzeuge unterteilt? Das geschieht nicht mit Hinsicht auf das Erzeugen eines Strebens nach höchster Erleuchtung zum Heile aller Wesen. Denn die Bodhisattvas üben sowohl mit Hilfe des Mantra-Fahrzeuges als auch mit Hilfe des Vollendungsfahrzeuges, um zum Heile aller Wesen vollkommene Buddhaschaft zu erlangen. Auch in der Erleuchtung, nach der sie zu diesem Zweck streben, gibt es keinen Unterschied nach Überlegenheit und Unterlegenheit, also kann das Mahayana nicht in Hinblick auf die angestrebte Erleuchtung in zwei Fahrzeuge unterteilt werden.
Es kann auch nicht mit Hinsicht darauf unterteilt werden, daß es [in einem Teil des Mahayana] die Ansicht der Erkenntnis der Soheit der Erscheinungen gibt und [im anderen] nicht. Denn es gibt keine Ansicht, die jener Darstellung überlegen wäre, die Nāgārjuna in seiner *Abhandlung vom Mittleren Weg* von dem Gedanken der eindeutigen Sutras, sowie den *Sutras von der Vollendung der Weisheit*, gibt. Selbst wenn es eine höhere Ansicht gäbe, könnte das nicht das Vorhandensein von zwei getrennten Fahrzeugen festsetzen, so wie es

innerhalb des Vollendungsfahrzeuges das Madhyamaka und das Cittamātra gibt, ohne daß diese eigene Fahrzeuge wären.

Auch die Übung der Sechs Vollendungen gibt es sowohl im Vollendungsfahrzeug als auch im Vajra-Fahrzeug. So gibt es keinen Unterschied in bezug auf Methode und Weisheit – die Hauptpfade für die Erreichung des Formkörpers und des Wahrheitskörpers eines Buddha. Obwohl die Pfade des Vajra-Fahrzeuges einige Besonderheiten haben, die es im Vollendungsfahrzeug nicht gibt, sind diese doch keine Besonderheiten der Hauptpfade; deshalb können solche Unterschiede nicht das Vorhandensein von getrennten Fahrzeugen festsetzen.

Auch das bloße Vorhandensein eines Unterschiedes in Schärfe oder Beschränktheit in den Fähigkeiten der Personen, [die sich in diesen Pfaden üben] oder ein Unterschied in der Schnelligkeit ihres Fortschreitens auf dem Pfad kann keine getrennten Fahrzeuge festsetzen; ebenso wie es im Vollendungsfahrzeug keine getrennten Fahrzeuge gibt, obwohl auch dieses solche Unterschiede aufweist. Andernfalls müßten auch im Mantra-Fahrzeug selbst viele solcher getrennten Fahrzeuge festgesetzt werden.

### ANTWORT

Die Antwort erfolgt in zwei Teilen: Widerlegung der Standpunkte anderer und die Darstellung des richtigen Standpunktes.

### DIE WIDERLEGUNG DES STANDPUNKTES, DEN ANDERE IN BEZUG AUF DEN GRUND FÜR DIE UNTERTEILUNG DES MAHAYANA IN EIN VOLLENDUNGSFAHRZEUG UND EIN VAJRA-FAHRZEUG EINNEHMEN

Einige sagen: »Mantra wurde zu dem Zweck gelehrt, Lernende, die mit Begierde behaftet sind, zu zähmen, und das Vollendungsfahrzeug wurde gelehrt, um Lernende zu üben, die ohne Begierde sind. Deshalb ist der Grund für die Unterteilung des Mahayana in zwei Fahrzeuge das Kultivieren von Pfaden ohne das Aufgeben von Begierde und mit dem Aufgeben von Begierde.«

Dazu will ich eine Erklärung geben. [Es ist falsch zu sagen], das Mahayana werde in zwei Fahrzeuge unterteilt, weil die Lernenden ihren jeweiligen Pfad mit oder ohne Aufgeben von Begierde kultivieren. Denn da beide Fahrzeuge über beide Arten von Pfaden verfügen, kann dieser Punkt die Fahrzeuge nicht unterscheiden. Es gibt viele Bodhisattvas, die Haushälter sind, und in die Pfade des Vollendungsfahrzeuges eintreten, ohne die unreinen Taten aufgegeben zu haben. Und es gibt viele, wie den Brahmanen Kjiu-kar-ma (Khyi'u-skar-ma), die sich aus großer Selbstlosigkeit heraus unrein verhalten. Doch gibt es auch unter den Lernenden des Mantra-Fahrzeuges viele, die das Anhaften an den Vorzügen des Bereiches der Begierde aufgegeben haben. Andernfalls ergäbe sich der Fehler, daß man bis zur Buddhaschaft von den Begierden dieses Bereiches nicht frei werden könnte, oder daß man diese auch nach Erlangung von Buddhaschaft immer noch nicht aufgegeben hätte.

*Einwand:* Das soll nicht für alle Lernenden des Mantra- beziehungsweise des Vollendungsfahrzeuges gelten, die zum ersten Mal in diese Pfade eintreten. Auch ist ein Lernender des Mantra-Fahrzeuges nicht einfach jemand, der geeignet ist die Pfade dieses Fahrzeuges zu kultivieren ohne absichtlich die Begierde für die Vorzüge des Bereiches der Begierde aufgegeben zu haben. Ob jemand ein Lernender für das Mantra-Fahrzeug ist oder nicht, wird danach bestimmt, ob er das gute Schicksal [früher verdienstvolle Handlungen angesammelt zu haben] hat oder nicht hat, so daß Begierde für ihn zu einer Ursache für die Befreiung werden kann, indem sie ihm als Hilfe auf dem Pfad dient – oder nicht.

*Antwort:* Wie sagt doch die weiter unten noch erklärte Stelle aus dem *Saṃputa Tantra:*[33]

Die vier Aspekte von Lachen, Anschauen,
Händehalten und Umarmen der zwei
gehören zu den Vier Tantras
in der Weise der Insekten.

Wir müssen also der Meinung sein, daß die Lernenden von jedem der Vier Tantras Freude auf dem Pfad benutzen, indem sie zurückgreifen auf die vier Arten von Begierde für die Vorzüge des Bereiches der Begierde [Lachen, Anschauen, Händehalten und die Vereinigung. Das Vorhandensein, beziehungsweise Fehlen einer solchen Fähigkeit, Freude als Pfad zu benutzen] ist geeignet für die Unterscheidung von Personen, die zum ersten Mal in das Mantra- beziehungsweise in das Vollendungsfahrzeug eintreten; die Fahrzeuge können damit jedoch nicht unterschieden werden.

Ebensowenig kann die Unterscheidung des Mahayana in ein Mantra- und ein Vollendungsfahrzeug sich auf den Unterschied gründen, daß die Pfade des einen mit Glückseligkeit geschmückt sind oder daß es an wesentlichen Punkten von Geist und Körper zu Konzentrationen kommt. ›Mit Glückseligkeit geschmückt sein‹ läßt sich so auffassen, daß durch das Kultivieren des Pfades im Körper eine besondere Glückseligkeit entsteht und im Geist eine besondere Freude, so daß dieser Geist beständig auf seinem Objekt verweilt. Nun sagt aber Asaṅga in seinen *Abhandlungen von den Stufen*, bei allen, die zum ersten Mal ein Verweilen in Ruhe erreichen, wird zuerst ein Wind geschmeidig. Dadurch entsteht eine große Glückseligkeit im Körper durch die wiederum eine besondere Freude im Geist entsteht. Darauf gestützt verweilt der Geist ruhig auf seinem Objekt. Die besondere Glückseligkeit und die besondere geistige Freude gibt es also im Ruhigen Verweilen von Buddhisten wie Nicht-Buddhisten. Wie kann man mit ihm dann eine Unterscheidung des Mahayana in ein Mantra- und ein Vollendungsfahrzeug vornehmen? Da ich dies in meinen *Stufen auf dem allen Fahrzeugen gemeinsamen Pfad* ausführlich erklärt habe werde ich es hier nicht weiter ausführen.

*Einwand:* ›Mit Glückseligkeit geschmückt sein‹ bezieht sich auf eine Erkenntnis der Bedeutung der Soheit, die sich auf eine ›schmelzende Glückseligkeit‹ stützt, die wiederum abhängig ist von den Anweisungen zum Erreichen des besonderen essentiellen Punktes des Zusammentreffens und

-bleibens des roten und des weißen Erleuchtungsgeistes.[34]
*Antwort:* Dies ist nicht zulässig, um den Unterschied zwischen dem Vajra-Fahrzeug ganz allgemein und dem Vollendungsfahrzeug festzusetzen, denn es handelt sich hierbei um eine spezifische Eigenschaft ausschließlich des Höchsten Mantra [Höchsten Yoga Tantra]. Aus demselben Grund eignet sich die Konzentration auf wesentliche Punkte in Körper und Geist nicht für eine Unterscheidung der beiden Fahrzeuge.

## DARLEGUNG DES RICHTIGEN STANDPUNKTES ZUR UNTERSCHEIDUNG DES MAHAYANA IN EIN VOLLENDUNGSFAHRZEUG UND EIN MANTRA-FAHRZEUG

Dieser Abschnitt hat zwei Teile: Der wirkliche Grund für die Unterteilung des Mahayana in zwei Fahrzeuge und die Belehrung, daß es zwar Unterschiede der Pfade gibt, ihre Frucht sich aber nicht nach Überlegenheit und Unterlegenheit unterscheidet.

## DER WIRKLICHE GRUND FÜR DIE UNTERTEILUNG DES MAHAYANA IN EIN VOLLENDUNGSFAHRZEUG UND EIN MANTRA-FAHRZEUG

Dieser Abschnitt hat drei Teile: Der Grund für die Unterteilung, das Anführen von Quellen und das Ausräumen von Einwänden.

## GRUND FÜR DIE UNTERTEILUNG DES MAHAYANA IN EIN VOLLENDUNGSFAHRZEUG UND EIN MANTRA-FAHRZEUG

Wenn ›Fahrzeug‹ die Frucht meint, auf die hin der Lernende fortschreitet, dann gibt es zwischen Mantra- und Vollendungsfahrzeug keinen Unterschied nach Überlegenheit und

Unterlegenheit. Das Objekt der Erlangung ist für beide Pfade das gleiche: die Beseitigung der Fehler und die Vollendung der glückverheißenden Eigenschaften. Also unterscheiden sich die beiden Fahrzeuge [nur] wenn ›Fahrzeug‹ die Ursachen meint, durch die ein Lernender fortschreitet.
Weiter gibt es auch keinen Unterschied, was die Erkenntnis [die Sicht (der Leerheit)], den Gedanken [das Erzeugen eines Strebens nach höchster Erleuchtung zum Heile aller fühlenden Wesen] oder das Verhalten [die alleinige Übung der Sechs Vollendungen] angeht. Deshalb können die Fahrzeuge nicht in Hinblick auf diese unterteilt werden.
*Frage:* In hinblick auf was werden sie dann unterteilt?
*Antwort:* Das Hauptziel, nach dem beide Arten von Anhängern des Mahayana streben, ist das Ziel anderer; es ist nicht eine Erleuchtung, die Objekt der Erlangung des eigenen Zieles ist. Indem sie nämlich die [eigene] Buddhaschaft als ein Mittel sehen, die Ziele anderer zu vollenden, streben sie nach der höchsten Erleuchtung als einem Zweig der Ziele anderer. Im *Schmuck der Erkenntnisse (Abhisamayālaṃkāra, I.18)* von Maitreya heißt es:

> Das Erzeugen des [selbstlosen Erleuchtungs]geistes ist der Wunsch, zum Heile der anderen vollkommene Erleuchtung zu erlangen.

Die Erzeugung eines selbstlosen Geistes ist also für beide Arten von Anhängern des Mahayana gleich.
Der den Lernenden tatsächlich erscheinende Buddha, der ihre Ziele vollendet, ist nicht der Wahrheitskörper sondern er besteht aus beiden Aspekten des Formkörpers [der Körper des Vollkommenen Genusses und der Hervorbringungskörper]. Ein Wahrheitskörper wird durch jene Weisheit erlangt, die das Tiefe [die Leerheit] erkennt, und die Formkörper werden durch die weiten Methoden verwirklicht. Mit einer Weisheit, der die Methode fehlt und einer Methode ohne Weisheit kann keiner der beiden Körper erlangt werden. Darum braucht man die untrennbare Einheit von Methode und Weisheit. Das ist eine Lehrmeinung, die allen Anhängern des Mahayana gemeinsam ist.

Es ist unmöglich, alle Plagen auszulöschen und auf die andere Seite des Ozeans des Existenzkreislaufes überzusetzen, wenn man die Bestehensweise der Erscheinungen nicht erkennt. Deshalb haben selbst die niederen unter den Höheren [Hörern und Einsamen Verwirklichern] die Erkenntnis des Tiefen [der Leerheit].
Es sind also die Methoden, die man als die hauptunterscheidenden Merkmale auffassen muß. Sie dienen als Ursache für die Formkörper, die den glücklichen Lernenden erscheinen und den Wesen Schutz und Zuflucht sind, solange der Existenzkreislauf andauert. Diejenigen, die zum Vollendungsfahrzeug gehören, kultivieren, wenn sie ohne die Vielheit [von Konventionalitäten, Dualität und Vorstellungen von inhärenter Existenz] über die Soheit der Erscheinungen meditieren, Pfade, die in ihrem Aspekt dem Wahrheitskörper entsprechen. Sie verfügen jedoch nicht, so wie das Mantra, außerdem über Meditationspfade, die in ihrem Aspekt den mit den Merkmalen und Zeichen geschmückten Formkörpern gleichen. Mit Hinblick auf diese Methode zur Verwirklichung der Formkörper für die Verwirklichung des Wohles anderer gibt es somit einen großen Unterschied im Korpus der Pfade der beiden Fahrzeuge. Diese Methode ist der Grund, daß man das Mahayana in zwei Fahrzeuge unterteilt.
Allgemein unterscheiden sich Hinayana und Mahayana nicht in ihrer Weisheit von der Leerheit, sondern in ihren Methoden; insbesondere die Unterteilung des Mahayana in zwei Fahrzeuge wird nicht wegen der die tiefe Leerheit erkennenden Weisheit sondern wegen der Methode vorgenommen. Hauptmethode ist [dabei] eine Methode, die der Verwirklichung der Formkörper dient; hier ist der Gottheit-Yoga des Mantra – die Meditation über sich selbst als jemanden, der über Aspekte verfügt, die einem Formkörper gleichen – den Methoden des Vollendungsfahrzeuges überlegen.

## DAS ANFÜHREN VON QUELLEN

Dieser Abschnitt hat zwei Teile: Wie die Texte des Höchsten Yoga Tantra die Methode erklären und wie die Methode in den unteren Tantras erklärt wird.

### WIE DIE TEXTE DES HÖCHSTEN YOGA TANTRA DIE METHODE ERKLÄREN

Dieser Abschnitt hat zwei Teile: Wie die Methode in den Tantras erklärt wird und wie in den Kommentaren.

### WIE DIE METHODE IN DEN TANTRAS ERKLÄRT WIRD

Im ersten Kapitel des *Vajrapañjara Tantra*[35] wird deutlich gesagt was Tantra ist:

Wäre Leerheit die Methode,
könnte es keine Buddhaschaft geben.
Weil es keine Frucht gibt, die anders ist als ihre Ursache
ist die Methode nicht die Leerheit.

Die Sieger lehren die Leerheit, um in jenen
die Vorstellung von einem Selbst zu überwinden,
die sich von den [richtigen] Ansichten abgewendet haben
oder die ihr Verlangen auf die Sicht von einem Selbst richten.

Deshalb ist der ›Kreis des Mandala‹
das Binden der glückseligen Methode.
Durch den Yoga des Buddhastolzes
wird Buddhaschaft nicht fern sein.

Ein Lehrer hat die 32 Merkmale
ebenso wie die 80 geringeren Zeichen.
So ist das Annehmen der Form des Lehrers
die Methode für die Verwirklichung.

Diese vier Strophen geben der Reihe nach (1) die Widerlegung der Meinung, daß die Meditation über die Leerheit allein die Methode sei, (2) den Zweck der Lehre von der Leerheit, (3) die ungewöhnliche Methode und deren Größe und (4) den Grund dafür, warum man mit dieser Methode Buddhaschaft erreicht.

Die Bedeutung der ersten Strophe: Im *Vajrapañjara Tantra* weiter oben wird gelehrt, daß, da der Geist von den Verunreinigungen der eigenen Gedanken verschmutzt ist, man sich bemühen sollte, ihn zu reinigen. Man mag nun denken: »Es gilt, ausschließlich die Leerheit zu meditieren, denn außer der Weisheit, die die Soheit oder Selbstlosigkeit erkennt, gibt es keine anderen Pfade, die der Vorstellung von einem Selbst [von inhärenter Existenz] entgegenstünden. Methode für die Entwicklung zu einem Buddha ist also allein die Meditation der Leerheit. Wozu dann weitere Verkomplizierungen?«

Nun heißt es, wieviele Bemühungen man auch auf diese Methode anwenden mag, so kann man durch sie doch kein Buddha werden, denn, außer einer Ursache, die die Meditation der Leerheit ist, wäre da keine andere Methode, um die Frucht [Buddhaschaft] zu verwirklichen. Der Zweig der Methode würde fehlen, und die Ursachen wären nicht vollständig. Mit der Leerheit vertraut zu werden ist also keine vollständige Methode. Devakulamahāmatis Erklärung ist gut, wenn er sagt[36], daß dies nicht nur das System des Mantra sondern auch das System des Vollendungsfahrzeuges ist.

*Frage:* Zu welchem Zweck wurde dann die Lehre von der Leerheit gegeben?

*Antwort:* Die Leerheit oder Selbstlosigkeit wurde gelehrt, um die beiden falschen Vorstellungen von einem Selbst in denjenigen zu überwinden, die sich von der Ansicht der Selbstlosigkeit der Erscheinungen usf. abgewendet haben oder ihr Verlangen auf die Ansicht von einem Selbst [der Person] richten, in dem Sinne, daß sie stark an der Vorstellung von einem Selbst hängen. Das zeigt, daß man auf jeden Fall nach einer Ansicht streben und diese kultivieren muß, die die

Soheit-Selbstlosigkeit erkennt, um die Verunreinigungen der Gedanken von den beiden Arten eines Selbst, [das heißt, die Gedanken von der inhärenten Existenz einer Person und der inhärenten Existenz von Erscheinungen], zu reinigen.
Auch das Vollendungsfahrzeug lehrt, daß die Meditation über die Leerheit allein nicht ausreicht, und daß es ihr Zweck sei, den Geist zu reinigen. Die hier gegebene Erklärung der zwei Zeilen: »die sich von den richtigen Ansichten abgewendet haben oder ihr Verlangen auf die Sicht von einem Selbst richten«, entspricht dem Gedanken von Devakulamahāmatis Kommentar zum *Vajrapañjara*.
*Frage:* Wenn es sich bei der Meditation der Leerheit nicht um eine vollständige Methode handelt, was ist dann die besondere Methode?
*Antwort:* Weil die bloße Meditation der Leerheit als Methode nicht möglich ist, ist die besondere Methode der ›Kreis des Mandala‹ [ein ›Bewohner-Mandala‹ ist ein göttlicher Körper und ein ›Wohnsitz-Mandala‹ ist der Aufenthaltsort der Gottheit]. So sind die Strophen zu verstehen.
In Devakulamahāmatis Kommentar zum *Vajrapañjara*[37] wird die nächste Zeile folgendermaßen [in das Tibetische] übersetzt: »Die Methode ist ein glückseliges Binden«. Diese Übersetzung ist besser als das oben gegebene: »Es ist ein Binden der glückseligen Methode«. Hier wird eine Methode aufgezeigt, die dem Vollendungsfahrzeug überlegen ist, und es wird gezeigt, daß die bloße Meditation der Leerheit keine vollständige Methode ist. Es gibt also eine Methode, die der Meditation der Leerheit hinzugefügt wird, und dies ist, sagt man, der Gottheit-Yoga. So wird die Meditation über einen Mandala-Kreis [göttlicher Bewohner und göttlicher Wohnsitz] als die Hauptmethode für [die Verwirklichung eines] Formkörpers erkannt.
Es gibt zwei besondere Eigenschaften dieser Methode: Glückseligkeit und Binden. Dabei ist Glückseligkeit die Unabhängigkeit von Askese. Im *Hevajra Tantra* werden viele Arten von Binden aufgeführt, hier verstehen wir unter Binden jedoch die untrennbare Einheit von Methode – das

Erscheinen eines göttlichen Kreises – und Weisheit – die Erkenntnis der Leerheit von inhärenter Existenz.
Mit einem solchen Yoga von Methode und Weisheit, mit dem man den Stolz eines Buddha wie Vairocana kultiviert, erlangt man den Zustand eines Buddha, ohne daß eine solch lange Zeit verstreicht wie im Vollendungsfahrzeug. Dies drückt die Größe des Mantra-Fahrzeuges aus. Die Erklärung vom Gottheit-Yoga als dem schnellen Pfad widerlegt die falschen Ideen, daß der Gottheit-Yoga nutzlos sei für die Verwirklichung des Höchsten.
*Frage:* Wie kommt es, daß man, um einen Formkörper zu verwirklichen, einen Yoga braucht, der über den Stolz eines Buddha und den Aspekt des Mandala-Kreises verfügt?
*Antwort:* Das *Vajrapañjara* sagt:

Ein Lehrer hat die 32 Merkmale
ebenso wie die 80 geringeren Zeichen.
So ist das Annehmen der Form des Lehrers
die Methode für die Verwirklichung.

Nimmt man als Grund, daß ein Formkörper – das Objekt der Verwirklichung – mit den Merkmalen und Zeichen geschmückt ist, so wird gesagt, daß man die Frucht durch eine Methode zu verwirklichen hat, die die Form oder den Aspekt eines Lehrers [Buddha] hat.
In den zwei anderen Kommentaren zum *Vajrapañjara Tantra* [von Kṛṣṇapāda[38] und Indrabodhi[39]] scheint es nicht so, als ob alle Zweifel beseitigt und der Hauptpunkt klar erklärt worden wäre, wohl aber im Kommentar von Devakulamahāmati[40], [obwohl auch der nicht in allem richtig ist]. In seinem Kommentar zur ersten Strophe erklärt er, man würde in eine unglückliche Existenz fallen, wie etwa den unbegrenzten Raum, wenn man über eine Leerheit ohne Methoden meditierte. Das ist nicht richtig. [Tatsächlich wird man in diesem Fall zu einem Hinayana-Feindbesieger.]
Als Antwort auf die Theorie, die Leerheit sei zur Zeit des Pfades die Methode und zur Zeit der Reifung die Frucht, gibt Devakulamahāmati dann die Erklärung: da die Leerheit der Ursachen oder des Pfades und die Leerheit der Wirkung oder

der Reifung über keine anderen, unterscheidenden Merkmale verfüge, könne die Leerheit, solange sie Wirkung sein soll, nicht auch noch Methode sein. Er fügt hinzu, Ursache und Wirkung seien verschieden, da es sich bei der Ursache um eine Entität vielheitlicher Tätigkeit handele, die das Erfassen inhärenter Existenz beinhalte, die Wirkung aber das Gegenteil davon sei. Deshalb bestehe die Methode nicht einfach nur in der Leerheit.

Seine Erklärung des Zwecks der Lehre von der Leerheit ist dieselbe wie sie oben gegeben wurde. Nun gibt es einen Zweifel: Wenn im Vollendungsfahrzeug gelehrt wird, man erlange Erleuchtung durch die Übung der Vollendung der Weisheit in Verbindung mit den anderen fünf Vollendungen über drei zahllose Zeitalter hinweg, wozu bedarf es dann solcher Methoden wie des ›Mandala-Kreises‹? Um diesen Zweifel auszuräumen erklärt Devakulamahāmati mit der dritten Strophe die Glückseligkeit, so wie es oben getan wurde. ›Binden‹ sagte er, sei die Erfahrung der Glückseligkeit der Vereinigung der beiden Organe [Das gilt nur für das Höchste Yoga Tantra]. Den ›Stolz ein Buddha zu sein‹ erklärt er [zutreffend] als das Freisein vom Stolz der Gewöhnlichkeit, und ›nicht fern sein‹ erklärt er als das Erlangen von Buddhaschaft in diesem Leben. [Auch diese Erklärung ist auf das Höchste Yoga Tantra beschränkt.]

Dann mag man denken, ein Buddhakörper sei in der Weise des Wahrheitskörpers zu kultivieren, [das heißt, allein durch das Meditative Gleichgewicht in der Leerheit]. Diese Bedenken werden mit der letzten Strophe ausgeräumt. Devakulamahāmati erklärt, daß die Methode in den drei Arten vom Meditativen Gleichgewicht in der Form der drei Körper besteht.

Viele tibetische Lamas haben [irrtümlicherweise] die Lehre vom Gottheit-Yoga – dem Mandala-Kreis – ausschließlich auf die erste Stufe des Höchsten Yoga Tantra [die Erzeugungsstufe] angewendet. Ihr Fehler besteht darin, daß sie zwischen größerem und kleinerem Bereich von Gottheit-Yoga, [den es in den drei unteren Tantraklassen und in den beiden Stufen des Höchsten Yoga Tantra gibt] und Erzeugungsstufe, [die nur im Höchsten Yoga Tantra vorkommt und die erste der beiden Stufen bildet], nicht unterscheiden. Man sollte Gottheit-Yoga als etwas auffassen, das auf beide Stufen anwendbar ist [Erzeugungs- und Vollendungsstufe des Höchsten Yoga-Tantra].

Diese Vorstellung, daß die Meditation über die Leerheit das einzige Mittel für die Verwirklichung beider Körper sei, ist die größte Basis für die falschen Ideen, die den Gottheit-Yoga unter den Methoden für die höchste Verwirklichung [Buddhaschaft] auslassen. Ich habe das *Vajrapañjara Tantra* herangezogen, weil es diese Zweifel klar beseitigt und deutlich sagt, daß der Gottheit-Yoga als eine Ursache des Formkörpers kultiviert werden muß. Mit diesem als Beispiel sollten auch die anderen Tantras verstanden werden. Da ich fürchte, es könnte zuviel werden, werde ich sie hier nicht ausführen.

## WIE DIE METHODE IN DEN KOMMENTAREN DES HÖCHSTEN YOGA TANTRA ERKLÄRT WIRD

Dieser Abschnitt hat zwei Teile: Wie die Methode in den Texten des Meisters Jñānapāda erklärt wird und wie sie von anderen Meistern erklärt wird.

### WIE DIE METHODE IN DEN TEXTEN DES MEISTERS JÑĀNAPĀDA ERKLÄRT WIRD

In seinem *Eintritt in die Mittel der Selbstverwirklichung (Atmasādhanāvatāra)* gibt der Lehrer Jñānapāda eine sehr klare Darlegung dessen, was in den oben angeführten Tantras gelehrt wurde. Zuerst legt er den Weg des Vollendungsfahrzeuges dar.[41] Er sagt:

Eine Meditation der Leerheit, der die besonderen Eigenschaften der Methode fehlen, ist nicht imstande die Weisheit entstehen zu lassen, die frei ist von allen gedanklichen Verunreinigungen und die allen Wanderern hilft. Deshalb sollte man viel Anstrengung auf eine sehr klare Methode verwenden. Denn es ist die allwissende Weisheit, in deren Natur es liegt, allen Wesen zu helfen. Diese Hilfe entsteht aus der unbegrenzten Weite, und ihre Ursache ist nur das Kultivieren der Methode, denn das Kultivieren der Selbstlosigkeit hat als Frucht nur das Aufgeben der Gedanken. Außerdem heißt es [im *Schmuck der Mahayanasutras,* I.13 von Maitreya]:

Wegen der Tiefe und wegen der Weite
werden diese beiden [Methode und Weisheit] für die zwei gelehrt:
Fehlen von Vorstellung und volle Reifung.
Deshalb sind sie das höchste Mittel von allen.

Nicht-verkehrte Tätigkeiten des Geistes, so wie Geben usf., sind die Methode, denn, wenn man sie ganz der allwissenden Weisheit widmet, werden sie zu den Ursachen für die vollständige Erleuchtung. Im *[Sutra Zusammenfassung der Vollendung der Weisheit]* heißt es:

Widme Geben, Ethik, Geduld, Anstrengung, Konzentration
und Weisheit ganz der Erleuchtung.
Hänge nicht zuerst an der Erleuchtung als einer Masse[42]
und halte sie dann für das Höchste.
So wird die Anfänger gelehrt.

Was Jñānapāda damit sagen will, ist: Wenn einem die Methode fehlt, kann man noch so sehr über die Selbstlosigkeit meditieren, man ist nicht imstande, die alle Wesen unterstützende Buddhaschaft zu erreichen. Deshalb muß man sehr an der Methode arbeiten. Der Zustand, in dem man allen Wesen hilft, ist allein ein Abdruck [Ergebnis] der weiten Methoden, denn der Abdruck der Meditation der Selbstlosigkeit ist ein Aufgeben – das bloße Auslöschen der Verunreinigungen.

Damit wird nicht gelehrt, man könne durch die Meditation der Leerheit, ohne die weite Methode, zwar nicht das Wohl aller Wesen herbeiführen, aber alle Verunreinigungen auslöschen. Ebensowenig wird damit gelehrt, man könne nur mit der weiten Methode, ohne die Meditation der Leerheit, einen das Wohl aller Wesen bewirkenden Formkörper ohne den Wahrheitskörper erlangen, der die Auslöschung aller Verunreinigungen ist. Denn keiner der Körper kann ohne den anderen erlangt werden. Die beiden stehen zueinander in dem bestimmten Verhältnis der Abhängigkeit von *einer* Ursachengruppe, deshalb sind sie niemals getrennt.

Die die Leerheit erkennende Weisheit, die getrieben wird vom kostbaren Streben nach Erleuchtung zum Heile aller fühlenden Wesen, reinigt alle Verunreinigungen der Vorstellung von einem Selbst. Deshalb ist diese Weisheit die besondere Ursache eines Wahrheitskörpers, der über die zwei Reinheiten verfügt, [nämlich die natürliche Reinheit und die Reinheit von hinzugekommenen Verunreinigungen]. Jedoch ist diese, die Leerheit erkennende Weisheit, auch mitwirkende Ursache für einen Formkörper.

In ähnlicher Weise sind die weiten Methoden die besondere Ursache eines Formkörpers und mitwirkende Ursache eines Wahrheitskörpers. Denn, soviel man auch über die Soheit der Erscheinungen meditieren mag – wenn man nicht sehr an diesen Methoden arbeitet, kann man zwar den Existenzkreislauf verlassen, aber nicht zu einem Wahrheitskörper gelangen, der die Auslöschung aller Verunreinigungen ist. Ebenso kann man, wenn man nicht nach der die Leerheit erkennenden Weisheit strebt, nicht zu einem Formkörper gelangen – wie sehr man an diesen Methoden auch arbeiten mag.

Desungeachtet muß man die Auslöschung aller Verunreinigungen bei der [Erlangung des] Buddhazustandes als Abdruck davon auffassen, daß über Leerheit meditiert wurde, wohingegen [die Tatsache], daß man zur Stütze aller Wanderer wird, als ein Abdruck der weiten Methode genommen werden muß. Ein Beispiel: Damit ein Blau-wahrnehmendes Bewußtsein entsteht, müssen alle drei Bedingungen zusammenkommen, [Sehbewußtsein, Sehfähigkeit und Objekt], das Bewußtsein ist die Wirkung von allen drei [Ursachen]. Daß es jedoch eine sichtbare Form und nicht etwa andere Objekte, so wie Töne, erfaßt, ist Abdruck der Sehfähigkeit. Daß es als Erfahrungsentität entsteht, ist Abdruck der ›unmittelbar vorhergehenden Bedingung‹ [einem vorhergehenden Bewußtseinsmoment]. Daß es als Abbild von Blau entsteht, ist Abdruck des Objekts.

Das Zitat aus dem *Schmuck der Mahayanasutras* [Seite 122]

von Maitreya ist eine Quelle, die zeigt, daß bei Vollständigkeit beider Faktoren – Methode und Weisheit – diese beiden die unübertroffene Methode für die Verwirklichung der Frucht sind. Das Zitat aus dem *Sutra Zusammenfassung der Vollendung der Weisheit* [Seite 122] ist eine Quelle, die zeigt, daß die Methoden für die Verwirklichung der Buddhaschaft – Geben usf. –, wenn man sie der Erleuchtung widmet und mit der Weisheit des Nicht-Erfassens [inhärenter Existenz] vereint, [wirkliche] Methoden werden, [die fähig sind, Ursachen für das Erreichen von Buddhaschaft zu werden].

Danach legt Jñānapāda die besondere Methode des Mantra-Fahrzeuges dar:[43] »Tatsächlich ist das nicht so, denn es gibt nur die Kultivation von Ursachen die verschieden sind und keine Meditation, die mit der verwirklichten vollständigen Erleuchtung übereinstimmt.« Das heißt: Geben usf., das im Vollendungsfahrzeug als Methode gelehrt wird, ist nicht die unübertroffene oder höchste Methode, denn ihm fehlt die Meditation die in ihrem Aspekt mit einem verwirklichten Buddhakörper übereinstimmt. Im Vollendungsfahrzeug werden nämlich ausschließlich Pfade kultiviert, die sich in ihrem Aspekt vollkommen von [einem Formkörper] der Frucht unterscheiden.

Jñānapāda beweist, daß [ein System] keine unübertroffene Methode für die Verwirklichung von Buddhaschaft ist, wenn es nicht die Kultivation eines Pfades hat, der in seinem Aspekt mit einem Formkörper übereinstimmt. Er sagt:[44] »Die Früchte, die ihrer eigenen Entität nach eine Natur von Tiefe und Weite haben, werden aus ihrer Eigennatur verwirklicht.«

Die zu erreichenden Früchte sind ein Wahrheitskörper, dessen Natur die Tiefe ist und [ein Formkörper], der mit den Merkmalen und Zeichen geschmückt ist und dessen Natur die Weite ist. Nun verweilt der Weisheits-Geist als ein Geschmack mit der Soheit der Erscheinungen, ohne sich je aus ihr zu erheben, während der Körper, geschmückt mit den flammenden Merkmalen und Zeichen, verweilt, ohne sich je zu verändern. Diese beiden sind untrennbar in einer Entität. Das ist die Bedeutung von ›ihrer eigenen Entität nach‹. Also müssen die Methode und die Weisheit, die solche [Ergebnisse] verwirklichen, mit diesen übereinstimmen. Wenn ein Yogi zum Beispiel [übt, um] den Geist eines Siegers – den Wahrheitskörper – zu verwirklichen, wird er schon jetzt seinen Geist in der Soheit der Erscheinungen verweilen lassen und einen Pfad kultivieren, der in seinem Aspekt mit dem Geist des Siegers übereinstimmt. In der gleichen Weise muß der Yogi, wenn [er übt, um] einen Formkörper zu verwirklichen, einen Pfad kultivieren, der in seinem Aspekt mit diesem Körper übereinstimmt – in dem Sinne, daß sein Körper mit den Merkmalen und Zeichen versehen zu sein scheint. Denn ein Wahrheitskörper und ein Formkörper sind vollkommen gleich in dem Sinne, daß wenn der eine Pfad mit übereinstimmendem Aspekt geübt wird, auch der andere geübt werden sollte, und wenn von einem abgelassen wird, auch vom anderen abgelassen werden sollte.

Im Gedanken daran sagt Jñānapāda in seiner *Selbstverwirklichung:*[45] »Ebenso wie über die Selbstlosigkeit sollte man über die Natur der Weite in der Weise der Untrennbarkeit meditieren.« Die ›Weite‹ ist in diesem System der Gottheit-Yoga. Inwiefern er weit ist werde ich später [im Abschnitt über das Höchste Yoga Tantra] erklären. Eine Verwirklichung durch solche Mittel nennt man ›Verwirklichung aus ihrer Eigennatur‹.

Die Basis – ein mit den Merkmalen und Zeichen geschmückter Körper und der von ihm abhängende Geist des Nicht-Erfassens [inhärenter Existenz] verweilen zur Zeit der Frucht gleichzeitig als eine untrennbare Entität. Ebenso [verweilen sie] zur Zeit des Pfades, wenn die Methode darin besteht, daß der Körper eines Yogi seinem eigenen Geist im Aspekt des Körpers eines Tathagata erscheint und sein Geist gleichzeitig zu der Weisheit wird, die die Soheit erfaßt – die nicht-inhärente Existenz aller Erscheinungen. Diese zwei sind eine gleichzeitige Kombination – untrennbar geeint in der Entität eines Bewußtseins. Das ist es, was man unter der untrennbaren Einheit von Methode und Weisheit [im Mantra-Fahrzeug] zu verstehen hat. Durch das Kultivieren des Yoga

der gleichzeitigen Verbindung dieser zwei erlangt man den Zustand, in dem die nicht-dualistische Weisheit selbst dem Lernenden als Formkörper erscheint.
Wenn die höchste Methode – das Erscheinen einer Gottheit – ohne Weisheit und der nicht-irrigen Erkenntnis der Natur des eigenen Geistes beraubt ist, kann sie nicht zur Buddhaschaft fortschreiten. Man braucht also die Kombination von beiden. In der *Selbstverwirklichung* von Jñānapāda heißt es:[46] »Ein Überwinder strahlt unermeßliches Licht aus und dient so als Quelle für unbegrenzte Wunder für sich selbst und andere. Selbst wenn das, dessen charakteristische Eigenschaft es ist, die höchste Methode zu sein, offensichtbar kultiviert, doch ohne Weisheit wäre, so könnte es nicht als das Mittel für die Verwirklichung all der Wunder dienen. Deshalb sollte man die Natur [des göttlichen Körpers] kennen.«
Die Weisheit, die die nicht inhärente Existenz erkennt und in dem Aspekt einer Gottheit erscheint, bildet selbst eine Entität mit dem Geist des Gottheit-Yoga – dem Weiten. Trotzdem stellt man Methode und Weisheit als verschieden auf, und zwar kraft der Konvention von der Verschiedenheit der Gegenteile der Negationen, die sich auf den Unterschied zwischen ihren Gegenteilen stützt. Weisheit wird dadurch bestimmt, daß sie das Gegenteil eines Geistes ist, der sich die Bedeutung der Soheit in irriger Weise vorstellt. Denn das höchste Wissen ist das Wissen vom Endgültigen [der Leerheit] – dem letzten Wissensobjekt. Methode wird dadurch bestimmt, daß sie das Gegenteil von dem ist, was unfähig ist seine Frucht, die Buddhaschaft, zu erreichen. Denn es sind die Methoden der Buddhaschaft, die fähig sind, diesen Zustand zu verwirklichen. So heißt es auch in der *Selbstverwirklichung* von Jñānapāda:[47] »Diese [Methode und Weisheit] sind von einer Natur im nicht-irrigen weiten Geist. Trotzdem veranlaßt uns die Unterscheidungskonvention, zu begreifen, daß sie verschieden sind. Es ist so: Weisheit ist zu verstehen als eine Entität, die Gegenteil ist eines Geistes, der sich in bezug auf die Soheit im Irrtum befindet. Methode wurde als das gezeigt, was das Gegenteil ist von der

Unfähigkeit, die ihm zukommende Frucht zu tragen.« Wenn es auch die allgemeine Weise des Vorgangs der Bestimmung von Methode und Weisheit ist, die Jñānapāda hier beschreibt, so sind doch die Grundlagen [die er benutzt], um Methode und Weisheit festzulegen, die besondere Methode und Weisheit des Mantra.

Ein Formkörper wird also dadurch verwirklicht, daß die [die Leerheit] erfassende Weisheit als ein göttlicher Mandala-Kreis erscheint; und ein Weisheitskörper wird verwirklicht durch die Erkenntnis seiner Natur – die Leerheit. Das nicht-dualistische Verbinden von solcher Methode und Weisheit ist, wie man wissen sollte, die Hauptbedeutung von Methode und Weisheit und der im Mantra-Fahrzeug dargelegten Yogas.

## WIE DIE METHODE VON ANDEREN MEISTERN DES HÖCHSTEN YOGA TANTRA ERKLÄRT WIRD

In seinem *Kommentar zu (Dīpaṃkārabhadras) ›Vierhundertfünfzig‹ Guhyasamājamaṇḍalavidhiṭīkā)*[48] sagt Ratnākaraśānti: »Wenn man einen Pfad kultivert, der als Natur nur die Gottheit hat, kann man dadurch nicht voll erleuchtet werden, weil die Vollständigkeit der [yogischen] Tätigkeiten nicht erfüllt ist. Und auch, wenn man über die Soheit einer Gottheit meditiert, aber nicht über die Gottheit, wird man Buddhaschaft in vielen zahllosen Zeitaltern erlangen – aber nicht schnell. Die Meditation von beiden ist äußerst dienlich und hat besondere ermächtigende Segnungen, deshalb wird man durch sie sehr schnell die höchste, vollkommen vollendete Erleuchtung erlangen.«

Ratnākaraśānti sagt also, wenn man nur den Gottheit-Yoga kultiviert, kann man überhaupt nicht voll erleuchtet werden. Wenn man nicht über eine Gottheit meditiert, kann man, im Lauf von zahllosen Zeitaltern, durch die Meditation der Leerheit in Verbindung mit anderen Methoden voll erleuchtet werden. Wenn man über beides, Gottheit und Leerheit, meditiert, ist das der schnelle Pfad.

Der Meister Ratnākaraśānti vertritt also auch die Meinung, daß die Ansicht von der Leerheit beiden Arten des Mahayana gemeinsam ist, und daß der Pfad ohne Gottheit-Yoga, wie im Vollendungsfahrzeug, langsam ist, durch die Verbindung des Gottheit-Yoga mit der Ansicht der Leerheit aber zu einem schnellen Pfad wird. Ratnākaraśānti folgt der oben gegebenen Erklärung [des *Vajrapañjara* und der *Selbstverwirklichung*].

Abhaya gibt im Achtzehnten Büschel seiner *Büschel von Kernunterweisungen (Āmnāyamañjari)*[49] eine Ratnākaraśānti entsprechende Erklärung der Methode und zitiert als Quelle das 14. Kapitel des *Vajrapañjara:*[50]

Das Überwinden des Stolzes der Gewöhnlichkeit
ist als die vollkommene Meditation bekannt.

Und: »Um den unreinen Körper zu reinigen, sollte man über einen Buddhakörper meditieren.«[51]

Durjayacandra zitiert in seinem Kommentar zum ersten Kapitel des *Hevajra Tantra* das erste und das vierzehnte Kapitel des *Vajrapañjara* und erklärt, daß Ursachen keine Wirkungen hervorbringen können, die nicht mit ihnen in Übereinstimmung sind. Śrīdhāra sagt in seinem *Angeborenes Licht, Kommentar zu den schwierigen Punkten des Yamāri Tantra (Yamāritantrapañjikāsahajāloka)*:[52]

Man sollte nicht sagen, [Formkörper] entstünden durch Methoden wie Geben usf. und durch die Macht von Bittgebeten. Wie könnte jemand, der sich unschlüssig ist über das von ihm nicht Meditierte, das die Natur des vollkommenen Genusses und der Hervorbringung hat [Genußkörper und Hervorbringungskörper] Gewißheit im Geiste bekommen?
Man mag denken: ›Und doch entstehen sie durch die Macht von Bittgebeten.‹ Dann könnte [ein Wahrheitskörper] manifest werden, ohne daß man über die Selbstlosigkeit meditiert hätte, [und das wäre absurd]. Was wäre dann der Nutzen der harten Arbeit an der Meditation der Selbstlosigkeit?
Man mag denken: ›Ein [Wahrheitskörper] entsteht aus Meditation.‹ Was ist dann falsch mit dem vollkommenen Genußkörper und dem Hervorbringungskörper? Warum sollte man über sie nicht meditieren? Selbst die, die im Vollendungsfahrzeug verweilen, sind der Meinung, daß Buddhaschaft die drei Körper zum Wesen hat. Diese werden manifest, wenn man über sie meditiert.

Wie über die Selbstlosigkeit, die den Aspekt eines Wahrheitskörpers hat, so muß man auch über eine Gottheit meditieren, die den Aspekt eines Formkörpers hat. Tut man das nicht, so ist das das Gleiche, als würde man behaupten, daß man einen Wahrheitskörper verwirklichen kann, ohne über Selbstlosigkeit zu meditieren.
Śrīdhāra zitiert dazu als Quelle:[53]

Die Ursache für die Verwirklichung von Buddhaschaft
ist der Buddha-Yoga. Kann man nicht
immer und überall die Übereinstimmung sehen
von Ursache und Wirkung?

Er zitiert auch das *All-Geheime (Sarvarahasya,* ein Tantra der Yogaklasse):[54]

Kurz gesagt, Buddhaschaft entsteht
eindeutig aus Gleichgewichtfindung
und Weisheit. Ohne Buddha-Yoga
erreicht ein Yogi keine Buddhaschaft.

Samayavajra gibt eine ähnliche Erklärung in seinem *Kommentar zum Kṛṣṇayamāri Tantra (Kṛṣṇayamāritantrarājaṭīkā)*[55], ebenso Jinadatta in seinem *Kommentar zu den schwierigen Punkten des Guhyasamāja Tantra (Guhyasamājatantrapañjika)*[56].
Vinayadatta gibt eine ausführliche Erklärung der Methode in seinem *Ritus des Mandala der Großen Illusion (Mahāmāyāmaṇḍalopāyika)*[57]: »Diese Bedeutung wurde vom ehrwürdigen Guru selbst gesprochen:

Mit der Meditation, daß man selbst Form- und Wahrheitskörper ist, wird die Erleuchtung, O, gewiß erlangt.
Wenn man durch die Konzentration des Siegers einen Wahrheitskörper erlangt,
warum meditiert man dann nicht über einen Formkörper?
Zwar erlangt man durch die Ansammlung von Verdienst einen Formkörper;
es braucht aber lang und ist deshalb dem anderen unterlegen.
Aus Ursachen, die die besonderen Eigenschaften der Wirkung haben,
entstehen mit einem Male die Drei Körper.«

Es gibt zwar noch viele Quellen in anderen Abhandlungen, ich habe aber diese hier angeführt, weil sie klar sind.

## WIE DIE METHODE IN DEN TEXTEN DER UNTEREN TANTRAS ERKLÄRT WIRD

Jñānapāda sagt in seiner *Selbstverwirklichung* [einem Text des Höchsten Yoga Tantra], daß es der weite Gottheit-Yoga ist, der den Unterschied darstellt zwischen den Methoden des Vollendungsfahrzeuges und des Mantra-Fahrzeuges. Er beweist das, indem er eine Stelle aus dem *Kompendium der Prinzipien (Tattvasaṃgraha)* [einem Yoga Tantra] zitiert, die

die Erzeugung der Gottheit durch die [fünf] Läuterungen behandelt. Er erklärt auch deutlich, inwiefern die Gottheiten des Vajra-Elements [ein für das Yoga Tantra spezifisches Thema] alle in diesem Yoga enthalten sind.[58] Er ist also der Meinung, daß der Gottheit-Yoga eine besondere Eigenschaft nicht nur der Methode des Höchsten Yoga Tantra, sondern auch der Methode des Yoga Tantra ist.
Andere Meister erklären den Gottheit-Yoga zwar in der gleichen Weise, wenn sie sich mit dem Höchsten Yoga Tantra befassen, er ist jedoch [eigentlich] in allen Tantragruppen gleich, in denen man sich selbst im Aspekt der Gottheit erzeugt. Das ist so, weil die Gründe, so zu meditieren, die gleichen sind.
Der Gottheit-Yoga wird auch häufig in den Yoga Tantras erwähnt. Im ersten Abschnitt des *Kompendium der Prinzipien* heißt es:[59]

Wenn man mit den eigenen feinsten Teilen
von Körper, Rede und Geist als Vajras
über einen Buddhakörper meditiert,
wird man zu einem vollkommenen Buddha.

Diese Stelle kommentiert *Kosalas Schmuck (Kosalālaṃkāra-tattvasaṃgrahaṭīkā)* von Śākyamitra folgendermaßen: »Das bedeutet täglich vier Meditationssitzungen über einen Buddhakörper mit Hilfe des erziehenden Yoga geistiger Bemühung; man meditiert über die eigenen feinsten Teilchen als Vajras usf. Welche Siddhi ergibt sich daraus, wenn man meditiert, man habe einen Buddhakörper? Der Text sagt: »Man wird zu einem vollkommenen Buddha.« Das heißt, man wird einen mit den Merkmalen und Zeichen geschmückten Buddhakörper erlangen.«
Auch Ānandagarbha stellt in seinem Kommentar zum ersten Teil des *Kompendium der Prinzipien* genannt *Licht der Prinzipien (Tattvāloka)*[60] fest: »[Dies wurde gesagt], um verstehen zu geben, daß diejenigen, die die Zugangsweise des Mantra üben, die Achtsamkeit eines Buddha kultivieren sollten. Sie sollten achtsam sein in bezug auf den Formkörper und in bezug auf die endgültige Natur eines Tathagata.« Und:

»Man sollte unausgesetzt in der Mitte aller Tathagatas verweilen; man sollte über sich selbst als verbunden [mit einem Buddha] meditieren, in der Weise eines Wahrheitskörpers und eines Formkörpers, die in ihrer Natur nicht verschieden, sondern untrennbar eins sind, solange bis man sich selbst deutlich [als einen Buddha] gesehen hat.«

Was den Wahrheitskörper betrifft, so ist es sehr klar, daß er durch die die Leerheit erkennende Weisheit verwirklicht wird, deshalb werde ich dazu keine Quelle anführen.

In den Texten des Ausübungs- und des Handlungstantra wird der Gottheit-Yoga folgendermaßen dargelegt: In der *Zusammenfassung des Vairocanābhisambodhi (Vairocanābhisaṃbodhitantrapiṇḍārtha)* sagt Buddhaguhya: »In Entsprechung zu der Reihenfolge [der Yogas] mit und ohne Zeichen werden ausgehend von vollkommen reinen und unreinen Körpern zwei Arten von Entitäten göttlicher Körper gelehrt. Das vollkommen Reine ist die Entität einer zeichenfreien Gleichgewichtfindung über den Wahrheitskörper, dessen Natur die aspektlose Weisheit ist. Das vollkommen Unreine sind Entitäten von beigelegten Formen mit den charakteristischen Eigenschaften der Buddhakörper des vollkommenen Genusses und der Hervorbringung und mit der Farbe und Form, die nötig ist, um den Wesen, die Lernende sind, zu erscheinen.«

Es werden also zwei Yogas, das heißt Meditationen, gelehrt, die in ihrem Aspekt den Zwei Körpern entsprechen. Das gilt für Ausübungs- und Handlungstantra gleichermaßen.

Obwohl sich die beiden Arten von Mahayana im Hinblick auf die Sicht nicht nach Über- und Unterlegenheit unterscheiden, werden sie mit Hinblick auf das Weite – den Gottheit-Yoga – unterschieden. Das wird in der *Darstellung der Drei Fahrzeuge (Triyānavyāvasthāna)* von Ratnākaraśānti deutlich gesagt:[61] »Es gibt keine andere endgültige Wahrheit, die jener endgültigen Wahrheit überlegen wäre, die der Gesegnete, Nāgārjuna usf. dargelegt haben. Wie könnte sie durch bloß Konventionelles mehr werden?

Durch das vollkommen reine Objekt,
durch die Macht der Hilfen und auch durch die Taten

ist das Fahrzeug der Intelligenten
als das Größte der Großen berühmt.«

Man erkennt sich als jemanden, der die Natur einer vollkommen reinen Gottheit hat, und durch das Einhalten der Versprechen der Sieger entstehen ermächtigende Segnungen. In der Weise der Sieger und ihrer Söhne bewirkt man das Wohl der Wesen und handelt, um die Länder zu reinigen. Damit erklärt Ratnākaraśānti, daß das Mantra-Fahrzeug dem Madhyamaka des Vollendungsfahrzeuges überlegen ist, weil seine Objekte, Hilfen und entsprechenden Taten ausgreifender sind. Es wird erklärt, daß das Fahrzeug, das über diese drei Eigenschaften verfügt, in die Tantraabteilungen von Handlungs-, Ausübungs-, Yoga und Höchstes Yoga Tantra unterteilt wird; diese drei sind somit allgemein Eigenschaften des Mantra.

Kurz gesagt, es ist die Ansicht, die gewiß macht, daß die Erscheinungen leer sind von einer inhärenten Existenz, und der Gottheit-Yoga, der darin besteht, daß man sich selbst als Gottheit entstehen läßt, die – miteinander verbunden – die Frucht der zwei Körper verwirklichen. Dieses Mittel für die Verwirklichung ist der einzige Pfad, auf dem die Haupt-Lernenden fortschreiten, für die das Mantra-Fahrzeug gelehrt wurde. Bei den vielen anderen Pfaden, die [außer diesen beiden] in den einzelnen Tantraabteilungen erklärt wurden, handelt es sich entweder um Methoden zur Unterstützung der Erkenntnis der Leerheit oder um Methoden, die Zweige des Gottheit-Yoga sind. Das sollte man wissen und [diese zwei] als die wesentliche Bedeutung [aller Mantra-Pfade] betrachten.

## AUSRÄUMEN VON EINWÄNDEN

*Einwand:* Es geht nicht an, daß man eine Unterlegenheit und Überlegenheit mit Hilfe des Grundes aufstellt, daß dem Vollendungsfahrzeug die mit dem Formkörper übereinstimmende Ursache fehlt, die das Mantra-Fahrzeug hat. Denn es steht keineswegs fest, daß man zu einer Wirkung immer durch eine Ursache gelangt, die mit dieser Wirkung übereinstimmt. Wenn es notwendig wäre, für die Verwirklichung der Frucht eines mit den Merkmalen und Zeichen geschmückten Körpers einen Pfad zu kultivieren, der dieselben Aspekte hat, dann müßte man diese Ursache zum Beispiel auch für die Verwirklichung der Frucht des mit den glückverheißenden Zeichen geschmückten Körpers eines Weltherrschers kultivieren.[62] Auch müßte man bei der Ansammlung der Ursachen für die Erlangung eines Körpers in einer schlechten oder einer glücklichen Wanderung jedesmal eine Ursache verwirklichen, die über die Aspekte dieser beiden Arten von Wanderungen verfügt. Beide Schlußfolgerungen wären vollkommen absurd. Wenn eine in ihrem Aspekt mit diesen Wirkungen übereinstimmende Ursache aber nicht notwendig ist, muß ein richtiger Grund gefunden werden, warum bei der Buddhaschaft [das Gegenteil] der Fall sein soll; ein solcher läßt sich jedoch nicht finden. Es ist also bloß Gegenstand des Glaubens, wenn man sagt, die Erlangung eines Formkörpers mit Hilfe eines Pfades, der den Aspekt dieses Körpers aufweist, sei eine besondere Eigenschaft des Mantra-Fahrzeuges.

*Antwort:* Ich will das erklären. Nach Meinung derer vom Vollendungsfahrzeug sind die Ursachen für die Entität eines Formkörpers die höheren Ansammlungen von Verdienst. Die Ursachen der besonderen Eigenschaften, die in den Merkmalen und Zeichen bestehen, sollen dazu dienen, für den Empfang und das Geleit des Guru zu sorgen. Dadurch, daß er sie über viele Leben hinweg angesammelt hat, erlangt ein Bodhisattva, wenn er auf einer der höheren Stufen ankommt, einen Körper, der mit *Entsprechungen* der Merkmale und Zeichen geschmückt ist. Diese werden immer strahlender, und schließlich erlangt er, während seines letzten Lebens, die *endgültigen* Merkmale und Zeichen eines Lernenden. Auf dieser Grundlage verwirklicht er dann einen Wahrheitskörper, und die Entsprechung des mit den Merkmalen und Zeichen geschmückten Körpers wird zu einem Genußkörper. Es ist also nicht die Meinung des Vollendungsfahrzeuges, daß es auf dem Pfad die Merkmale und Zeichen nicht gebe, sie also erst neu mit Erlangung der Frucht entstünden.

Ebenso sind die vom Vajra-Fahrzeug nicht der Meinung, wenn man in einem Leben Buddhaschaft verwirklicht, entstünden die endgültigen Merkmale und Zeichen als etwas neu Hinzukommendes, ohne daß es bereits auf dem Pfad Merkmale und Zeichen gegeben habe, die denen der Nicht-mehr-Lernenden entsprachen. Deshalb ist es das System beider Arten von Mahayana, daß ein Formkörper nicht verwirklicht werden kann, wenn es auf dem Pfad des Lernens keine Merkmale und Zeichen gibt.

Es wird im Mantra nicht gesagt, daß ein in das Mantra eintretender Anfänger, der in seinem gegenwärtigen Leben höchste Erleuchtung erlangen wird, mit einem Körper geboren sein muß, der mit den Merkmalen und Zeichen geschmückt ist – das gibt es auch nicht. Deshalb können die Merkmale und Zeichen seines eigenen Körpers nicht als Ursache für die Zeichen jenes Formkörpers wirken. Er muß durch die Meditation in diesem Leben eine Ursache neu verwirklichen, die in ihrer Art mit den Merkmalen und Zeichen übereinstimmt; und das ist nur durch den Gottheit-Yoga möglich.

Was die Erlangung des Körpers für eine glückliche oder eine schlechte Wanderung betrifft, so ist es nicht nötig, daß man während der Zeit der Ursache Ursachen ansammelt, die über entsprechende Aspekte verfügen; nur vor der Verwirklichung des Formkörpers eines Buddha werden Ursachen notwendig, die in ihrem Aspekt mit ihm übereinstimmen. Wie kann das das Gleiche sein? Wir vertreten nicht die Meinung, es müsse ein Pfad mit dem Aspekt eines Formkörpers für eine *Ursache der Reifung* kultiviert werden, in dem Sinne, daß man mit einem solchen Körper geboren wird. Was wir meinen ist, daß man vor der Verwirklichung der Merkmale und Zeichen eines Buddha *Ursachen von gleicher Art* benötigt, die einem Formkörper entsprechen. Das ist also kein Gegenstand der Diskussion.

*Frage:* Wie ist das Kultivieren des Gottheit-Yoga eine entsprechende Ursache für einen Formkörper im Falle eines Gottheit-Yoga, den man in den drei unteren Tantraabteilungen kultiviert oder selbst in den Fällen im Höchsten Yoga Tantra, wo man Buddhaschaft nicht in diesem Leben, sondern über eine Reihe von Leben hinweg erreicht?
*Antwort:* In diesen Fällen dient die Meditation in diesem Leben als eine Ursache von gleicher Art, wenn man schließlich in einer anderen Geburt den Formkörper verwirklicht; sie verursacht also keine Reifung in dem Sinne, daß man mit einem Formkörper geboren wird.
Nachdem nun die Zweifel, so wie sie dargelegt wurden, ausgeräumt worden sind, mußt du die Überzeugung erlangen, daß das Kultivieren eines Gottheit-Yoga unbedingt notwendig ist. Im ersten Kapitel des *Vajraḍāka Tantra* [einem Höchsten Yoga Tantra] heißt es:

Man selbst ist alle Buddhas
und alle Helden. Durch die
Vereinigung mit der eigenen Gottheit
wird ihre Natur vollständig verwirklicht.

Dadurch werden alle Buddhas
und alle Helden
und alle Vajradhāras
noch in diesem Leben verwirklicht.

Dies sagen Vajraḍākas und Vajrasattvas,
Tathagatas und die glorreichen
Gesegneten, die höchste Glückseligkeit haben
und vereint sind mit allen Himmelswandlerinnen.

und:

Durch diese Anwendung eines Siegels
verzehrt er alle drei Stufen [der Form].
Andernfalls kann die Anwendung sich nicht vollenden,
und er vergeht wie eine Flamme.

In Bhavabhadras Kommentar *(Vajraḍākavṛtti)* heißt es dazu:[63]

»›Durch diese‹ bezieht sich auf das gerade erwähnte Siegel der Leerheit, [das heißt, auf einen durch Leerheit bestimmten göttlichen Körper]. Dieser Begriff wird in Bezug auf jemanden gebraucht, der in ausgewogener Weise [die Weisheit der Leerheit und die Methode des Gottheit-Yoga] mit einem konventionellen Siegel mit Händen, Gesicht usf. anwendet. Was tut dieser Yogi? ›Er verzehrt alle drei Stufen‹, das heißt, er überwindet gewöhnliche Formen, so wie die eines Körpers. Um zu zeigen, daß man durch bloße Konzentration auf die Leerheit Erleuchtung nicht verwirklicht, sagt der Text: ›Andernfalls kann die Anwendung sich nicht vollenden, und er vergeht wie eine Flamme.‹ ›Andernfalls‹ heißt, ›nur durch Leerheit‹; ›die Anwendung kann sich nicht vollenden‹ heißt, er verscheidet aus den Erscheinungen; ›verscheidet‹ heißt, ›er verscheidet aus dem Leiden‹, ohne auch nur sein eigenes Wohl [zu erfüllen]. Wie? Wie eine Flamme. Durch den Zustrom von Öl brennt die Flamme und scheint in den Raum; ist das Öl aber verbraucht, verlöscht auch sie und stirbt. Wenn sie sich dann noch nicht einmal selbst erhellt, wie kann dann davon die Rede sein, daß sie andere erhellt? In der gleichen Weise sollte man die allein auf die Leerheit gerichtete Meditative Gleichgewichtfindung betrachten.«

Wenn dein Mantra-Pfad nicht auch das Kultivieren eines Gottheit-Yoga beinhaltet, wirst du, wieviel du auch über Leerheit meditieren magst, beim Reifen der Frucht nicht vermeiden können, daß du in ein Extrem des Friedens fällst. Das ist der hervorragende Gedanke der Tantraabteilungen. Wenn du keine starke Überzeugung hierin erlangst, wirst du den Gottheit-Yoga vernachlässigen und nur einen Teil des Mantra-Pfades praktizieren. Wisse, daß das heißt, daß du mitnichten den Körper des Mantra-Pfades gefunden hast.

### TROTZ DER UNTERSCHIEDE DER PFADE UNTERSCHEIDEN SICH DIE FRÜCHTE NICHT NACH UNTERLEGENHEIT UND ÜBERLEGENHEIT

Dieser Abschnitt hat zwei Teile: Die eigentliche Bedeutung und der Unterschied zwischen den Pfaden des Vollendungsfahrzeuges und des Mantra-Fahrzeuges.

### DIE EIGENTLICHE BEDEUTUNG DER TATSACHE, DASS DIE PFADE KEINE VERSCHIEDENEN FRÜCHTE HABEN

*Einwand:* Wenn es bei den Pfaden der beiden Fahrzeuge eine Über- und Unterlegenheit gibt, dann muß es diese auch bei den zu erlangenden Objekten geben. Denn es gibt einen Widerspruch, wenn die Ursachen sich unterscheiden, die Wirkungen aber nicht; andernfalls wäre die Unterscheidung der Ursachen sinnlos. Deshalb liegt die elfte Stufe, die des vollkommenen Lichtes, niedriger, als die Stufe Vajradhāras. Im vierten Kapitel der ersten Abteilung des *Saṃputa Tantra* wird gesagt:

Kurz gesagt, über zahllose
oder über zehn Millionen Zeitalter hinweg
verwirklicht, wirst du durch
die hervorragende Glückseligkeit
in dieser Geburt Buddhaschaft erlangen –
oder die [Stufe eines] Vajradhāra.

Nach diesem Text ist die Buddhaschaft, die über zehn Millionen oder über zahllose Zeitalter hinweg erlangt wird, von der Vajradhāraschaft verschieden. Hier wird auch gesagt: »In dieser Geburt wirst du entweder Buddhaschaft oder Vajradhāraschaft erlangen. Die den unvorstellbaren Zustand nicht erreicht haben sind die Tathagatas, die Buddhas. Um zu zeigen, was gezeigt werden soll, [nämlich derjenige, der den unvorstellbaren Zustand erreicht] wird er [Vajra] sattva genannt.«

*Antwort:* [Deine Interpretation] ist nicht richtig. Was diese Stelle lehrt, ist nicht, daß man in einem einzigen Leben durch den Pfad des Höchsten Yoga entweder die Stufe des vollkommenen Lichtes, so wie sie im Vollendungsfahrzeug gelehrt wird, oder die im Mantra gelehrte Stufe eines Vajradhāra verwirklicht. Nicht einmal die vom Vollendungsfahrzeug sind der Meinung, es gäbe keinen Unterschied zwischen der über zahllose Zeitalter hinweg erlangten [zehnten Bodhisattvastufe, die] ›Buddha‹ [genannt] wird und der elften [Stufe] des vollkommenen Lichtes. Es gibt nämlich zwei Arten von Erlangung durch zahllose Zeitalter: die eine ist ein Bodhisattva auf der zehnten Stufe, die ›Buddha‹ genannt wird, [das andere dagegen ist der wirkliche Buddha auf der elften Stufe]. Im *Schmuck der Erkenntisse* von Maitreya heißt es:

Die Weisheit, durch die man auf der Stufe eines Buddha verweilt
nachdem man über die neunte hinausging
ist zu kennen als die zehnte
der Stufen eines Bodhisattva.

Die Stufe eine Vajradhāra [das heißt, die eigentliche Buddhaschaft] ist gleich der [vom Vollendungsfahrzeug gelehrten] elften Stufe. Es gibt zwar im Mantra Erklärungen von einer zwölften, dreizehnten und vierzehnten Stufe; nach der Erklärung der indischen Gelehrten lassen sie sich aber alle als Unterteilungen der vom Vollendungsfahrzeug gelehrten Stufen fassen. Ich werde das später bei der Behandlung der Frucht [am Ende des Abschnitts über das Höchste Yoga Tantra] erklären.

Man sollte wissen, daß die elfte Stufe – die des vollkommenen Lichtes – und Vajradhāra eins sind, nämlich das, was in der Sutraabteilung innerhalb von drei zahllosen Zeitaltern und in der Tantraabteilung innerhalb eines Lebens verwirklicht werden kann. Man sollte nicht meinen, weil es Vajradhāra genannt wird, sei es nicht auch Frucht des Vollendungsfahrzeuges. Im *Text über die Festsetzung der Prinzipien (Tattvasiddhināmaprakaraṇa)*[64] sagt Śāntirakṣita: »Die glorreiche Glückseligkeit – Vajrasattva –, die mit anderen Pfaden [nur] über viele zahllose Zeitalter hinweg zu verwirklichen ist, wird

von denen, die im Besitz der Methoden des Vajra-Fahrzeuges sind, ohne Schwierigkeiten schon in diesem Leben verwirklicht.« Der glorreiche Śāntirakṣita sagt also, Vajradhāraschaft sei das Objekt der Erlangung für beide Fahrzeuge.
Auch sagt Abhaya in seinem *Büschel von Kernunterweisungen*, einem Kommentar zum *Saṃputa Tantra*, zu der betreffenden Stelle: »›Buddha‹ bezieht sich auf den Herrn der zehnten Stufe. ›Hoher Buddha‹ ist die Erlangung eines besonderen Pfades. ›Vajradhāra‹ bezieht sich auf den Herrn der elften Stufe.« Und in der *Leuchte der drei Weisen* sagt Tripiṭakamāla:[65]

Das Objekt ist das gleiche.
Die Abhandlungen des Mantra sind jedoch überlegen,
weil sie viele geschickte Methoden haben,
weil ihnen Schwierigkeiten fehlen
und weil sie gemacht wurden für jene von scharfen Fähigkeiten.

Der, von dem der Einwand kam, ist [nun] selbst der Meinung, daß das Objekt der Erlangung für das Mantra-Fahrzeug und das Vollendungsfahrzeug eins ist.
Nach der Erklärung des Vollendungsfahrzeuges hat jemand, der die Stufe des vollkommenen Lichtes erreicht hat, die beiden Hindernisse samt der Anlagen dazu aufgegeben und alle Eigenschaften eines Buddha, wie die Kräfte, die Furchtlosigkeiten und die von ihm mit niemandem geteilten Fähigkeiten erlangt. Wenn es etwas Höheres gäbe als die im Vollendungsfahrzeug gelehrte Buddhaschaft, müßte man die Meinung vertreten, daß es trotz der Beseitigung der beiden Hindernisse samt der Anlagen dazu noch Fehler gibt, die es zu beseitigen gilt. Man müßte annehmen, daß, trotz der Erlangung der einhundertvierundvierzig unverunreinigten Qualitäten, wie der zehn Kräfte usf., die glückverheißenden Attribute immer noch nicht vollendet wären. Es ist wohl angängig, wie das viele indische Gelehrte tun, zu untersuchen, ob man, ohne sich auf einen Mantra-Pfad zu stützen, allein unter Benützung der im Vollendungsfahrzeug gelehrten Pfade, zu einem solchen Zustand fortschreiten kann oder nicht. Es ist jedoch falsch, wenn man die Meinung vertritt,

daß man zwar durch das Vollendungsfahrzeug allein zu der Stufe des vollkommenen Lichtes fortschreiten kann, von dort aus aber noch weiter nach oben fortzuschreiten habe.
Die Weisen des Fortschreitens auf den Pfaden von Vollendungs- und Mantra-Fahrzeug unterscheiden sich insofern nach Unter- und Überlegenheit, als man mit der letzteren [voll erleuchtet werden kann], ohne sich auf zahllose Zeitalter [von Übung stützen zu müssen] und mit der ersteren nicht. Das wird jedoch nicht zur Ursache einer Unterscheidung in der Qualität der jeweiligen Frucht. Damit ist allerdings nicht etwa auch die Sinnlosigkeit einer Unterscheidung der Ursachen bewiesen, denn wenn die Früchte sich auch nach ihrer Qualität nicht unterscheiden, so unterscheiden sie sich doch sehr danach, wie entfernt oder nah sie sind.

## UNTERSCHIED ZWISCHEN DEN PFADEN DES VOLLENDUNGS- UND DES MANTRA-FAHRZEUGES

Dieser Abschnitt hat zwei Teile: Unser System der Unterscheidung und die Erklärungen anderer Meister.

### UNSER SYSTEM DER UNTERSCHEIDUNG ZWISCHEN DEN PFADEN DES VOLLENDUNGSFAHRZEUGES UND DEN PFADEN DES MANTRA-FAHRZEUGES

Der Unterschied der Geschwindigkeit in den drei unteren Tantras zur Geschwindigkeit im Vollendungsfahrzeug besteht in Folgendem: [In den Pfaden der drei unteren Tantras] vollendet man die Übungen zur Erleuchtung durch viele allgemeine Verwirklichungen. Diese erreicht man gestützt auf die Kräfte von Gottheit-Yoga und Wiederholung und durch viele geschickte Mittel wie die Unterstützung durch große Buddhas und Bodhisattvas und ihre Segnungen. Die Geschwindigkeit des Höchsten Yoga Tantra unterscheidet sich dadurch, daß schon die Erzeugungsstufe über viele tiefe wesentliche Dinge verfügt, die in den unteren Tantraklassen fehlen, wogegen die Stufe der Vollendung die höch-

sten wesentlichen Punkte hat. Diese werden später erklärt werden.
Buddhaschaft zu erreichen, ohne sich auf das Verstreichen von zahllosen Zeitaltern zu stützen – ein solcher Unterschied in der Geschwindigkeit ist eine unterscheidende Eigenschaft des Höchsten Yoga. Ob die Lernenden der unteren Tantraklassen diese [auch] erlangen, hängt davon ab, ob sie [später] in die beiden Stufen des Höchsten Yoga eintreten – ihre eigenen Pfade sind allein nicht ausreichend. Man sollte also nicht meinen, daß alle Unterschiede in der Geschwindigkeit des Mantra dadurch zustande kommen, daß innerhalb von einem Leben in diesem Zeitalter des Streites vollkommene Erleuchtung erlangt wird, oder daß volle Erleuchtung erlangt wird, ohne daß man sich auf zahllose Zeitalter [der Übung] stützt.

## DIE UNTERSCHEIDUNG ZWISCHEN DEN PFADEN DES VOLLENDUNGSFAHRZEUGES UND DES MANTRAFAHRZEUGES NACH DEN [FEHLERHAFTEN] ERKLÄRUNGEN ANDERER MEISTER

Dieser Abschnitt hat zwei Teile: Die Unterscheidung nach dem *Kommentar zu den schwierigen Punkten im Saṃvarodaya Tantra (Saṃvarodayapañjika)* von Ratnarakṣita und die Unterscheidung nach der *Leuchte der drei Weisen* von Tripiṭakamāla.

### DIE UNTERSCHEIDUNG DER PFADE NACH RATNARAKṢITAS KOMMENTAR ZU SAṂVARODAYA

Ratnarakṣita erklärt,[66] die Meditation über die Freiheit von der Vielheit [von inhärenter Existenz, Konventionalitäten und Dualität] sei auf der Stufe der Vollendung [im Mantra- und im Vollendungsfahrzeug] die gleiche. Er zeigt auch, daß das *Sutra vom Treffen von Vater und Sohn (Pitāputrasamāgamasūtra)* sagt, bei einem Bodhisattva, der das Meditative Gleichgewicht der alle Erscheinungen durchdringenden

Glückseligkeit erlangt hat, entstünde in bezug auf alle Objekte nur noch das Gefühl von Freude. Schmerz und unbestimmtes Gefühl gäbe es nicht und selbst wenn Feinde [aus seinem Körper Teile] von der Größe einer Münze *(karṣapāṇa)* schneiden würden oder sein Körper von Elefanten zermalmt würde, hielte er nur die Unterscheidung von Glückseligkeit aufrecht. Ratnarakṣita sagt, diese Glückseligkeit, [bei der es sich um eine Eigenschaft des Vollendungsfahrzeuges handelt], stehe nicht im Widerspruch zum Mantra-Fahrzeug, [wobei er irrtümlicherweise annimmt, diese Glückseligkeit sei die gleiche wie im Mantra] und dieses Sutra lege sogar die Methode für sie dar. Er sagt [zutreffend], im Vollendungsfahrzeug sei die Hauptursache für alle weltlichen und überweltlichen Wunder der Erleuchtungsgeist und dasselbe werde auch im Mantra-Fahrzeug gelehrt. *Die als Vajras leuchtenden Erscheinungen* zitierend, ›beweist‹ er, daß sogar die Große Glückseligkeit [dem Mantra- und dem Vollendungsfahrzeug] gemeinsam ist.

[Ratnarakṣita weist richtig darauf hin, daß] es im *Schmuck der Erkenntnisse* von Maitreya heißt: »[Die Bodhisattvas des Vollendungsfahrzeuges] sind mit dem Gebrauch von Mitteln der Begierde vertraut«, und daß das *Kaśayapaparivarta* mit dem Beispiel des Bauern lehrt, daß der Dünger der Plagen wichtig sei für das Großziehen der Buddhaeigenschaften. Er zeigt so [zutreffend], daß die Beschäftigung mit Objekten aus dem Bereich der Begierde beiden Fahrzeugen gemeinsam ist. [Er erklärt, daß] die Grundlagen für die Frucht usf. in beiden Fahrzeugen gleich sind, [was auch zutrifft], um dann die [falsche] Schlußfolgerung zu ziehen, daß das unterscheidende Merkmal des Mantra die Erzeugungsstufe sei.

Ratnarakṣita sagt in seinem Kommentar zum dreizehnten Kapitel des *Saṃvarodaya Tantra*[67]: »Wenn man die Erzeugungsstufe nicht kultiviert, hat die [eigene Übung] keine der charakteristischen Eigenschaften eines Mantraweges.« Er sagt das, weil er denkt, daß alles Kultivieren von Gottheit-Yoga unter die Erzeugungsstufe fällt. [Tatsächlich gibt es einen Gottheit-Yoga nicht nur in der Erzeugungsstufe des

Höchsten Yoga Tantra, sondern auch in der Vollendungsstufe dieser Tantraklasse und außerdem in den drei unteren Tantras]. Und er sagt es, weil er denkt, die Yogas von den Kanälen, Winden und Tropfen[68] dienten zur Erzeugung von Glückseligkeit; [tatsächlich dienen sie zur Erzeugung der die Leerheit erkennenden, angeborenen Glückseligkeit], und weil er denkt, die Glückseligkeit sei [in beiden Fahrzeugen gleich]; tatsächlich gibt es da einen großen Unterschied.

### DIE UNTERSCHEIDUNG DER PFADE NACH DER ›LEUCHTE DER DREI WEISEN‹ VON TRIPIṬAKAMĀLA

In der *Leuchte der drei Weisen*[69] von Tripiṭakamāla heißt es:

Das Objekt ist das gleiche.
Die Abhandlungen des Mantra sind jedoch überlegen,
weil sie für die Nicht-Verdunkelten sind,
weil sie viele geschickte Methoden haben,
weil ihnen Schwierigkeiten fehlen
und weil sie gemacht wurden für die von scharfen Fähigkeiten.

Er sagt, die Frucht, das heißt, die Allwissenheit, sei im Mantra-Fahrzeug und im Vollendungsfahrzeug nicht verschieden. Jedoch seien die vier Tantraklassen dem Vollendungsfahrzeug durch vier charakteristische Eigenschaften überlegen.

### DIE FEHLERHAFTE INTERPRETATION DES TRIPIṬAKAMĀLA

*Erste charakteristische Eigenschaft des Mantra: Es ist für die Nicht-Verdunkelten.*

Wenn die vom Vollendungsfahrzeug [die Tätigkeiten des] Gebens usf. aufnehmen, tun sie das ohne dabei [die inhärente Existenz] der drei Sphären [von Handelndem, Handlung und Objekt der Handlung] zu erfassen, deshalb sind sie nicht sehr verdunkelt. Weil sie aber äußeres Geben vollziehen, so wie das Aufgeben des eigenen Kopfes usf., sind sie nicht von sehr

scharfen Fähigkeiten. Deshalb erlangen sie die Erleuchtung nach einer sehr langen Zeit.
Die sich in der Annäherungsweise des Mantra üben haben diese Verdunklung nicht. Eine Vollendung ist nämlich die Fähigkeit, gleichzeitig die Wünsche aller Wesen zu erfüllen, und weil das Weggeben des eigenen Kopfes nicht unbegrenzt vielen Wesen hilft, betrachten sie die Vollendung als eine Frucht Meditativer Gleichgewichtfindung. Indem sie auf gewöhnliches [Geben usf.] herabblicken, streben sie nach einer überlegenen Methode. Indem man ununterbrochen die Meditative Gleichgewichtfindung der Nicht-Zweiheit von Methode und Weisheit kultiviert, kann man das Wohl unbegrenzt vieler Wesen erfüllen. Dadurch wird die Vollendung des Gebens mitsamt der übrigen Vollendungen vollkommen. Das ist im gewöhnlichen Geben eines Körpers usf. nicht enthalten; dieses wird deshalb nicht als Vollendung betrachtet.

*Zweite charakteristische Eigenschaft des Mantra: Es hat viele Methoden*

Der Askese, den Gelübden und den Disziplinen, die im Vollendungsfahrzeug als Mittel für einen Hohen Stand [im Existenzkreislauf] und für die Befreiung [aus diesem Kreislauf] dargelegt werden, entspricht eine Übung in sehr friedvollen Tätigkeiten, deshalb kann man sich so nicht um alle fühlenden Wesen kümmern. Um für das Wohl von allen fühlenden Wesen zu sorgen, wurden im Mantra die vier Klassen des Tantra gegeben. In diesen erkennt man zunächst, welche Art von Plagen es ist, die in einem vorherrscht. Ist es etwa Begierde, so läßt man sich selbst als Amitābha entstehen und tritt dann ein in ein Geist-Mandala indem man [im Geist] ein Mantra wiederholt, in ein Rede-Mandala indem man die Konsonanten und Vokale als Gottheiten entstehen läßt sowie in ein Körper-Mandala der Meditation über einen unermeßlichen Palast mitsamt seinen Grundlagen. So werden für jede der drei Plagen insgesamt drei Weisen des Zugangs gegeben.

*Dritte charakteristische Eigenschaft des Mantra: Es ist ohne Schwierigkeiten*

Nicht von einer bestimmten Erscheinung, sondern vom Geist hängt es ab, ob etwas schwierig ist oder leicht, denn was für einen schwierig ist, ist für den anderen leicht. Das, was jemanden in Entsprechung zu seinen Begierden leitet, läßt ihn Glückseligkeit durch Glückseligkeit erlangen – es sind somit keine schwierigen Taten, die im Mantra gelehrt werden.

[Dies ist die Weise in der im Mantra den Lernenden Übungen gegeben werden, die ihren Fähigkeiten entsprechen:] Den besten unter denen mit höheren Fähigkeiten, die nicht den Fehlern von Begierde usf. nachgehen, die nicht zu sehr in Gedanken verstrickt sind, aber groß in ihrem Mitleid und in ihrem Streben nach der nicht-dualen Soheit sind, diese wird das Große Siegel [die untrennbare Einheit von Weisheit und Methode][70] gelehrt. Dieses wird auch ›Methode und Weisheit‹ genannt; das ist die Entität der Weisheit der Selbstlosigkeit, die von einem Geschmack ist mit dem großen Mitgefühl.

Die von mittlerem Rang [unter denen mit höheren] Fähigkeiten, haben sich davon abgewendet, gewöhnliche Objekte zu genießen; sie haben die Gedanken der Begierde usf. aber nicht aufgegeben. Sie sind nicht fähig, den Ozean der endgültigen Weisheit zu betreten. Für sie wurde die Meditation über ein Weisheits-Siegel [eine meditierte Gefährtin] gelehrt. Jñānakīrti erläutert in seiner *Gekürzten Erklärung des Ganzen Wortes*[71], daß sie über die fünf Familien der Tathagatas und deren Wissensfrauen[72], die Göttin Locanā usf., meditieren. Er erklärt die Art und Weise, in der man mit Hilfe des Gottheit-Yoga in die Soheit eintritt: der Geist erscheint, wenn man ihn fest auf den Körper der Gottheit richtet, selbst als die Gottheit. Dabei gibt es keine äußeren Objekte. Hierdurch gelangt man zum Verständnis jener Belehrung, welche sagt, man solle nicht an den drei Sphären von Objekt der Meditation, Meditation und Meditierendem hängen. Man weilt dann in einem Körper, der frei ist von

Gedanken an äußere Dinge und an Subjekt und Objekt. Man versteht dann auch durch die Kernunterweisung eines Guru, daß diese Körper nicht inhärent existieren, weil sie weder eins noch viele sind. Dann versteht man, daß auch alle Erscheinungen nicht inhärent existieren. In diesem Gedanken hat der Buddha unbegrenzt viele Meditationen über Gottheiten gegeben.

Die geringsten unter jenen mit höheren Fähigkeiten haben Freude an der nicht-dualen Weisheit, sie haben allerdings nicht die Begierden des Bereiches der Begierde aufgegeben. Wenn sie sich einem begehrenswerten Objekt nähern, wird ihr Geist abgelenkt und tritt nicht in ein Meditatives Gleichgewicht ein. Ihnen werden Versprechens-Siegel [Gefährtinnen] gegeben, die die an anderem Ort erklärten Attribute einer Wissensfrau aufweisen. [Es gibt Tantras, die die notwendigen Qualitäten von Form, Schönheit, Alter, Herkunft, von hervorragender Übung in den Mantras und Tantras und von Einhaltung von tantrischen Versprechen behandeln.]

Handlungssiegel, [das heißt, wirkliche Gefährtinnen, die nicht unbedingt mit allen Attributen versehen sein müssen][73], werden diejenigen gelehrt, deren Begierde sehr groß ist, deren Kenntnis von der Soheit nicht groß ist und deren Geist durch andere Methoden kein Gleichgewicht finden kann. Auch üben sie, indem sie in Entsprechung [mit dem Göttlichen] handeln, das heißt, sie kontemplieren die Gefährtin als jemanden, der den Mantra-Körper einer Gottheit sowie Weisheitsnatur hat und sich selbst in der Form eines durch Mitleid geformten allwissenden Buddha.

Für diese [letzte Gruppe] lehrt Tripiṭakamālas *Leuchte der drei Weisen* nicht die Art der Fähigkeiten und kein Handlungssiegel, jedoch erklärt Jñānakīrti,[74] die geringsten unter denen mit höheren Fähigkeiten hätten entweder Versprechens- oder Handlungs-Siegel. [Für die Unterscheidung dieser beiden] bezieht sich Jñānakīrti vermutlich darauf, ob sie wirklich in die Handlung eintreten oder nicht, oder ob die Wissensfrauen voll qualifiziert sind oder nicht.

Deshalb wurden diejenigen der in das Mantra eintretenden

Lernenden mit den besten Fähigkeiten, die nicht nach den Attributen des Bereiches der Begierde einer Wissensfrau, [sei sie meditiert oder wirklich], verlangen, die Meditation des Großen Siegels gelehrt, [das heißt, die untrennbare Einheit von Methode und Weisheit ohne irgendeine Art von Gefährtin]. Von denen, die nach den Attributen des Bereiches der Begierde einer Wissensfrau verlangen, werden die, die nach einer nicht-äußeren Wissensfrau [einer wirklichen Gefährtin] Verlangen haben, die Meditation über ein Weisheitssiegel [eine meditierte Gefährtin] gelehrt. Denen, die nach einer äußeren Wissensfrau Verlangen haben, werden sowohl Versprechenssiegel als auch Handlungssiegel zugestanden, [das heißt, voll und nicht voll qualifizierte wirkliche Gefährtinnen]. Es käme somit zu einem Widerspruch, würde man dieses System [des Meister Tripiṭakamāla] als das eigene ausgeben und [außerdem] die Meinung vertreten, [es sei richtig], daß die Haupt-Lernenden des Höchsten Yoga Verlangen nach den Begierdebereichsattributen einer äußeren Wissensfrau haben müssen.

*Vierte charakteristische Eigenschaft des Mantra: Es wurde für die gemacht, die scharfe Fähigkeiten haben*

Nach der Erklärung des Meister Tripiṭakamāla erkennen die Yogis der Vier Wahrheiten nicht die Soheit, deshalb sind sie [seiner Meinung nach] von geringen Fähigkeiten. Die Yogis der Vollendungen befinden sich im Irrtum in bezug auf die Methoden, deshalb sind sie von mittleren Fähigkeiten. Diejenigen, die in die Annäherungsweise des Mantra eintreten, sind durch nichts verdunkelt, darum haben sie scharfe Fähigkeiten, weil sie einen sehr reinen Zustand erreichen, indem sie mit geschickten Mitteln das benutzen, wodurch andere, wenn sie es täten, in schlechte Wanderungen fallen würden.

In der *Gekürzten Erklärung des Ganzen Wortes* von Jñānakīrti heißt es:[75]

Jene, die keinen Gefallen finden an der Meditation [über ein Weisheitssiegel]

haben wenig Weisheitskraft.
Deshalb sollten sie nicht das Große Siegel meditieren.
Der Allwissende lehrt, um ihnen zu helfen, mit dem Namen des Großen Siegels
ebendiese Formen von Vajrasattva usf.

Diejenigen, denen es aufgrund der geringen Stärke ihrer Weisheit nicht möglich ist, über das Große Siegel zu meditieren, und die über die anderen drei Siegel [Weisheits-, Versprechens- und Handlungssiegel] nicht meditieren mögen, wird, wie er erklärt, der Körper einer Gottheit mit dem Namen des Großen Siegels gelehrt. Dies sei dann die Meditation des Yoga Tantra. [Er sagt], in diesem Sinne lasse sich auch [die Meditation von] Ausführungs- und Handlungstantra verstehen.

## WIDERLEGUNG DIESER STANDPUNKTE

Selbst nach Meinung derer vom Vollendungsfahrzeug sind die Methode – das große Mitgefühl – und die Weisheit, die die Soheit der Erscheinungen erkennt, das Leben des Pfades. Wenn die Vollendung des Gebens die Erfüllung der Wünsche der Wesen dadurch beinhalten würde, daß man materielle Dinge wie den eigenen Kopf weggibt, dann wäre die Vollendung des Gebens nie vollkommen. Dieser Standpunkt [des Meister Tripiṭakamāla] wird auch von den Anhängern des Vollendungsfahrzeuges selbst widerlegt, wenn sie sagen, die Vollendung des Gebens bedeute, daß man die Unreinheiten von Geiz und eigennützigem Haften an allem Besitz aufgibt und den Geist des Gebens sich zu seiner höchsten Grenze entwickeln läßt. In dem *Eintritt in die Bodhisattvataten (Bodhicaryāvatāra, V. 9–10)* von Śāntideva heißt es:

Wenn die Vollendung des Gebens darin besteht, daß man
die Armut der Wesen beseitigt,
wie haben dann die Schützer von früher Vollendung erreicht,
wo es doch immer noch Wesen gibt die arm sind?

Durch die Haltung, die allen eigenen Besitz
samt Frucht an alle Wesen gibt, sagt man,
kommt es zur Vollendung des Gebens.
Es ist also nur die Haltung.

Es scheint, daß Tripiṭakamālas Erklärung von der charakteristischen Eigenschaft des Mantra, es sei für die Nicht-Verdunkelten, nun in Schwierigkeiten gerät. Damit erscheint auch die charakteristische Eigenschaft, daß es für die von scharfen Fähigkeiten sei, in Schwierigkeiten zu sein. Wenn sie nämlich besagt, daß [die Lernenden des Mantra] in bezug auf die Methode nicht verdunkelt sind, wäre das eine Wiederholung der ersten Eigenschaft. Wenn behauptet wird, [diese zweite Eigenschaft bedeute, daß die Lernenden des Mantra-Fahrzeuges] Begierde für die Attribute des Bereiches der Begierde auf dem Pfad benutzen, dann würde diese charakteristische Eigenschaft bei den Haupt-Lernenden des Mantra fehlen, da die höchsten Lernenden des Mantra ja keine Begierde haben, wenn man der falschen Interpretation dieses Meisters folgt.

Es wird außerdem an vielen Stellen [zutreffend] erklärt, daß die besten Lernenden, die in das Mantra eintreten, vollständig durch die erste Stufe, [die der Erzeugung], geführt werden, dann durch die zweite Stufe, [die der Vollendung], und dann, wenn diese Stufe stabil geworden ist, sich auf eine Wissensfrau stützend im Verhalten üben und so in diesem Leben voll erleuchtet werden. Darum scheint auch die Behauptung, die Meditation über ein Weisheits-Siegel und das Gewähren eines Versprechens-Siegels sei für diejenigen mit mittleren und niederen Qualitäten, sich in Schwierigkeiten zu befinden. Die Untersuchungsfähigen sollten diese und andere Behauptungen untersuchen.

Viele tibetische Lamas erklären ›viele Methoden‹ als die Sammlung von den Tätigkeiten der Befriedung usf., und für ›ohne Schwierigkeiten‹ geben sie als Bedeutung, daß die Attribute des Bereiches der Begierde auf dem Pfad benutzt werden. So etwas erscheint jedoch weder in den Werken von Tripiṭakamāla, noch in denen Jñānakīrtis.

## AUSFÜHRLICHE ERKLÄRUNG DER ARTEN DES ZUGANGS ZUM VAJRA-FAHRZEUG

Dieser Abschnitt hat drei Teile: Die Anzahl der Eingangstore zum Mantra, Identifizieren der besonderen Eigenschaften, die die verschiedenen Tore bestimmen und die Weisen des Fortschreitens auf den mit diesen besonderen Eigenschaften versehenen Pfaden.

### ANZAHL DER EINGANGSTORE ZUM MANTRA

Im dreizehnten Kapitel des *Vajrapañjara* heißt es:[76]

Für die Niederen sind die Handlungstantras.
Der Yoga ohne Handlungen ist für die über ihnen.
Der hervorragende Yoga ist für die hervorragenden Wesen.
Der Höchste Yoga ist für die über ihnen.

Die vier Klassen von Tantras wurden für die [verschiedenen Arten der] Lernenden des Vajra-Fahrzeuges gelehrt – für die niederen, für die sich über ihnen befindenden von mittlerem Rang, für die höchsten und für die allerhöchsten über ihnen. So gibt es mit Hinblick auf die vier Tantraklassen vier Eingangstore.
Auch die *Einführung in die Bedeutung des Höchsten Yoga Tantra*[77] von Śraddhākaravarma erklärt: »Es gibt vier Arten von Eingangstoren zum Geheimen Mantra, der Wirkung, dem Vajra-Fahrzeug. Diese sind allgemein bekannt als Handlung, Ausübung, Yoga und Höchster Yoga.«

### IDENTIFIZIEREN DER BESONDEREN EIGENSCHAFTEN, DIE DIE VERSCHIEDENEN EINGANGSTORE ZUM VAJRA-FAHRZEUG BESTIMMEN

Dieser Abschnitt hat eine Frage und eine Antwort.

## FRAGE NACH DEN BESONDEREN EIGENSCHAFTEN, DIE DIE VERSCHIEDENEN EINGANGSTORE ZUM VAJRA-FAHRZEUG BESTIMMEN

Die Eingangstore zum Mantra, bei denen es sich um verschiedene Stufen der Tantraklassen nach dem Gesichtspunkt höherer und niederer Lernender handelt, können nicht aufgrund höherer oder niederer Objekte ihrer Absicht oder höherer oder niederer Erlangungen festgesetzt werden. Denn alle, die in das Vajra-Fahrzeug eintreten haben keinen Unterschied in bezug darauf, daß sie das Mahayanastreben erzeugt haben und nach der höchsten Erleuchtung [ihrer Erlangung] zum Heile aller Wesen [dem Objekt ihrer Absicht] suchen. Die Unterscheidung der Eingangstore zum Mantra beruht auch nicht auf Unterschieden, die zwischen ihren allgemeinen Pfaden bestehen, die als Hauptursache für die Erlangung – die zwei Körper – dienen. Sie stimmen nämlich soweit überein, daß ein Wahrheitskörper durch die Weisheit verwirklicht wird, die die nicht inhärente Existenz erkennt, und sie stimmen auch darin überein, daß man einen Formkörper durch das Kultivieren von Gottheit-Yoga verwirklicht. Deshalb gehören sie alle zu dem einen, Vajra-Fahrzeug genannten, Fahrzeug.

Könnte man durch das bloße Vorhandensein verschiedener Attribute der Pfade, wie die verschiedenen Gottheit-Yogas, diese einzelnen Fahrzeuge oder Eingangstore, die die verschiedenen Stufen der Tantraklassen sind, festsetzen, dann müßte man in jedem der Höchsten Yoga Tantras viele verschiedene Fahrzeuge haben. In einem Höchsten Yoga Tantra wie dem *Guhyasamāja* müßte es dann viele verschiedene Eingangstore geben; heißt es doch im *Kompendium von Weisheits-Vajras (Jñānavajrasammuccaya*, einer Erklärung des *Guhyasamāja)*, daß es fünf Klassen von höheren und niederen Personen gibt – Lotus, Sandelholz, [weißer Lotus, Utpala und Juwel].

Es sollte also erklärt werden, warum es vier Eingangstore zum Mantra gibt, die für höhere und niedere Lernende als unterschiedlicheKlassen von Tantras aufgestellt werden.

## ANTWORT

Dieser Abschnitt hat zwei Teile: Die Unrichtigkeit der Antworten, die andere gegeben haben und unsere eigene Antwort.

### DIE UNRICHTIGKEIT DER ANTWORTEN, DIE ANDERE ZU JENEN BESONDEREN EIGENSCHAFTEN GEGEBEN HABEN, DIE DIE VERSCHIEDENEN EINGANGSTORE ZUM VAJRA-FAHRZEUG FESTSETZEN

Einige tibetische Lamas[78] sagen, die vier Tantraklassen seien zu dem Zweck gelehrt worden, um den vier Gruppen unter den Furtlern *(Tīrthika)* entgegenzukommen – den Begierigen, die Anhänger des Īśvara sind, den Haßvollen, die Anhänger des Viṣṇu sind, den Unwissenden, die Anhänger von Brahma sind und den Unbestimmten, die die Lehrmeinung derjenigen Gruppe annehmen, mit der sie gerade zusammentreffen. Sie werden die Höchsten Yoga Tantras, die Ausübungstantras, die Handlungstantras beziehungsweise die Yoga Tantras gelehrt. Einige Lamas sagen, es seien Ānandagarbha und Rab-dschor-kjang (Rab-'byor-bskyangs) die, dem *Kompendium der Prinzipien* folgend, diese Meinung vertreten.

Jedoch, selbst wenn man es so interpretiert, daß es bedeutet, daß es Fälle gibt, in denen diese Art von Personen von diesem Tantra gezähmt wird, so kann man damit doch nicht die verschiedenen besonderen Eigenschaften jener identifizieren, die durch die vier Tantraklassen in das Mantra eintreten. Denn es gibt unter allen vier Arten von Personen wenige, die durch die anderen Tantras gezähmt werden.

Es wäre höchst unvernünftig, würde man behaupten, solche Personen wären als Haupt-Lernende dieser Tantraklassen vonnöten. Bei den Haupt-Lernenden des Mantra-Fahrzeuges handelt es sich um die Höchsten unter den Lernenden, die in die Lehre des Siegers eintreten; also müssen sie nicht erst eine falsche Ansicht annehmen, um in das Mantra einzutreten. Auch ergäbe sich der Fehler, daß diejenigen, die zuerst in die richtigen und nicht in die falschen Lehrmeinungen eingetreten sind, nicht die Haupt-Lernenden dieser Tantras wären.

Es ist außerdem auch nicht die Meinung des Meister Ānandagarbha; im ersten Kapitel seines *Kommentar zum Guhyasamāja Tantra (Guhyasamājaṭīkā)* sagt er:

Weil der Gesegnete hier weilt, wird durch ›Vagina‹ der Ort bezeichnet. Die vier Göttinnen, die Locanā, Mamakī, Pāṇḍaravāsini und Tārā genannt werden, sind hier die Gefährtinnen. Sie werden im siebten Kapitel dieses Textes gelehrt. Warum verweilt er in ihrem geheimen Ort? Der Zweck davon ist, in denen, die an dem Tantra von Viṣṇu und den anderen Gefallen finden, die Neigung entstehen zu lassen, Begierde durch Begierde aufzugeben. Es ist so: Sie wollen, indem sie Frauen, Exkremente, Urin usf. benutzen, Viṣṇu und die anderen verwirklichen. Diejenigen, die damit beschäftigt sind nach den von Viṣṇu gelehrten Siddhis zu streben, werden in das Geheime einer Gefährtin eintreten.

Die gesegnete Vagina ist Viṣṇu,
der im weiblichen Geschlecht weilt.
Weil es Männern Freude gibt
wird es Narāyana genannt.

Ānandagarbha sagt ausdrücklich, solche Stellen lehren jene, die Gefallen finden am *Viṣṇu Tantra*, die Taten der Begierde im Höchsten Yoga Tantra. [Darum kann die obenerwähnte Interpretation nicht wirklich seine Interpretation sein.]

Es ist nicht zu sehen, wie diese Darstellung, das Höchste Yoga Tantra sei für diese Lernenden, [das heißt, für die Begierigen, die Anhänger des Īśvara], gelehrt worden, aus dem *Kompendium der Prinzipien* stammen kann. Es scheint so, als ob diese Lamas nur etwas zusammenstellten nachdem sie [falsche] Schlußfolgerungen [aus Lehren] gezogen hatten, die besagen, daß die vier Unterteilungen aus dem *Kompendium der Prinzipien* für jene gelehrt worden sind, die die Plagen von Begierde, Zorn usf. haben. Eine gültige Quelle [für diese These] scheint es jedenfalls nicht zu geben.

Einige tibetische Lamas[79] sagen auch, die vier Klassen von Tantras seien im Hinblick auf die vier verschiedenen Riten für die Erzeugung der Gottheit dargestellt worden, die mit den vier Schulen von Lehrmeinungen übereinstimmen. Sie erklären auch, daß der Höhere Nāgārjuna mit seinen Söhnen und Jñānapāda mit seinen Nachfolgern, dem *Kompendium von Weisheits-Vajras* folgend, die gleiche Meinung vertreten. Da es sich bei diesen Meistern um Anhänger des *Guhyasamāja Tantra* handelt, scheint es, daß diese Lamas ungerechtfertigte Schlußfolgerungen aus einer Belehrung ziehen, die im Erklärungstantra [zum *Guhyasamāja*], dem *Kompendium von Weisheits-Vajras*, gegeben wurde, [wo gesagt wird], im Handlungstantra gäbe es den Stolz, selbst eine Gottheit zu sein und die Glückseligkeit von Weisheitswesen nicht. Es gibt also keine Quelle für einen Vergleich mit den vier Schulen von Lehrmeinungen. Selbst [wenn man sich einbildet], es gäbe eine Beziehung zwischen den Einsamen Verwirklichern und den Erzeugungsriten im Yoga Tantra, handelt es sich bei den Einsamen Verwirklichern nicht um eine Unterabteilung der vier Schulen von Lehrmeinungen [Vaibhāṣika, Sautrāntika, Cittamātra und Madhyamaka]. Später, [im Abschnitt über das Handlungstantra], werde ich auch erklären, daß die Stelle aus dem *Kompendium von Weisheits-Vajras* nicht besagt, daß es im Handlungstantra das Erzeugen seiner selbst als Gottheit nicht gibt. [Was sie sagt ist nämlich, daß es einige Arten von Lernenden des Handlungstantra gibt, denen das einsgerichtete Kultivieren eines Gottheit-Yoga Angst und Schrecken verursacht.] Deshalb ist diese Deutung falsch.

Dann vertritt Alaṃkakalaśa [in seinem *Kommentar zum Vajragirlanden Tantra (Vajramālāṭīka)*][80] die Meinung, die Brahmanen werde das Handlungstantra gelehrt und die aus königlicher Kaste *(Kṣatriya)* das Yoga Tantra; die aus der Kaufmannskaste *(Vaiśya)*, deren Begierde und Haß gering, deren Unwissenheit aber äußerst groß ist und die an Viṣṇu glauben, werde das Ausübungstantra gelehrt; solche aus der Kaufmannskaste, deren Begierde und Haß groß, deren Unwissenheit aber gering ist, werde ein Yoga Tantra, so wie das *Guhyasamaja Tantra*, gelehrt, [bei dem es sich in Wirklichkeit um ein Höchstes Yoga Tantra handelt]; diejenigen, die eine Verbindung mit der Dienerkaste *(Śūdra)*

haben, deren Begierde und Haß am allergrößten und deren Unwissenheit am allergeringsten ist, werden Tantras wie das *Kleine Saṃvara Tantra (Laghusaṃvaratantra)* gelehrt.
Wenn Alaṃkakalaśa das verkündet, weil er denkt, es gäbe eine Übereinstimmung zwischen den Lernenden der Vier Tantras und den vier Kasten, dann erfaßt er damit nicht all die verschiedenen besonderen Eigenschaften von denen, die sich durch die vier Klassen von Tantra mit dem Mantra befassen.
Wenn die Meinung vertreten wird, die vier Kasten seien notwendig für die Lernenden der vier Tantraklassen, dann kann man nicht sehen, daß das richtig wäre, denn so etwas ist nie bestimmt und noch nicht einmal überwiegend der Fall. Zwar wird zum Beispiel von den Gottheiten des Vajraelements, [die im *Kompendium der Prinzipien* gelehrt werden], erklärt, sie hätten besondere Eigenschaften, die mit denen von Königen mit Gefolge übereinstimmen; das beweist aber nicht, daß die Lernenden [des Yoga Tantra] Mitglieder der königlichen Kaste sind.
Allgemein müssen Haupt-Lernende des Mahayana großes Mitgefühl haben. Im besonderen haben die Haupt-Lernenden des Höchsten Yoga Tantra, äußerst bewegt durch großes Mitgefühl, den Wunsch, äußerst schnell Buddhaschaft zu erreichen, um das Wohl der anderen zu vollenden. Es ist also Unsinn zu verkünden, sie müßten über großen Haß verfügen.

## DIE ANTWORT, DIE WIR AUF DIE FRAGE NACH DEN BESONDEREN EIGENSCHAFTEN GEBEN, DIE DIE VERSCHIEDENEN EINGANGSTORE ZUM VAJRA-FAHRZEUG FESTSETZEN

Die Darstellung von vier verschiedenen Eingangstoren zum Mantra durch Tantraklassen bedeutet nicht, daß es verschiedene Fahrzeuge gibt, und sie beruht auch nicht allein auf dem Vorhandensein von verschiedenen besonderen Eigenschaften der Pfade, wie etwa Unterschieden im Gottheit-Yoga. Es ist vielmehr die Tatsache, daß es vier verschiedene Arten von

Haupt-Lernenden im Vajra-Fahrzeug gibt, die der Grund dafür sind, daß man vier Eingangstore aufstellt.
In zwei Weisen kommt es bei den Lernenden zu unterschiedlichen besonderen Eigenschaften: durch die verschiedenen Weisen, in denen die Begierde für die Begierdebereichsattribute auf dem Pfad verwendet werden und durch die vierfache Abstufung in den Fähigkeiten, durch die man die Leerheit und die Gottheit-Yogas, die die Begierde für den Pfad benutzen, im Geistesstrom entstehen läßt. Die erste Weise[81] wird im dritten Kapitel der sechsten Abteilung des *Saṃputa Tantra*[82] dargelegt:

Die vier Aspekte von Lachen, Anschauen,
Händehalten und Umarmen der Zwei
gehören zu den Vier Tantras
in der Weise der Insekten.

Das *Hevajra Tantra* gibt eine entsprechende Darstellung. Abhayākara erklärt diese Stelle aus dem *Saṃputa Tantra* in seinen *Büschel von Kernunterweisungen* im Sinne von Pfad-Tantras und nicht als Tantra-Texte. Bei der Kommentierung des ersten Kapitels der siebten Abteilung erklärt sein *Büschel* sie jedoch im Sinne von Tantra-Texten, während Vīryavajra in seinem *Kommentar zum Saṃputa Tantra (Saṃputaṭīkā)* sie im Sinne der vier Klassen von Tantra erklärt. Im Anschluß an die Darlegung von vielen Arten von Begierde-Tantras heißt es im elften Kapitel des *Schmuck der Vajra-Essenz (Vajrahṛdayālaṃkāratantra):*

Dies zeigt die Abteilungen des Tantra
durch die Umarmung der Zwei.
In entsprechender Weise sollst du sie kennen
durch Händehalten, Lachen und Anschauen.

Indem diese Stelle von Tantra im Sinne von Kommunikatoren [Texten] spricht, gibt sie die Unterscheidung der vier Tantraklassen. So nennt man die Tantraklassen auch: die Tantras des Anschauens [Handlung], des Lachens [Ausübung], des Händehaltens oder Umarmens [Yoga] und der Vereinigung der Zwei [Höchster Yoga].

Wie oben erklärt wurde, ist die spezifische Ursache für einen Formkörper der Gottheit-Yoga. Er ist die Hauptmethode. Daß die Methoden als Verstärker der die Leerheit erkennenden Weisheit wirken, ist System bei beiden [Arten von] Mahayana. Śāntideva sagt in seinem *Eintritt in die Bodhisattvataten [IX,1]:*

Alle diese Zweige, hat der Überwinder gesagt,
sind für die Weisheit.

Es ist in der folgenden Weise, daß der Pfad der Weisheit durch Gottheit-Yoga verstärkt wird: Die besondere Methode und Weisheit ist ein Gottheit-Yoga, das heißt, die Erscheinung der eigenen erwählten Gottheit im Aspekt der Vereinigung von Vater und Mutter. Obwohl der Pfad im Höchsten Yoga Tantra viele unterschiedliche Merkmale aufweist, ist es mit Hinblick darauf, daß man ihn ›Tantra der Vereinigung der Zwei‹ nennt; auch gibt es in den Tantras [dieser Klasse] selbst sehr viele Beschreibungen von Gottheiten im Vereinigungsaspekt. Mit dieser Annäherungsweise benutzt man die Begierde auf dem Pfad und entwickelt den wesentlichen Punkt, wo die beiden Arten von Erleuchtungsgeist[83] zusammentreffen und -bleiben. Darauf gestützt verstärkt sich die Erkenntnis der Leerheit.

Den unteren Tantras fehlt diese spezielle Methode des Gebrauchs von Begierde auf dem Pfad, deshalb wird von den sieben Zweigen[84] der Zweig der Vereinigung in den drei unteren Tantras nicht gelehrt. Sie benutzen aber allgemein doch die Begierde für die Begierdebereichsattribute auf dem Pfad, weil sie Gebrauch machen von der Freude, die aus Lachen, Anschauen, Händehalten oder Umarmen entsteht. Im fünfundzwanzigsten von Abhayākaras *Büscheln*[85] heißt es: »Mit Lachen, Anschauen, Umarmen oder Händehalten und der Vereinigung der Zwei werden die Handlungs-, Ausübungs-, Yoga und Höchsten Yoga Tantras veranschaulicht. In einigen Handlungstantras usf. ist somit Anschauen ein Mittel, das die Begierde von Gott und Göttin, das heißt, Methode und Weisheit, aufzeigt. In einigen [Ausübungstantras] ist es das Lächeln, in einigen [Yoga Tantras] das Händehalten, in einigen [Yoga Tantras] das Umarmen und in einigen [den Höchsten Yoga Tantras] die Vereinigung der Zwei.« Auch im dritten Kapitel der Fortsetzung des *Hevajra Tantra* heißt es:

Durch Lachen und Anschauen,
durch Umarmen und durch Vereinigung
gibt es vier Arten von Tantras.

Hierzu heißt es in Ratnākaraśāntis *Kommentar zu den schwierigen Punkten im Hevajra Tantra (Hevajrapañjika)*:[86] »›Vier‹ bezeichnet das Handlungs-, Ausübungs-, Yoga und Höchste Yoga Tantra, die durch Lachen, Anschauen, Umarmen und die Vereinigung der Zwei veranschaulicht sind. So gibt es in einigen Handlungstantras usf. das Lachen, das die Begierde von Gott und Göttin, das heißt, Methode und Weisheit, zeigt; in einigen gibt es danach das Anschauen, in einigen die Umarmung und in einigen die Vereinigung der Zwei.«

Wenn gesagt wird ›die Götter schauen sich an‹, so heißt das, daß in Tantras des Lachens usf., Götter die sich Anschauenden sind. Welches ist die Funktion von Anschauen usf.? Es sind die Mittel, um die Begierde von Weisheit und Methode zu zeigen; der Gott und die Göttin zeigen auf diese Weise die Begierde, die sie füreinander haben. Weil nun die Gottheiten – Vairocana, Locanā usf. – niemals Begierde haben, muß man das hier auf den Übenden beziehen, der den Stolz hat, eine dieser Gottheiten zu sein. Die Bedeutung ist in diesem Zusammenhang nämlich, daß die Lernenden der Tantraklassen Begierde, wie etwa Anschauen, auf dem Pfad benutzen sollten. Würde man die in den Vier Tantras gegebenen Äußerungen, daß die männlichen und weiblichen Gottheiten einander anschauen usf. nicht auf die verschiedenen Lernenden angewendet verstehen, wäre es nicht möglich, diese mit Hilfe dieses Gesichtspunktes zu identifizieren.

Lachen usf. wird nicht nur im Höchsten Yoga Tantra sondern, in einzelnen Fällen, auch in den unteren Tantraklassen [als eine Weise zur Identifizierung der vier Tantraklassen] erwähnt. Im *Ausführlichen Ritus von Amoghapaśa (Amoghapaśakalparāja)* [einem Handlungstantra] heißt es: »Der Gesegnete schaut auf Bhṛkuti«, und »Er wendet seinen Blick nach rechts zur Göttin Tārā, die schamvoll und mit geneigtem Körper das Siegel der Gewährung des Höchsten[87] [zeigt]. Zu seiner Linken richtet Sundarī von der Lotusfamilie schamvoll und in Entsprechung mit der Weise des Geheimen Mantra ihren Blick auf Amoghapaśa.« Im *Vairocanabhisaṃbodhi* [einem Ausführungstantra] heißt es:

Zu seiner Rechten die Göttin,
Buddhalocanā genannt, ihr Gesicht
lächelt leicht, sie ist umgeben von einem Lichtkreis,
einen ganzen Klafter groß.
Ihr unvergleichlicher Körper ist vollkommen klar.
Sie ist die Gefährtin von Śakyamūni.

und:

Zeichne Avalokiteśvara wie eine Muschel,
wie einen Jasmin und wie einen Mond,
wie einen Helden, der auf einem weißen Lotussitz sitzt.
Sein Gesicht lächelt wunderbar,
zu seiner Rechten befindet sich die Göttin, die als
Tārā bekannt ist, die Glück gewährt
und Furcht beseitigt.

Im *Vajraśekhara* [einem Yoga Tantra] heißt es:

Seine Seite umfassend gurrt
die Vajra-Göttin. Zu ihm hin wendet
seine Göttin ihren Kopf.
Sie lächelt und schaut ihn aufmerksam an
und hält die Hand des Gesegneten.

Im *Paramādya* [einem Yoga Tantra] heißt es:

Auf dieser Seite befindet sich Mahāvajra.
Er hält einen Pfeil hoch,
seine stolz umfassende Hand
erhebt ein Siegesbanner, das mit
Seeungeheuern [geschmückt ist].

Das sind nur Veranschaulichungen [von Anschauen usf.].

Der Praktizierende läßt sich selbst als die geeignete Gottheit entstehen und benutzt auf dem Pfad die freudvolle Glückseligkeit, die aus ihrem Begehren füreinander, wie etwa dem gegenseitigen Anschauen, entsteht.
In den unteren Tantras ist keine Rede davon, daß man so vorgeht, wenn man seine Aufmerksamkeit auf ein äußeres Siegel [eine wirkliche Gefährtin] richtet; auch in den höheren Tantraklassen wird nicht gelehrt, daß [in den unteren Tantraklassen] so vorgegangen werde, darum sollte man sie als eine meditierte Gottheit, so wie Locanā, verstehen.
Im Gedanken daran, daß die Lernenden von geringer Kraft nicht fähig sind große Begierde auf dem Pfad zu verwenden, wird sie stufenweise, zuerst beginnend mit geringer Begierde, nach und nach der Gebrauch von Begierde auf dem Pfad gelehrt. Aus dem später Gelehrten wird deutlich werden, wie, wenn der Gottheit-Yoga stabil geworden und das Meditative Gleichgewicht erlangt ist, man eine zur eigenen Familie gehörende Göttin, wie etwa Locanā, erkennt und dann [mit Hilfe von Anschauen usf., Begierde auf dem Pfad] benutzt. In Vīryavajras *Kommentar zum Saṃputa Tantra* heißt es:

> Im Text wird gesagt: ›Lachen, Anschauen, Händehalten‹, das heißt, es entsteht nicht-begriffliche Glückseligkeit im Geräusch des Lachens oder durch das Anschauen des Körpers, durch die Berührung der sich erfassenden Hände oder die Umarmung der Zwei oder durch die Berührung [der Vereinigung]. ›In der Weise der Insekten‹ weist auf die unverunreinigte Große Glückseligkeit und die Leerheit hin: ebenso wie ein Insekt aus Holz entsteht und dann das Holz selbst verzehrt, so entsteht, [gestützt auf die Begierde], aus der Glückseligkeit die Meditative Gleichgewichtfindung und wird als Leerheit kultiviert, [worauf die Begierde aufgezehrt ist].

Im dreiundzwanzigsten Kapitel der *Büschel*[88] von Abhayākara heißt es: »Ein Tantra des Lachens ist zum Beispiel wie die Glückseligkeit derer [vom göttlichen Land, das] Freude an Hervorbringung [genannt wird].« In solchen Feststellungen sind Götter nur als Beispiel herangezogen; es wird dort nicht gelehrt, daß diese Götter die Haupt-Lernenden der Tantraklassen seien.
Dies steht zwar nicht für alle fest, die an das Vajra-Fahrzeug glauben und einige Aspekte seiner Pfade kultivieren; die zum

ersten Male in das Vajra-Fahrzeug eintretenden *Haupt-Lernenden* jedoch, stammen aus dem Bereich der Begierde, und im allgemeinen glauben sie an eine Suche nach Erleuchtung, die ausschließlich die Begierdebereichsattribute einer Wissenfrau benutzt. Der Höchste Yoga lehrt das Benutzen von Begierde, wie Lachen usf. als Pfad in Kenntnis sowohl von wirklichen als auch von meditierten Wissensfrauen. Dagegen wird in den drei unteren Tantras nur die Freude der Aufmerksamkeit auf die Begierdebereichsattribute von meditierten Wissensfrauen auf dem Pfad benutzt. Da in den Yoga Tantras sogar das Meditieren einer Vereinigung der beiden Organe unangebracht ist, wird auf dem Pfad eine Freude benutzt, die auf einer anderen Art der Berührung – Händehalten und Umarmen – beruht. Eine Freude, die abhängig von der Aufmerksamkeit auf Lachen und Anschauen, ohne Berührung, entsteht, wird auf den Pfaden von Ausübungs- und Handlungstantras benutzt. Die Bedeutung der Namen, die im Höchsten Yoga Tantra als Bezeichnungen für die Vier Tantras gegeben werden, [nämlich Tantras von Lachen, Anschauen, Händehalten oder Umarmen und Vereinigung der Zwei], sind durch diese Unterscheidungen erklärt, und damit sind auch die Unterschiede ihrer Lernenden und ihrer Pfade aufgezeigt.

Ich werde nun die Bezeichnungen der Namen der Tantras in Entsprechung dazu erklären, wie sie im allgemeinen in den höheren und niederen Tantraklassen [wie Handlungstantras, Ausübungstantras, Yoga und Höchster Yoga] bekannt sind. Dabei werde ich auch die Unterschiede ihrer Lernenden erklären. Die Mittel für die Benutzung solcher Attribute des Bereiches der Begierde auf dem Pfad sind die Leerheit und der Gottheit-Yoga. Diejenigen, die zur Verwirklichung dieser beiden Yogas auf eine große Anzahl äußerer Tätigkeiten zurückgreifen, sind die Lernenden der Handlungstantras. Diejenigen, die, ohne von allzu vielen Tätigkeiten Gebrauch zu machen, zu gleichen Teilen äußere Tätigkeiten und innere Meditative Gleichgewichtfindung [ausüben], sind die Lernenden der Ausübungstantras. Diejenigen, die nur auf wenige äußere Tätigkeiten zurückgreifen und sich vor allem auf Meditative Gleichgewichtfindung stützen, sind die Lernenden der Yoga Tantras. Diejenigen, die sich nicht auf äußere Tätigkeiten stützen und fähig sind einen Yoga entstehen zu lassen, über dem es keinen höheren Yoga gibt, sind die Lernenden der Höchsten Yoga Tantras.

Diese Erklärung der Lernenden entspricht der Bedeutung der Namen [der vier Tantraklassen]. Denn Handlungstantras tragen diese Bezeichnung, weil Tätigkeiten vorherrschen. Ausübungstantras heißen so, weil Tätigkeiten und Meditatives Gleichgewicht zu gleichen Teilen ausgeübt werden. Yoga Tantras heißen so, weil der innere Yoga im Mittelpunkt steht. Höchste Yoga Tantras heißen so, weil es keine höheren Yogas gibt, als diese.

Die Namen der vier Tantraklassen sind also in Übereinstimmung mit den Haupt-Lernenden erklärt, die diese Pfade betreten. Es gibt jedoch keine Gewißheit, [daß alle Lernenden sich in diese Unterteilung fügen], erklärt doch Ānandagarbha in seinem *Licht des ›Kompendium der Prinzipien‹*[89], die Fortsetzung der Fortsetzung des *Kompendium der Prinzipien* sei für jene gelehrt worden, denen das Kultivieren [eines Gottheit-Yoga] Furcht einflößt. Und, obwohl die Lernenden im allgemeinen mehr oder weniger an äußeren Tätigkeiten und am Kultivieren von Yoga interessiert sind, gibt es auch Fälle von Interesse an einem Pfad, der nicht zu den Fähigkeiten der Person paßt. Man kann die Haupt-Lernenden der vier Tantraklassen also nicht durch ihr Interesse identifizieren. Man sollte somit erkennen, daß die Erklärung der Haupt-Lernenden, in bezug darauf, ob sie sich mehr oder weniger auf äußere Tätigkeiten usf. stützen oder nicht, zutreffend sind.

In Tripiṭakamālas *Leuchte der drei Weisen* wird gesagt:[90]

Wegen der Veranlagungen, die aus der Gewöhnung in einem anderen Leben stammen, ist es für manche nicht möglich, ein geistiges Gleichgewicht zu finden, ohne daß sie ihr Heim fern von Leuten im Wald hätten oder ohne Tätigkeit wie Baden, Mandalazeichnen, Opferungen, Verbrennen von Opfergaben, Askese und Wiederholen [von Mantras]. So wurde für sie das Handlungstantra gelehrt. Und es gibt die, deren Geist an der Soheit hängt und die durch die Macht des Glaubens Weisheit erlangen mit Hilfe der vom Sugata [dem zur Glückseligkeit Gegangenen Buddha] gelehrten Tätigkeiten. Sie stützen sich auf Tätigkeiten, und für sie wurden die grundlegenden Tantras gelehrt, die nicht allzu viele Zweige von Tätigkeit haben.

›Grundlegende Tantras‹ sind das gleiche wie Ausübungstantras. Tantras sind Handlungstantras, wenn sie wohl auch innere Meditative Gleichgewichtfindung, vor allem aber äußere Tätigkeiten lehren. Im *Wortkommentar zum Vairocanabhisaṃbodhi (Vairocanābhisaṃbhoditantrapiṇḍārtha)*[91] von Buddhaguhya wird gesagt: »Handlungstantras befassen sich vor allem mit äußeren Praktiken, jedoch fehlen auch innere Übungen nicht.« Und auch Vajragarbhas *Kommentar zur Zusammenfassung des Hevajra Tantra (Hevajrapiṇḍārthaṭīkā)* erklärt, daß es sich bei [Tantras], die für jene [gesprochen wurden], die eine geringe Fähigkeit haben über die Soheit zu meditieren,[92] sich aber vor allem mit äußeren Tätigkeiten befassen, um Handlungstantras handelt.
Tantras sind Ausübungstantras, wenn sie zu gleichen Teilen innere Meditative Gleichgewichtfindung und äußere Tätigkeiten lehren. In Buddhaguhyas *Wortkommentar zum Vairocanabhisaṃbodhi*[93] heißt es: »Obwohl es sich bei diesem Tantra um ein Ausübungstantra handelt, welches sich vor allem mit Methode und Weisheit beschäftigt, lehrt es auch die Ausübung von Tätigkeiten, damit es den Wanderern entgegenkommt, die als Lernende den Tätigkeiten zugeneigt sind. Deshalb wird es als ein Handlungstantra oder ›Beides-Tantra‹ [Ausübungstantra] bezeichnet und ist [unter dieser Bezeichnung] bekannt.« Auch das *Schmuck der Vajra-Essenz Tantra* erwähnt ein ›Beides-Tantra‹, wenn es sagt: »Handlung, Beides und Yoga Tantra«.
In der *Leuchte der drei Weisen* von Tripiṭakamāla heißt es:[94] »Andere interessieren sich allein für die nicht-duale Soheit und befassen sich vor allem mit Yoga, weil sie eine Anhäufung von vielen Tätigkeiten für ablenkend halten. Für sie wurde das Ausübungstantra gegeben, das erst in zweiter Linie einige wenige Zweige von Tätigkeit lehrt.« ›Ausübungstantra‹ bedeutet hier Yoga Tantra.

## DIE WEISEN DES FORTSCHREITENS AUF DEN MIT DIESEN BESONDEREN EIGENSCHAFTEN VERSEHENEN PFADEN

Dieser Abschnitt hat zwei Teile: Die gemeinsamen Stufen auf den Pfaden der beiden Arten von Mahayana und die besonderen Stufen im Vajra-Fahrzeug. [Hier ist nur der erste Teil übersetzt.]

## DIE GEMEINSAMEN STUFEN AUF DEN PFADEN DER BEIDEN ARTEN DES MAHAYANA

Das *Vajrapāṇi Einweihungstantra (Vajrapānyabhiṣeka)* sagt:

»Dieses äußerst weite, äußerst tiefe Mandala von den großen Bewahrungsmantras[95] der großen Bodhisattvas: es ist schwierig auszuloten, geheimer als das Geheime, nicht dazu geeignet, den sündhaften fühlenden Wesen gezeigt zu werden; es wurde äußerst selten von dir erwähnt, O Vajrapāṇi. Wie kann man es fühlenden Wesen erklären, die es vorher noch nicht gehört haben?«
Vajrapāṇi antwortete: »Mañjuśrī, jene Bodhisattvas, die durch die Annäherungsweise des Geheimen Mantra die Bodhisattvatataten üben, mögen, wenn sie sich mit dem Kultivieren eines selbstlosen Erleuchtungsgeistes beschäftigt haben und ihn verwirklicht haben, eintreten in das Mandala der Bewahrungsmantras, wo ihnen die Einweihung für die große Weisheit gewährt werden wird. Jene, die diesen Geist noch nicht vollständig verwirklicht haben, sollten nicht eintreten. Sie dürfen noch nicht einmal ein Mandala sehen, noch sollte man ihnen Siegel [die symbolischen Handhaltungen] zeigen oder Geheime Mantras.«

So wird gesagt, man müsse vor Erhalten einer Einweihung den selbstlosen Erleuchtungsgeist verwirklicht haben. Du solltest dich also erst im strebenden dann im angewandten Erleuchtungsgeist üben, bevor du in ein Mandala eintrittst. Dies sind die Stufen der Übung eines strebenden und eines angewandten Erleuchtungsgeistes: zuallererst solltest du dich in der rechten Weise in Gedanken und Taten auf einen qualifizierten geistigen Führer des Mahayana stützen. Dieser wird lehren in welcher Weise die Muße, [die dieses Leben für uns mit sich bringt], bedeutungsvoll und schwer zu erlangen ist. Indem man den Geist hierin übt wird der starke Wunsch entstehen, die Essenz aus dieser Grundlage der Muße [dieses Lebens] zu gewinnen. Das beste Mittel hierfür ist der Eintritt in das Mahayana. Das Eingangstor zum Mahayana ist eben der selbstlose Erleuchtungsgeist, denn wenn dieser in deinem Geistesstrom wirklich vorhanden ist, wird deine Zugehörigkeit zum Mahayana nichts Künstliches mehr sein. Wäre dieser Erleuchtungsgeist nur Phrase, wäre auch deine Zugehörigkeit zum Mahayana nur Phrase. Eine intelligente Person sollte also nach und nach alles ausräumen, was einem selbstlosen Erleuchtungsgeist entgegensteht und ihn mit allen seinen charakteristischen Eigenschaften entstehen lassen.

Es ist jedoch ein Hindernis – sowohl auf den Pfaden des Hinayana, als auch auf denen des Mahayana – wenn du nicht von Anfang an deinen Geist von diesem Leben abwendest. An dieses Leben solltest du in dem Sinne denken, daß du nicht lange hier bleiben wirst, und du solltest daran denken, daß du nach dem Tode vielleicht in schlechte Wanderungen gehst. Somit solltest du erst deinen Geist von diesem Leben abkehren. Dann gilt es, das Anhaften an den vollkommenen Dingen eines zukünftigen Lebens zu überwinden. Indem du über die Unzulänglichkeit aller Kreislaufexistenz nachdenkst, wird sich dein Geist der Befreiung zuneigen.

Für die Überwindung jener Haltung, die nach der Glückseligkeit des eigenen Friedens sucht, solltest du dich dann über eine lange Zeit hinweg in Liebe, Mitgefühl und in dem selbstlosen Erleuchtungsgeist, welcher Liebe und Mitgefühl als Wurzeln hat, üben, um dann einen nicht-künstlichen Geist der Erleuchtung zu praktizieren. Als nächstes solltest du sehen, daß du von den Bodhisattvataten erfährst und in dir den Wunsch entstehen lassen, sie zu üben. Sobald du fähig bist, die Last der Taten der Söhne des Siegers zu tragen, solltest du die Bodhisattvagelübde aufnehmen und die dazugehörenden Vorschriften praktizieren. Wenn du die Last der Versprechen und Gelübde des Vajra-Fahrzeugs tragen kannst,

solltest du die *Fünfzig Strophen über den Guru (Gurupañcaśikā)* hören und, nachdem du die Weisen des Sich-Stützens auf einen Guru gereinigt hast, in das Mantra eintreten.
In den *Fünfzig Strophen über den Guru* heißt es:

Einem Schüler von reinen Gedanken,
der seine Zuflucht zu den Drei Juwelen genommen hat,
sollte dieser Text zum Rezitieren gegeben werden,
der davon handelt, wie man einem Guru nachfolgt.
Indem man ihm dann Mantra[96] usf. gibt
wird er zu einem geeigneten Gefäß für die hervorragende Lehre.

Die *Fünfzig Strophen über den Guru* sollen also jemandem erklärt werden, der sich in ›reinen Gedanken‹, das heißt, im selbstlosen Erleuchtungsgeist geübt hat und der die außergewöhnliche Zuflucht genommen hat. Nachdem der Meister ihm die *Fünfzig Strophen über den Guru* gegeben hat, wird [er] durch die Einweihung zu einem Gefäß [für das Mantra].
In der *Klaren Darstellung der Vereinigung (Yuganaddhaprakāśa)* von Rāhulaśrīmitra wird gesagt:[97]

Dies sind die Stufen: Zu einer Zeit der Freude durch Tag, Konstellation usf. sollte der Schüler mit zusammengelegten Händen sich verneigend, alle seine Sünden bekennen und die dreifache Zuflucht nehmen. Er sollte gut den Erleuchtungsgeist üben und die Laien- und Bodhisattvagelübde aufnehmen sowie die Reinigung und die Erneuerung. Auch für die entsprechenden Stufen sollte er sich in vorzüglicher Weise auf einen Vajra-Meister stützen. Mehr werde ich dazu jedoch nicht schreiben, aus Furcht, es könnte zu viel werden.
Wenn du dies alles getan hast, solltest du deinem Guru sagen: ›Bitte gewähre mir Einweihung.‹

Vor der Einweihung sollte man [das Gelübde der] eigenen Befreiung aufnehmen, einen selbstlosen Erleuchtungsgeist entstehen lassen und das dazugehörige Gelübde nehmen. Dann sollte man einen Guru um die Gewährung der Einweihung angehen. Die Laien-Gelübde und ihre Reinigung, [das heißt, das Wiederherstellen verunreinigter Gelübde] und die Erneuerung, [das heißt, das Wiederherstellen gebrochener Gelübde] haben Bezug zu einem Hausvater; ein in das Mantra eintretender Mönch sollte die Gelübde eines Novizen usf. in aller Reinheit erhalten.

Im ersten Kapitel der *Leuchte eines Kompendiums der Praxis*[98] beweist Āryadeva, daß man nicht mit einem Mal, sondern in Stufen üben sollte. Im Anschluß daran heißt es: »Dies sind die Stufen: Zuerst übt man sich im Gedanken des Buddha-Fahrzeuges. Hat man dies getan, übt man sich in einem neuen Fahrzeug – in der Meditativen Gleichgewichtfindung der einen Achtsamkeit.« Nachdem man sich zuerst im Buddha-Fahrzeug geübt hat, dessen Gedanke der strebende und der angewandte Erleuchtungsgeist ist, übt man sich in einem neuen Fahrzeug – dem Mantra.

Die Notwendigkeit der Erzeugung eines strebenden und eines angewandten Erleuchtungsgeistes und die Notwendigkeit mit den Taten der Sechs Vollendungen versehen zu sein, ist also nicht einfach eine Entlehnung aus dem Vollendungsfahrzeug, sondern die Mantratexte selbst sagen immer wieder, man solle sich in diesen Pfaden üben. Es sind die, auch im Vajra-Fahrzeug vorkommenden, gemeinsamen Pfade. Dies habe ich ausführlich in den *Stufen auf dem allen Fahrzeugen gemeinsamen Pfad* erklärt. Deshalb werde ich hier nicht weiter darauf eingehen.

Wenn man nicht die Unterschiede zwischen den guten und den schlechten Erklärungen
in unserem System und den Systemen anderer, mit makellosem Beweis
herausfindet, und wenn man nicht richtig unterscheidet, welches die
Haupteigenschaften sind, die Hinayana, Mahayana, Mantra und Vollendung
gemeinsam haben und welche nicht –
dann ist es nur ein Akt des Glaubens, wenn man verkündet,
die Buddha-Lehre, das Mahayana und insbesonders das Vajra-Fahrzeug
seien die höchsten Eingangstore für die Glücklichen.
Deshalb, Oh, Oh, ihr, die ihr intelligent und strebsam seid,
übt euer Auge der Intelligenz durch richtige Beweisführung,
bis euch kein Herausforderer mehr erschüttern kann, und sucht nach
einer festen Überzeugung von den wesentlichen Punkten der Lehre.

Abgeschlossen ist die ›Allgemeine Belehrung von den Toren der verschiedenen Pfade zum Eingang in die Lehre‹, der erste Abschnitt aus *›Die Stufen auf dem Pfad zu einem großen Vajradhāra, einem Sieger und umfassenden Herrn – offenbart all die geheimen Punkte*.

# TEIL DREI

# ERLÄUTERUNGEN

*Von Jeffrey Hopkins*

Wie Tsong-ka-pa sagt, ist allein die buddhistische Lehre denjenigen ein Zugang, die den Wunsch haben nach der Befreiung aus dem Existenzkreislauf. Und innerhalb des Buddhismus kann man allein durch die vom Prāsaṅgika-Madhyamaka gegebene Darstellung der Leerheit die Fähigkeit zur Ausrottung des Leidens erlangen.[99] Die Leerheit, so wie sie von den Prāsaṅgikas dargelegt wird, gilt als subtiler, als die von all den anderen Systemen dargelegte. Andere Systeme können als Hilfe und Unterstützung dienen, und eine Person mag vielleicht jetzt größere Fortschritte machen, wenn sie, anstatt zu versuchen das Prāsaṅgika zu begreifen, eines dieser Systeme annimmt. Letztlich ist es jedoch diese subtile Leerheit, die verstanden werden muß. Alle Übungen führen zur Mitte insofern sie die Fähigkeit schaffen, diesen Pfad zu praktizieren, der wirklich zur Mitte führt. Das wirklich letzte Ziel wird nur auf *einem* Pfad erreicht.
Ein Hinayana-Pfad ist zwar nicht endgültig; für einen Anhänger des Hinayana aber ist er ein Mittel zur höchsten Erleuchtung, zur Buddhaschaft. Mit ›Hinayana‹ und ›Mahayana‹ sind hier nicht die jeweils zwei Hinayana- und Mahayana-Schulen von Lehrmeinungen (Vaibhāṣika und Sautrāntika, Cittamātra und Madhyamaka) gemeint. In diesem Zusammenhang beziehen sie sich auf die von diesen vier Schulen präsentierten Hinayana- und Mahayana-*Pfade*. (Siehe Tafel 1). Hinayana-Pfade sind für Leute, die die Anlage zum Hörer oder Einsamen Verwirklicher haben und Mahayana-Pfade sind für solche, die die Anlage zum Bodhisattva haben. Tsong-ka-pa gibt hier die Darstellung des endgültigen unter den vier Systemen von Hinayana-Pfaden – die des Prāsaṅgika-Madhyamaka.
›Mahayana‹ bezieht sich einmal auf die Cittamātra- und Madhyamaka-Schulen von Lehrmeinungen und zum anderen bezieht es sich auf den Bodhisattva-Pfad, wie ihn sowohl

### Tafel 1: Die vier Schulen und die drei Fahrzeuge

| | Schule | | Fahrzeug | Wirkung |
|---|---|---|---|---|
| Mahayana | Madhyamika | Prāsaṅgika | Bodhisattva | Buddha |
| | | | Einsamer Verwirklicher | Feind-Besieger |
| | | | Hörer | Feind-Besieger |
| | | Svātantrika | Bodhisattva | Buddha |
| | | | Einsamer Verwirklicher | Feind-Besieger |
| | | | Hörer | Feind-Besieger |
| | Cittamātra | | Bodhisattva | Buddha |
| | | | Einsamer Verwirklicher | Feind-Besieger |
| | | | Hörer | Feind-Besieger |
| Hinayana | Sautrāntika | | Bodhisattva | Buddha |
| | | | Einsamer Verwirklicher | Feind-Besieger |
| | | | Hörer | Feind-Besieger |
| | Vaibhāsika | | Bodhisattva | Buddha |
| | | | Einsamer Verwirklicher | Feind-Besieger |
| | | | Hörer | Feind-Besieger |

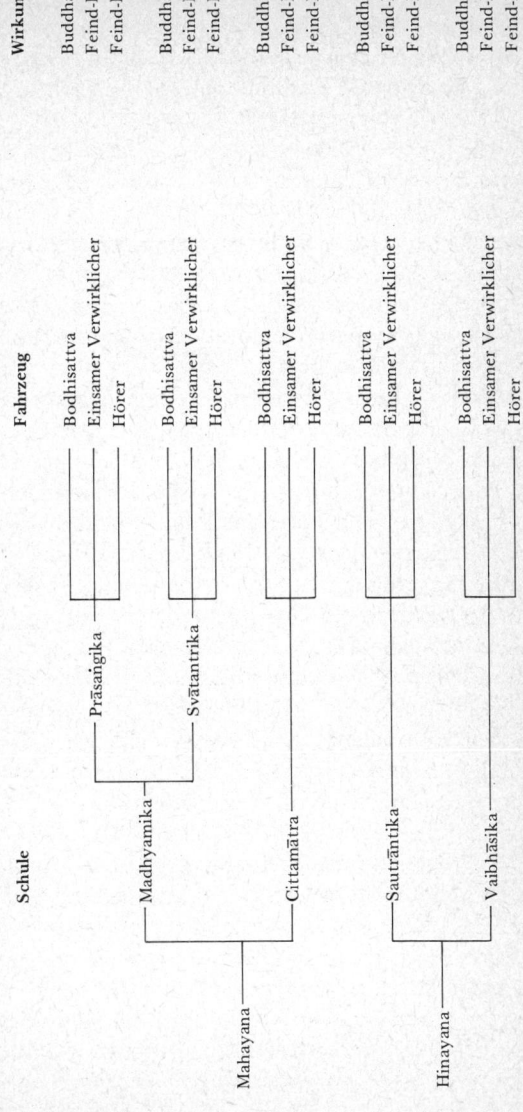

Mahayana- als auch Hinayana-Schulen von Lehrmeinungen präsentieren, denn selbst die Hinayana-Schulen legen einen Bodhisattva-Pfad dar. Für die Hinayana-Schulen, das heißt, für Vaibhāṣika und Sautrāntika, gilt die Wiedergabe vom Buddha als einem Bodhisattva, so wie sie sich in den Geschichten der Geburten *(Jātaka)* und in der Abteilung der Disziplin *(Vinaya-piṭaka)* findet. Nach den Hinayana-Schulen ist Śakyamuni Buddha der einzige, der in unserem Zeitalter den Bodhisattva-Pfad vollendet.

Nach den Vaibhāṣikas und den Sautrāntikas sind die Feind-Besieger vom Typ der Hörer und der Einsamen Verwirklicher niedriger als der Buddha. Alle drei sind gleicherweise vom Existenzkreislauf befreit und werden bei ihrem Tod, mit dem Abbrechen ihres Bewußtseins- und Formkontinuums, verschwinden. Zu Lebzeiten allerdings nennt man einen Bodhisattva auf der Stufe der Wirkung einen Buddha, weil ein Buddha über ein besonderes Wissen, eine subtilere Hellsichtigkeit und einen, mit eigenen Kennzeichen versehenen Körper verfügt. Die anderen nennt man dagegen nur Feind-Besieger – das ist jemand, der den Feind der Plagen, das heißt, vor allem Begierde, Haß und Unwissenheit, besiegt hat. Ein Bodhisattva sammelt drei zahllose Zeitalter lang Verdienst und Weisheit an und erlangt somit die größere Frucht-Buddhaschaft. Für die Vaibhāṣikas und Sautrāntikas ist eine Person, die den Pfad der Buddhaschaft geht, sehr selten.

Beide Lehrmeinungen des Hinayana geben drei Fahrzeuge an, von denen sie sagen, daß sie fähig sind, zur erwünschten Frucht zu tragen. Beide präsentieren eine Leerheit, die man verstehen muß, damit man das Ziel erreicht, und in beiden Systemen besteht diese Leerheit in der Nicht-Substantialität der Person. Sie beweisen, daß die Person keine eigenständige Person ist und nicht als etwas Substantielles existiert, das Geist und Körper kontrolliert – so wie ein Herr seine Untergebenen. Durch das Erkennen und Vertrautwerden mit dieser Substanzlosigkeit, sagen sie, werden alle Leiden besiegt. Nach den Hinayana-Lehrsystemen ist der Pfad der Weisheit für die Anhänger des Hinayana, das heißt für Hörer und Einsame Verwirklicher, der gleiche, wie für die Bodhisattvas. Es ist die Länge der Zeit, die die Praktizierenden auf das Ansammeln verdienstvoller Kraft aufwenden müssen, die den wesentlichen Unterschied zwischen den Fahrzeugen ausmacht.

Die Mahayana-Systeme sind Cittamātra und Madhyamaka, von denen das letztere sich noch einmal in Svātantrika und Prāsaṅgika unterteilt. Diese Systeme geben für das Hinayana nicht einfach das wieder, was Vaibhāṣikas und Sautrāntikas meinen, sondern präsentieren ihre eigenen Hinayana-Pfade. Zum Beispiel ist es nach dem Prāsaṅgika-System, um den Existenzkreislauf verlassen zu können, notwendig, daß man die subtile Leerheit versteht, das heißt, die nicht inhärente Existenz der Person und der von ihr verschiedenen Erscheinungen. Deshalb müssen Hörer und Einsame Verwirklicher die gleiche subtile Leerheit wie die Bodhisattvas verstehen. Der Unterschied zwischen dem Hinayana-Pfad der Hörer und Einsamen Verwirklicher und dem Mahayana-Pfad der Bodhisattvas besteht nach dem Prāsaṅgika darin, daß man auf dem Mahayana-Pfad ein durch Liebe und Mitgefühl ausgelöstes Streben nach höchster Erleuchtung zum Heil aller Wesen erzeugt haben muß. Wer sich auf diesem Pfad befindet ist ein Bodhisattva und ein Anhänger des Mahayana, nicht nur der Lehrmeinung, sondern auch dem Pfad nach, sobald ihm dieses selbstlose Streben, auch wenn er geht, umherwandert, liegt oder sitzt, spontan so stark entsteht wie in der Meditation.

Einer, der seiner Lehrmeinung nach Prāsaṅgika ist, wird sicherlich den Wunsch haben, Liebe, Mitgefühl und das selbstlose Streben entstehen zu lassen. Bevor ihm das gelingt ist es aber vielleicht erst einmal nur der Wunsch nach Verlassen des Existenzkreislaufes, den er bis zur Spontaneität entwickeln konnte. In diesem Fall wäre er seiner Lehrmeinung nach zwar Anhänger des Mahayana, seinem Pfad nach aber ein Mitglied des Hinayana. Das wäre dann, wenn er nach langer Zeit der Übung den Punkt erreicht hat, an dem ihm der Gedanke des Verzichts spontan entsteht – Tag und Nacht, ob er geht, herumwandert, liegt oder sitzt – ohne daß er auch nur einen Augenblick der Bewunderung für die Fülle des Existenzkreislaufes hat. Dann hat er die untere Grenze, den Anfang des Hinayana-Pfades erreicht – den Pfad der Ansammlung. Es kann sein, daß er die volle Entwicklung der Selbstlosigkeit vorübergehend beiseite läßt und stattdessen danach trachtet, nur der eigenen Notlage Erleichterung zu verschaffen. Als ein Prāsaṅgika würde er sich auf die Leerheit von einer inhärenten Existenz und nicht auf die gröbere Leerheit von einer substantiellen Existenz konzentrieren, wie sie von den Vaibhāṣikas und Sautrāntikas präsentiert wird. Von diesem Hinayanaweg wird gesagt, er sei als Pfad zur Buddhaschaft länger als der, auf dem man gleich das Verständnis der eigenen Misere auf andere ausdehnt, Liebe und Mitgefühl entwickelt und in eine Meditation über die Leerheit eintritt, damit man zu einem Buddha wird, der das Wohl anderer verwirklicht.

Nach dem Prāsaṅgika besteht die Grundlage der Praxis eines Bodhisattva darin, daß man ein selbstloses Streben nach der höchsten Erleuchtung zum Heil aller fühlenden Wesen entstehen läßt. Dann übt der Bodhisattva für zumindest drei zahllose Zeitalter unbegrenzt viele Formen der Sechs Vollendungen von Geben, Ethik, Geduld, Anstrengung, Konzentration und Weisheit, um seinen Geist zu stärken, damit der die Hindernisse zur Allwissenheit überwindet. Nach zahllosen Zeitaltern der Übung erlangt er mit Beginn der achten von den Zehn Bodhisattva-Stufen die Befreiung aus dem Existenzkreislauf, nachdem er diesen ungeheuren Zeitraum damit verbracht hatte, seinen Geist zu stärken, um den Erscheinungen von Objekten entgegenzuwirken, die so erscheinen, als deckten sie die eigenen Teile oder die Grundlage für ihre Bezeichnung ab.

Ein Yogi, der gelehrt wird, daß er einen so ungeheuer langen Zeitraum braucht, bis er diese Hindernisse überwindet, wird dadurch inspiriert, Bereitwilligkeit für eine langfristige Praxis zu entwickeln. Er stellt sich praktisch vor, wie er zahllose zukünftige Leben mit der Übung der Sechs Vollendungen verbringt. Ein Bodhisattva wird wie eine Mutter, die ihren Säugling hält, der sie tritt, sie an den Haaren zieht und ihr den Finger in das Auge steckt. Sie ist geduldig, wohl wissend, wie lange ihre Aufgabe dauern wird. In der gleichen Weise bringt ein Bodhisattva die Bereitschaft mit, wenn es sein muß ein ganzes Zeitalter aufzuwenden, wenn er dadurch auch nur einem fühlenden Wesen zu einer geringen Verbesserung verhilft.

Ein Bodhisattva muß zwar zwei Zeitalter lang üben, um die Befreiung aus dem Existenzkreislauf zu erlangen, wogegen ein Hörer den Existenzkreislauf schon nach nicht mehr als drei Leben verlassen kann, jedoch hat der Bodhisattva inzwischen einen Pfad betreten, der schließlich die Erlangung der Buddhaschaft sehr viel schneller macht. (Siehe Tafel 2). Ein Hörer, der seine Zeit dem eigenen Wohl widmet, vergiftet seinen Geist durch die Hochschätzung des eigenen Selbst in einem solchen Maße, daß dies seinen Pfad zur Buddhaschaft verlängert. Doch werden auch Hörer und Einsame Verwirklicher letztlich zum Bodhisattva-Pfad fortschreiten: Nachdem sie manchmal Zeitalter in einsamer Trance zugebracht haben, werden sie von Buddhas geweckt, die ihnen ins Bewußtsein rufen, daß sie noch nicht einmal das eigene Wohl erfüllt haben, ganz zu schweigen vom Wohl anderer, und sie treten schließlich ein in das Bodhisattva-Fahrzeug. Von den drei Fahrzeugen ist also nur eins das letzte Fahrzeug.

Nach dem Prāsaṅgika-System verfügen auch die Hörer und Einsamen Verwirklicher über die subtilste Weisheit, die die subtile Selbstlosigkeit der Person und der Erscheinungen erkennt. Nach dem System der Cittamatras und Svātantrikas erkennen sie die subtile Selbstlosigkeit der Erscheinungen nicht und verfügen somit auch nicht über die subtilste Weisheit. Vaibhāṣikas, Sautrāntikas, Cittamātras und Svatantrikas sind der Meinung, daß die Hörer und Einsamen Verwirklicher nur dadurch Befreiung vom Existenzkreislauf erlangen, daß sie die subtile Selbstlosigkeit der Person erkennen und mit ihr vertraut werden. Wir wollen das untersuchen.

## Tafel 2: Die Pfade

**Hinayana-Pfad**

Feind-Besieger
Pfad des Nicht-mehr-Lernens
Pfad der Meditation
Pfad des Sehens
Pfad der Vorbereitung
Pfad der Ansammlung

**Mahayana-Pfad**

Buddhaschaft: — Pfad des Nicht-mehr-Lernens
Zehnte Bodhisattvastufe
Neunte Bodhisattvastufe
Achte Bodhisattvastufe
Siebente Bodhisattvastufe
Sechste Bodhisattvastufe
Fünfte Bodhisattvastufe
Vierte Bodhisattvastufe
Dritte Bodhisattvastufe
Zweite Bodhisattvastufe
(Zehnte bis Zweite Bodhisattvastufe: Pfad der Meditation)
Erste Bodhisattvastufe: — Pfad des Sehens
Pfad der Vorbereitung
Pfad der Ansammlung

Ein zahlloses Zeitalter

Ein zahlloses Zeitalter

Ein zahlloses Zeitalter

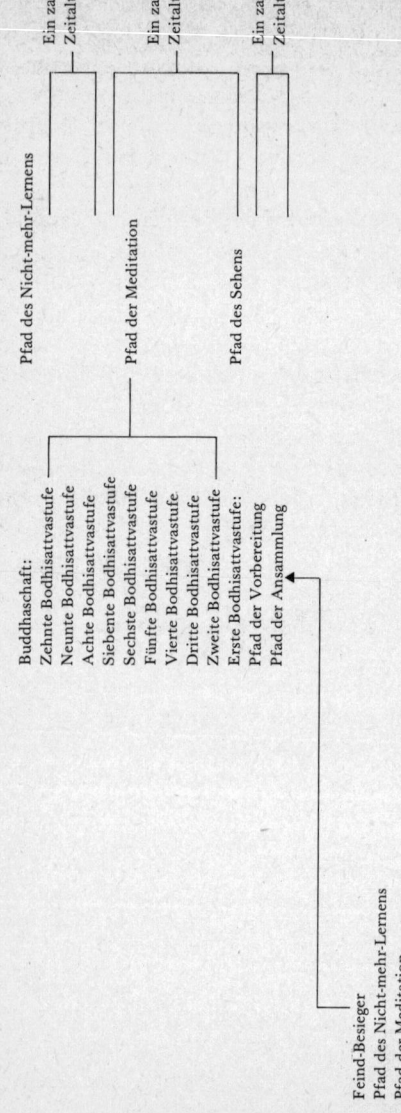

## Tafel 3: Selbstlosigkeit

| Schule | Selbstlosigkeit | | Beschreibung |
|---|---|---|---|
| Prāsaṅgika | Selbstlosigkeit der Erscheinungen | subtil: | Fehlen einer inhärenten Existenz der von der Person verschiedenen Erscheinungen |
| | Selbstlosigkeit der Person | subtil: | Fehlen einer inhärenten Existenz der Person |
| | | grob: | Leer davon eine eigenständige Entität zu sein |
| Svātantrika | Selbstlosigkeit der Erscheinungen | subtil: | Leer davon eine Entität zu sein, die anders als dadurch aufgestellt wird, daß sie einem unbeeinträchtigten Bewußtsein erscheint |
| | | grob: | Fehlen einer Entitätsverschiedenheit von Subjekt und Objekt* |
| | Selbstlosigkeit der Person | subtil: | Leer davon eine eigenständige Entität zu sein |
| | | grob: | Leer davon ein unvergängliches, teilloses und unabhängiges Selbst zu sein |
| Cittamātra | Selbstlosigkeit der Erscheinungen | subtil: | Fehlen einer Entitätsverschiedenheit von Subjekt und Objekt; leer davon die natürliche Basis eines Namens zu sein |
| | Selbstlosigkeit der Person | subtil: | Leer davon eine eigenständige Entität zu sein |
| | | grob: | Leer davon ein unvergängliches, teilloses und unabhängiges Selbst zu sein |
| Sautrāntika und Vaibhāṣika | Selbstlosigkeit der Person | subtil: | Leer davon eine eigenständige Person zu sein |
| | | grob: | Leer davon ein unvergängliches, teilloses und unabhängiges Selbst zu sein |

* wird nur vom Yogacāra-Svātantrika vertreten

Es werden zwei Arten von Selbstlosigkeit unterschieden: eine Selbstlosigkeit der Person und eine Selbstlosigkeit der Erscheinungen. Die Selbstlosigkeit der Person unterteilt sich wiederum in zwei Arten: eine grobe und eine subtile. (Siehe Tafel 3). Vaibhāṣikas und Sautrāntikas erkennen eine Selbstlosigkeit von Erscheinungen nicht an; für sie existieren die Erscheinungen in Wahrheit und sind andere Entitäten als das sie wahrnehmende Bewußtsein.

Was die Selbstlosigkeit der Person betrifft, so geben alle Systeme eine subtile und eine grobe Art. Nach den Nicht-Prāsaṅgika-Systemen besteht die grobe in der Leerheit von einer unvergänglichen, teillosen, unabhängigen Person. Diese falsche Vorstellung ist nur künstlich und nicht angeboren – sie gründet sich allein auf die Vermutung eines nichtbuddhistischen Systems. Mit anderen Worten, wir stellen uns nicht von Natur aus eine Person mit den Eigenschaften der Unvergänglichkeit, der Teillosigkeit und der Unabhängigkeit vor.

Die subtile Selbstlosigkeit der Person besteht nach allen Systemen außer dem Prāsaṅgika in der Leerheit von einer eigenständigen oder substantiell existierenden Person. Hier erkennt ein Yogi, daß eine Person nicht substantiell existiert oder als eine eigenständige Entität in dem Sinne, daß sie Überwacher von Geist und Körper ist: Geist und Körper scheinen von der Person abzuhängen, dagegen scheint es, daß die Person nicht von Geist und Körper abhängt. Die Person scheint wie ein Herr zu sein und Geist und Körper wie seine Untergebenen. Von dieser falschen Vorstellung gibt es zwei Arten: eine künstliche und eine angeborene. Bei der ersten handelt es sich um eine Vorstellung substantieller Existenz, die von einem Denksystem verstärkt wurde. Die letztere ist eine gewohnheitsmäßige, nicht anerzogene Vorstellung. Die meisten Religionen, Philosophien und psychologischen Systeme verstärken diese falschen Vorstellungen, wobei sie einem Grundirrtum noch weitere hinzufügen.

Das Cittamātra-System vertritt die gleiche Art von subtiler Selbstlosigkeit der Person wie die Vaibhāṣikas und die

Sautrāntikas, doch außerdem vertritt es auch eine tiefergehende und subtilere Selbstlosigkeit der Erscheinungen, und zwar die Leerheit von einer Entitätsverschiedenheit von Subjekt und Objekt. Subjekt und Objekt, das heißt, Wahrnehmender und Wahrgenommenes, erscheinen, als wären sie voneinander entfernt oder getrennt, sind es in Wirklichkeit aber nicht. Ein Yogi versucht nun durch Beweisführung und durch Beispiele, wie das Traumbeispiel, seine Zustimmung zu diesen täuschenden Erscheinungen zu überwinden und diesen irrigen Aspekt schließlich aus allen Erscheinungen zu beseitigen.

Im Madhyamaka besteht die Selbstlosigkeit von Erscheinungen in der Leerheit von einer anders als vom Geist festgelegten Bestehensweise. Die Dinge scheinen ihre eigene unabhängige Existenz zu haben; sie scheinen in einer Weise zu bestehen, die nicht nur dadurch festgelegt ist, daß sie dem Geist erscheinen. Tatsächlich werden sie allein dadurch festgelegt, daß sie dem Geist erscheinen, in der Art, wie die Illusion eines Zauberers nur dadurch als wirklich festgelegt wird, daß sie dem Geist des verzauberten Publikums erscheint. Unter den Mādhyamikas faßt die Schule der Prāsaṅgikas diese Selbstlosigkeit noch feiner, nämlich als eine Leerheit von inhärenter Existenz, was bedeutet, daß die Objekte noch nicht einmal die Sammlung ihrer Teile sind und dieser Sammlung nur als Bezeichnung beigelegt wurden. Zwar sieht es so aus, als existierten die Erscheinungen konkret, sie sind aber unauffindbar, wenn man analysierend nach ihnen sucht. Wie im Cittamātra-System meditiert der Yogi, um sein Einverständnis mit dieser täuschenden Erscheinung von Konkretheit zu überwinden und stärkt seinen Geist soweit, daß das irrige Element schließlich vollständig verschwindet.

In den Nicht-Prāsaṅgika-Systemen erkennen Hörer und Einsame Verwirklicher lediglich die Selbstlosigkeit der Person. Sie sagen, es scheine fälschlicherweise so zu sein, daß die Person eine von Geist und Körper verschiedene Natur habe. Dafür geben sie das Beispiel von einem Herrn – der Person –

und seinen Untergebenen – Geist und Körper. Das Prāsaṅgika, so wie Dscham-jang-shä-pa, (ein Gelugpa-Gelehrter des späten siebzehnten und frühen achtzehnten Jahrhunderts), es darstellt, der sagt, Geist und Körper schienen so zu sein wie Verkäufer und die Person wie ein Geschäftsführer. Der Unterschied bestehe darin, daß der Geschäftsführer durchaus auch ein Verkäufer, ein Herr aber kein Diener sei. Die Person gebe sich den falschen Anschein, Anführer zu sein; es scheine so, als habe sie die Kontrolle über Geist und Körper, sei aber nicht notwendigerweise eine von ihnen getrennte Entität. Es gibt also nach dem System des Prāsaṅgika keine *angeborene* Vorstellung von einem Selbst, sei sie grob oder subtil, die die Person als eine von Geist und Körper verschiedene Entität begreift.

Was die Nicht-Prāsaṅgika-Systeme als die subtile Selbstlosigkeit der Person definieren, wird von den Prāsaṅgikas als die grobe Selbstlosigkeit der Person definiert; und was die Nicht-Prāsaṅgikas als die angeborene subtile Vorstellung von einem Selbst der Person beschreiben, wird von den Prāsaṅgikas als künstlich und grob aufgefaßt. Das heißt, nach den Prāsaṅgikas stellen wir uns die Person nur dann als etwas vor, das eine von Geist und Körper verschiedene Natur oder Entität hat, wenn wir uns auf den Boden einer irrigen Philosophie stellen. Nach diesem höchsten unter den Systemen können wir den Existenzkreislauf also nicht verlassen, wenn wir die Selbstlosigkeit der Person in der Weise erkennen, wie sie von den anderen Systemen beschrieben wird. Nicht genug damit, haben die anderen Systeme auch nicht genau umreißen können, was in der groben Selbstlosigkeit von Erscheinungen widerlegt wird.

Nach den Cittamātras und den Svātantrikas sind Bodhisattvas intelligenter als Hörer, sie nehmen mit der Selbstlosigkeit von Erscheinungen eine Leerheit wahr, die tiefer und grundlegender ist und beseitigen so ein fundamentaleres Problem. Die Prāsaṅgikas betrachten dagegen das, was andere als die subtile Selbstlosigkeit der Person beschreiben als grobe Selbstlosigkeit der Person; die subtile Selbstlosigkeit der anderen wird durch die Leerheit von einer inhärent existierenden Person ersetzt. Die inhärente Existenz setzen die Prāsaṅgikas auch an die Stelle der Entitätsverschiedenheit von Subjekt und Objekt. In diesem System ist also das, was in der Theorie der Selbstlosigkeit negiert wird, in beiden Fällen inhärente Existenz – in der Selbstlosigkeit der Person und in der Selbstlosigkeit der Erscheinungen. Hier gibt es zwischen der Selbstlosigkeit der Person und der Selbstlosigkeit der Erscheinungen keinen Unterschied nach Tiefe oder Subtilität. Die Cittamātras vertreten die Meinung, die subtile Selbstlosigkeit von Erscheinungen bestehe in dem Fehlen einer Entitätsverschiedenheit von Subjekt und Objekt. Die Svātantrikas sagen, es ist das Fehlen einer Existenz, die durch mehr als nur dadurch aufgestellt wird, daß das Objekt dem Geist erscheint. Sowohl im Cittamātra als auch im Svātantrika gilt die subtile Selbstlosigkeit von Erscheinungen als subtiler als die subtile Selbstlosigkeit der Person. Um sie verstehen zu können muß man strahlender und scharfsinniger sein, und Bodhisattvas sind scharfsinniger. Wenn die Prāsaṅgikas jedoch die subtile Selbstlosigkeit der Person als die nicht inhärente Existenz der Person bestimmen und die subtile Selbstlosigkeit anderer Erscheinungen als das nicht inhärente Existieren anderer Erscheinungen, dann gibt es keinen Unterschied in der Subtilität der beiden. Wenn die eine erkannt ist, kann auch die andere erkannt werden.

Infolgedessen ist es nach dem Prāsaṅgika, dem endgültigen System in Tibet, auch unmöglich, Befreiung aus dem Existenzkreislauf zu erlangen, ohne sowohl die Leerheit der Person als auch die anderer Erscheinungen zu verstehen. In diesem System erkennen Hörer und Einsame Verwirklicher eine Selbstlosigkeit, die subtiler ist als das, was die anderen Systeme subtil nennen. Die großen Hinayana-Feind-Besieger der Vergangenheit haben diese tiefste unter den Leerheiten erkannt, und auch die Bodhisattvas erkennen keine tiefere Wirklichkeit, obwohl sie strahlender sind. Es ist lediglich so, daß sie sich über eine größere Zahl von Wegen der Beweisführung derselben Leerheit nähern.

Das Prāsaṅgika ist das einzige System des Mahayana, das die Meinung vertritt, daß alle drei Fahrzeuge gemeinsam eine Art von Erkenntnis haben. Die beiden Hinayana-Systeme von Vaibhāṣika und Sautrāntika vertreten die Meinung, daß alle drei Fahrzeuge dieselbe subtile Selbstlosigkeit erkennen, jedoch besteht diese für sie nur darin, daß die Person nicht als eine eigenständige oder substantiell existierende Entität existiert. Cittamātras und Svātantrikas meinen, daß Bodhisattvas mit der Selbstlosigkeit der Erscheinungen eine Leerheit erkennen, die tiefer ist, als die der Hörer und Einsamen Verwirklicher, welche nur eine subtile Selbstlosigkeit der Person erkennen. Von den beiden Unterteilungen des Svātantrika, dem Yogācāra-Svātantrika und dem Sautrāntika-Svātantrika, vertreten die ersteren eine grobe Selbstlosigkeit der Erscheinungen, die die gleiche ist, wie die subtile Selbstlosigkeit der Erscheinungen des Cittamātra, nämlich das Fehlen der Entitätsverschiedenheit von Subjekt und Objekt. Als Mādhyamikas vertreten sie auch eine subtile Selbstlosigkeit der Erscheinungen, die in der Leerheit von wahrer Existenz besteht, das heißt, in der Leerheit von einer Existenz, die durch nichts anderes als dadurch aufgestellt wurde, daß das Objekt dem Geist erscheint. Sie sagen, Einsame Verwirklicher meditierten über die grobe Selbstlosigkeit der Erscheinungen: über das Fehlen der Entitätsverschiedenheit von Subjekt und Objekt; Bodhisattvas meditierten über die subtile Selbstlosigkeit von Erscheinungen, das heißt, über ihre nicht wahre Existenz; Hörer meditierten über die subtile Selbstlosigkeit der Person, das heißt, über deren Nicht-Existenz als substantiell existierende oder eigenständige Entität. Im Yogācāra-Svātantrika gibt es also drei Arten von Erkenntnis.

Die Svātantrikas sagen, jedes Objekt habe seine eigene, spezifische Bestehensweise, aber keine, die nicht dadurch festgestellt wäre, daß das Objekt dem Geist erscheint. Wenn ein Zauberer zum Beispiel ein anziehendes Festmahl produziert, hat dieses eine Bestehensweise, die vom irregeführten Geist der Zuschauer festgestellt ist. Es ist die Macht des

Mantra, die das Bewußtsein von jedermann, den Zauberer eingeschlossen, beeinflußt. Die Zuschauer sind der Ansicht, daß da ein Festmahl allein aus sich heraus auf diesem Platz existiert. Dem Zauberer erscheint es zwar auch so, er glaubt es aber nicht. Er kennt seine Natur und schreibt ihm keine unabhängige Existenz zu. In der gleichen Weise erscheinen die Phänomene den verschiedenen Arten von nicht-irrigem Bewußtsein der fühlenden Wesen: Auge-, Ohr-, Nase-, Zunge-, Körper- und Geist-Bewußtsein. Dadurch, daß sie dem Geist erscheinen, wird ihre eigene, spezifische Bestehensweise festgelegt. Dabei besteht der Irrtum darin, daß man den Objekten eine Bestehensweise zugesteht, die mehr ist als abhängig davon, daß sie dem Geist erscheinen. Es ist die unabhängige Entität der Objekte, die in der Sicht der Selbstlosigkeit negiert wird.

Für die Prāsaṅgikas ist es ein Widerspruch, zu sagen, daß etwas vom Geist postuliert sei und seine eigene, spezifische Bestehensweise habe. Die Prāsaṅgikas vertreten die Meinung, daß alles – sei es die Person oder irgendeine andere Erscheinung – wie die Illusion eines Zauberers ist, insofern als es scheint, als existiere es inhärent, es aber nicht tut. Sie legen ein Negationsobjekt dar, das tiefer und subtiler ist, als jene der anderen Schulen, welche man in Tibet als Wege betrachtet, um die gröberen falschen Vorstellungen zu überwinden. Man sagt, der Grund dafür, daß der Buddha die anderen, nicht-endgültigen Systeme gelehrt habe, seien die Leute, die es entmutigt, wenn sie die tiefe Lehre nicht begreifen können, so daß ihnen eine weniger tiefe Lehre gegeben wurde, von der man ihnen sagte, es sei die tiefste.

Das grobe Gefühl von einem Selbst ist leichter zu erkennen. Wenn man uns zum Beispiel sagt: »Dein Haar glänzt aber heute!« dann gibt es da das Gefühl von einem ›Ich‹, das das Haar kontrolliert oder es besitzt. Oder manchmal, wenn man uns anklagt oder lobt, gibt es da etwas sehr Kompaktes und Beständiges, Unleugbares, Unverkennbares, beinahe Faßbares, Sehbares in einem – es ist das ›Ich‹, das angegriffen, verletzt, gelobt oder dem geholfen wurde. Manchmal, wenn wir es, während es arbeitet, mit einem es nicht beeinflussenden subtilen Bewußtsein untersuchen, scheint es sogar, als wäre es eine eigene Entität. Manchmal gleicht es auch eher einem Herrn mit seinen Untergebenen als einem Geschäftsführer und seinen Verkäufern. Dies ist die künstliche, grobe Vorstellung von einem Selbst, und vielleicht schreiten wir weiter vor, wenn wir uns auf diese konzentrieren, als wenn wir zur angeborenen groben Form übergehen.

Es muß schon ein sehr an Übung interessierter und bescheidener Anhänger einer Religion sein, der einsieht, daß er die subtilste Lehre gegenwärtig nicht bewältigt. Um dazu beizutragen, daß dieses Problem vermieden wird, geben selbst heutzutage Lehrer vor, daß sie die Ansicht von der nicht inhärenten Existenz darlegen und legen dann die Ansicht von der nicht substantiellen Existenz dar. Es ist also nicht schwer zu verstehen, daß der Buddha ein anderes System darlegt und sagt, es sei das endgültige System.

Diese Art von Vorläufigkeit (in der Belehrung) macht es notwendig, die buddhistischen Schriften in zwei Klassen zu unterteilen – in definitive Schriften und in Schriften, die einer Interpretation bedürfen. Die Unterscheidung dieser beiden gründet sich darauf, ob die Leerheit der hauptsächlich gelehrte Gegenstand ist. Wenn ja, dann ist die im Sutra besprochene Existenzweise der Erscheinungen eindeutig – genauso, wie es im Sutra gesagt wird – und bedarf keiner Interpretation. Schriften, die nicht ausdrücklich die Leerheit als ihren Hauptlehrgegenstand haben, bedürfen einer Interpretation, wenn man herausfinden will, von welcher endgültigen Existenzweise der Erscheinungen dieses Sutra spricht. Der Buddha hat zum Beispiel gesagt, es gäbe fünf Anhäufungen: Formen, Gefühle, Unterscheidungen, Zusammensetzungsfaktoren und Bewußtsein. Diese Lehre ist wörtlich, eindeutig und verläßlich, weil die Existenz von Anhäufungen durch gültige Erkenntnis bestätigt wird; trotzdem bedarf diese Lehre einer Interpretation, wenn man die endgültige Existenzweise der Anhäufungen, das heißt, ihre nicht inhärente Existenz kennenlernen will.

Auch von den Schriften, die einer Interpretation bedürfen gibt es zwei Arten: wörtlich zu nehmende Schriften, wie das angeführte Beispiel der Schrift über die Anhäufungen, und nicht-wörtlich zu nehmende. Nicht-wörtlich zu nehmende Lehren werden nicht von gültiger Erkenntnis gestützt und müssen im Sinne eines Bedürfnisses interpretiert werden, das von Seiten eines bestimmten Lernenden für eine solche Lehre besteht. Ein Beispiel: Der Buddha hat gelehrt, daß man Befreiung erlangen kann, wenn man die Vier Edlen Wahrheiten erkennt und Vertrautheit mit ihnen erreicht. Die Vier Wahrheiten sind: Wahre Leiden, Wahre Ursprünge, Wahres Aufhören und Wahre Pfade. Sie haben, kurzgefaßt, 16 Attribute:

Wahre Leiden
1 Vergänglichkeit
2 Leiden
3 Leerheit
4 Selbstlosigkeit

Wahre Ursprünge
1 Ursache
2 Ursprung
3 starkes Entstehen
4 Bedingung

Wahres Aufhören
1 Aufhören
2 Befriedung
3 Glückverheißung
4 gewisse Hervorbringung

Wahre Pfade
1 Pfad
2 Wissen
3 Verwirklichung
4 Erlösung

Alle buddhistischen Systeme sind damit der Ansicht, daß die Wahren Leiden, das heißt, die inneren und äußeren Erscheinungen des Existenzkreislaufs, vergänglich, leidhaft, leer und ohne Selbst sind.

Zusammengesetzte Dinge sind insofern vergänglich, als sie für ihre Auflösung, außer ihrem Entstehen, keiner weiteren Ursache bedürfen, denn zusammengesetzte Dinge haben die natürliche Eigenschaft der Auflösung. Das beinhaltet kein Chaos. Ebenso, wie eine Kerze in einem Raum ohne Luftbewegung stetig brennen kann, so kann auch der Geist, wenn Ruhiges Verweilen *(śamatha)* erreicht ist, auf ein beliebiges Objekt gerichtet, verweilen. Allerdings ist die Flamme des einen Augenblicks nicht mehr die Flamme des nächsten Augenblicks.

Wahre Leiden sind leidhaft insofern, als sie mit wirklichen, körperlichen und geistigen Leiden an sich zu tun haben oder, wenn sie angenehm sind, leicht zu Schmerz werden können. Sie sind leer in dem Sinne, daß es sich bei ihnen nicht um eine unvergängliche, teillose, unabhängige Person handelt und nicht um Gebrauchsobjekte einer solchen Person. Sie sind ohne Selbst, insofern es sich bei ihnen nicht um eine substantiell existierende Person handelt, noch um die Gebrauchsobjekte einer solchen Person. Dharmakīrti hat gesagt, daß die Kenntnis der Leerheit und Selbstlosigkeit das Ziel der anderen Attribute ist, und daß es diese beiden Attribute sind, die die Pfade der Befreiung aus dem Existenzkreislauf darstellen.

Nach dem Prāsaṅgika-System handelt es sich bei ihnen aber um grobe Pfade, die nur dazu dienen können den Geist zu üben, aber nicht dazu, ihn zu befreien. Erkenntnisse dieser Art können nicht als Gegenmittel für jene angeborene Vorstellung dienen, daß eine Person ihrer Natur nach oder inhärent existiert. Sie können hinführen zur Befreiung, aber nicht selbst befreien.

Deshalb sind nach den Prāsaṅgikas die Hinayana-Pfade wie sie von den Svātantrikas, Cittamātras, Sautrāntikas und Vaibhāṣikas dargelegt werden, für jene Mehrheit der Hörer und Einsamen Verwirklicher geeignet, die gegenwärtig nicht fähig sind, einen Pfad der Befreiung zu üben und einer Hilfe bedürfen, um diese Fähigkeit zu entwickeln. Weil die Anzahl der sekundären Lernenden des Hinayana die der Haupt-Lernenden übersteigt, bedarf es besonders für sie geeigneter Systeme. Wenn man versteht wie die Systeme aufeinander folgen, verliert nicht nur die Vielfalt von Annäherungsweisen ihre Widersprüchlichkeit, man wird auch von der außerordentlichen Lehrfähigkeit der Buddhas überzeugt.

Religion erfordert nicht Parteigängertum, sondern Analyse. Ein Yogi benötigt, um die Wirklichkeit zu begreifen, einen scharfen Geist, und es beeinträchtigt die Schärfe des Geistes, wenn man behauptet, daß alle Religionen in jeder Hinsicht gleich seien, was beinhalten würde, daß die Unterschiede, die bei den Lernenden und in den Übungen bestehen, ohne Folgen seien. Wer behauptet, daß alle Religionen eins sind, sagt, daß Praxis ohne Wirkung ist.

Die Behauptung von Tsong-ka-pa, daß nur der Buddha den endgültigen Pfad zur Befreiung gelehrt habe, führt uns in eine Untersuchung, die feststellen soll, ob dieser Pfad wirklich der einzige letzte Weg ist oder nicht. Eine positive Entscheidung würde auf jeden Fall einer enormen Anstrengung Vorschub leisten, denn auf dem Spiel stände dann eine Angelegenheit von großer Wichtigkeit, die sich nicht nur auf dieses kurze Leben, sondern auch auf die vielen zukünftigen Leben auswirken würde. Tsong-ka-pa fordert dazu auf, zu untersuchen, ob der buddhistische Pfad wahr ist.

Man sagt, daß der Prozeß der Entscheidung von einer irrtümlichen Vorstellung bis hin zum klaren Erfassen der Wahrheit über sieben Stufen verläuft (von unten nach oben zu lesen):[100]

7 Direkte Wahrnehmung
6 Schlußfolgernde Erkenntnis
5 Richtige Vermutung
4 Zweifel mit Tendenz zum Richtigen
3 Ausgewogener Zweifel
2 Zweifel mit Tendenz zum Unrichtigen
1 Falsche Ansicht

Wir beginnen mit einer falschen Ansicht wie: »Der Buddha, seine Lehre und jene, die seine Lehre in der rechten Weise üben, sind kein Lehrer der Befreiung, kein Pfad zur Befreiung und keine Freunde auf der Reise zur Befreiung,« oder: »Es ist eindeutig so, daß ich inhärent existiere.«

Durch Kontakt mit der buddhistischen Lehre kann aus der falschen Ansicht nun ein Zweifel mit Tendenz zum Unrichtigen werden: »Der Buddha, seine Lehre und jene, die seine Lehre in der rechten Weise üben, sind wahrscheinlich kein Lehrer, kein Pfad und keine Freunde auf der Reise zur Befreiung,« oder: »Es ist wahrscheinlich so, daß ich inhärent existiere.« Es ist Zweifel entstanden; die Festigkeit der falschen Ansicht ist hinfällig. Es ist die Zeit der Nachforschung, die zu einem ausgewogenen Zweifel führt: »Vielleicht ist der Buddha der Lehrer der Befreiung, vielleicht ist er es nicht,« oder: »Vielleicht ist es so, daß ich inhärent existiere, vielleicht nicht.«

Auf der Grundlage des Lernens, des Kontakts mit geistigen Führern und aufgrund von persönlicher Erfahrung entsteht ein Zweifel mit Tendenz zum Richtigen: »Der Buddha ist wahrscheinlich der Lehrer der Befreiung«, oder: »Es ist wahrscheinlich so, daß ich nicht inhärent existiere.« Indem man Vertrautheit mit den logischen Beweisen für die Allwissenheit und die Wirksamkeit des Pfades sowie mit den Schriften erlangt, entsteht die richtige Vermutung: »Der Buddha ist der Lehrer des Pfades zur Befreiung, seine Lehre ist der Pfad und jene, die seine Lehre in der rechten Weise üben, sind die Freunde auf der Reise zur Befreiung,« oder: »Ich existiere nicht inhärent.«

Allerdings ist diese Vermutung nicht unanfechtbar; die Entscheidung ist zwar gefallen, sie wurde jedoch nicht durch eine unanfechtbare Überzeugung ausgelöst. Eine richtige Vermutung über die Drei Juwelen von Buddha, seine Lehre und die Geistige Gemeinschaft ist deshalb nicht ausreichend; es bedarf des unerschütterlichen Wissens der Schlußfolgerung.

Die Schlußfolgerung ist ein auf Beweisführung gründendes, unanfechtbares Verständnis: »Der Buddha, seine Lehre und jene, die seine Lehre in der rechten Weise üben, verfügen über solche Qualitäten, die durch Beweisführung bestätigt werden können – Allwissenheit, vollständiges Beenden der Plagen und die Fähigkeit, auf dem Pfad eine Hilfe zu sein.« In ähnlicher Weise kann bewiesen werden, daß das ›Ich‹ nicht inhärent existiert, indem man erkennt, daß alles, was ein in Abhängigkeit Entstehendes ist, nicht inhärent existiert, und daß es sich bei dem ›Ich‹ um ein in Abhängigkeit Entstehendes handelt. Nach wiederholtem Nachforschen entsteht eine unerschütterliche Überzeugung. Durch weiteres Vertrautwerden mit dieser Überzeugung läßt sie sich bis zu einem Punkt bringen, wo sie zu einer direkten Erkenntnis wird, so wie die direkte Erkenntnis eines auf dem Pfad des Buddha basierenden Wahren Aufhörens eines gewissen Teils der Plagen, oder wie die direkte Erkenntnis der Leerheit – das heißt, der nicht inhärenten Existenz – des ›Ich‹.

Der Entwicklungsprozeß von einer falschen Ansicht bis hin zum unanfechtbaren Wissen oder zur unanfechtbaren Erkenntnis, sei diese schlußfolgernd oder direkt, stützt sich auf Studium, Untersuchung, Meditation und die Bekanntschaft mit einem geistigen Führer. Schlußfolgerndes Verständnis ist kein diskursives Nachgrübeln über Ideen und Vorstellungen. Es bedeutet, daß ein Analysevorgang in einer eindeutigen Erkenntnis seinen Abschluß gefunden hat. Im Fall der Leerheit erscheint dem Geist, der die Negation einer inhärenten Existenz feststellt, das Bild eines bloßen Leerseins. Diese Erkenntnis nennt man nur deshalb schlußfolgernd und begrifflich, weil es das *Bild* eines bloßen Leerseins von inhärenter Existenz ist, das erscheint, und nicht das bloße Leersein selbst. Der Geist ist gestillt; er hat verstanden, daß es sich bei dem ›Ich‹ um ein in Abhängigkeit Entstandenes handelt, und daß alles, was in Abhängigkeit entstanden ist, nicht inhärent existiert; nun *weiß* er, daß das ›Ich‹ nicht inhärent existiert. Schon von der Erlangung einer richtigen Vermutung über die Leerheit eines ›Ich‹, die bedeutet, daß das ›Ich‹ unter den Grundlagen für seine Bezeichnung nicht auffindbar ist, sagt man, sie sei in ihrer Wirkung so, als würde man vom Blitz getroffen. Noch viel dramatischer ist dann die schlußfolgernde Erkenntnis und auch weit davon entfernt, nur irgendein Herumhantieren mit Begriffen zu sein.

Wenn die Gewißheit der nicht-inhärenten Existenz nachläßt,

geht der Yogi den Vorgang noch einmal durch, ansonsten verbleibt er jedoch im *Ergebnis* der Beweisführung, das heißt, er verweilt in einer Erscheinung – dem bloßen Leersein von nicht-inhärenter Existenz – und in einer Gewißheit – dem eindeutigen Wissen um das Fehlen einer inhärenten Existenz. Indem der Yogi dieses bloße Leersein stabilisiert und die Erkenntnis durch weitere Analyse verstärkt, bringt er das begriffliche oder bildliche Verständnis bis zu dem Punkt, wo es zu direkter Erkenntnis wird. Das Gefühl von einem Objekt – Leerheit – und dem Subjekt – Weisheitsbewußtsein – verschwindet allmählich und es kommt zu einer Verschmelzung von Subjekt und Objekt, die so ist, als ob frisches Wasser sich in frisches Wasser ergießt.

Die sich dann ergebende Erkenntnis ist nicht-dual, aber nicht nicht-spezifisch. Ebenso wie Farben und Formen von einem Seh-Bewußtsein eindeutig und direkt wahrgenommen werden können, so kann auch das Geist-Bewußtsein die Leerheit eindeutig und direkt wahrnehmen. Das Fehlen einer inhärenten Existenz wird, gegründet auf das vorhergehende Vertrautwerden mit einer die Leerheit beweisenden Beweisführung, direkt erkannt. Diese Übung ist also weit davon entfernt sich gegen den Vorgang der Beweisführung zu wenden: sie baut selbst auf Beweisführung auf. Wenn jemand diskursivem Denken verhaftet ist, kann er allerdings nicht bis zum Abschluß der Beweisführung vordringen. Es ist so, als ob er Rauch sieht, darüber reflektiert, daß da, wo Rauch ist, auch Feuer sein muß, und diesen Vorgang immer wieder durchgeht, ohne jemals zu dem Schluß zu gelangen, daß da wirklich Feuer ist.

In dem Maß, wie man beim Anblick von Rauchwolken auf Feuer erkennen und sich dann nach diesem Wissen richten kann, so kann man durch einen ähnlichen Vorgang der Beweisführung die Natur der Erscheinungen begreifen und dann in Übereinstimmung mit dieser Erkenntnis leben. Und ebenso, wie man schließlich hinausgehen kann, um das Feuer unmittelbar zu sehen, so kann man schließlich durch die Gewöhnung an die raumgleiche Meditative Gleichgewicht-

findung auch die Leerheit ohne das Mittel des geistigen Bildes direkt wahrnehmen.
Obwohl eine Leerheit die bloße Negation inhärenter Existenz ist, ist sie doch der Überlegung zugänglich und kann schließlich auch nichtbegrifflich wahrgenommen werden. Im *Sutra des Kapitels von Kaśyapa* wird gesagt: »Kaśyapa, es ist so: Wenn der Wind zwei Zweige aneinanderreibt entsteht Feuer. Ist das Feuer entstanden, verbrennen die Zweige. In der gleichen Weise entsteht, wenn du den richtigen Verstand hast, die Fähigkeit der Weisheit eines Höheren. Durch ihr Entstehen wird der richtig untersuchende Verstand aufgezehrt.« Ein richtiges Denken überwindet falsches Denken und führt zu direktem Wissen. So wird die auf richtige Beweisführung gegründete Unterscheidung, gepaart mit einem Geist des Ruhigen Verweilens *(śamatha)*, zum wichtigsten Mittel für die Entwicklung einer direkten Einsicht. Selbst im nicht-begrifflichen Sinnesbewußtsein gibt es den Faktor der Unterscheidung – die Nicht-Vermengung der wahrgenommenen Objekte –; ohne diesen wäre alles eine verworrene Masse. Diese Fähigkeit gilt es, zuerst begrifflich und dann nicht-begrifflich, auch in bezug auf die Natur der Erscheinungen zu entwickeln. Man muß das Denken benutzen um ein indirektes Wissen von der Natur der Erscheinungen zu entwickeln, und durch Gewinnen weiterer Vertrautheit mit ihm wird es sich dann zu direktem Wissen wandeln. Ebenso wie das Seh-Bewußtsein eindeutiges, und gewiß nicht inhaltloses, Wissen von einer Farbe haben kann, so kann auch das Geist-Bewußtsein Vergänglichkeit, Leiden, Leerheit oder den Geist anderer usf. ohne das Mittel von Begriffen und Bildern erkennen.
*Einwand:* Diese Erläuterung einer Folge von Stufen der Einsicht in die Leerheit erweckt den Eindruck, als ob es da etwas Neues gäbe, das es zu entdecken gilt. Nāgārjuna sagt aber doch, daß es nicht den geringsten Unterschied zwischen dem Existenzkreislauf *(Saṃsāra)* und Nirvāṇa gibt.
*Antwort:* Das selbstlose Streben nach höchster Erleuchtung zum Heil aller fühlenden Wesen ist die Grundlage der

Bodhisattva-Praxis sowohl im Vollendungsfahrzeug als auch im Vajra-Fahrzeug. Dieses selbstlose Streben wird ausgelöst durch Liebe und Mitgefühl, die wiederum als Ergebnis davon entstehen, daß man das Leiden des Existenzkreislaufs sieht, den Wunsch entwickelt ihn zu verlassen und dieses Verständnis dann auch auf andere anwendet. Dieser Wunsch nach Verlassen des Existenzkreislaufs ist Hinayana und Mahayana gemeinsam, und im Mahayana ist er Teil sowohl des Vollendungs- als auch des Vajra-Fahrzeuges.

Das Sanskritwort ›Nirvāṇa‹ wurde in das Tibetische übersetzt mit: ›jenseits des Leidens gegangen‹; dabei wird ›Leiden‹ mit den Plagen gleichgesetzt, von denen die größte die Vorstellung von einer inhärenten Existenz ist. Bei dem Existenzkreislauf handelt es sich um den unkontrollierbaren Prozeß von Geburt, Alter, Krankheit und Tod, der von diesen Plagen ausgelöst wird. Es ist klar, daß Nāgārjuna nicht meint, der Existenzkreislauf sei der Zustand jenseits des Leidens, wenn er sagt, der Existenzkreislauf sei Nirvāṇa. Existenzkreislauf oder *Saṃsāra* bezieht sich in diesem Zusammenhang vielmehr auf konventionelle Wahrheiten, das heißt, auf alle Objekte außer den Leerheiten, und der Ausdruck ›Nirvāṇa‹ bezieht sich auf ein *natürliches Nirvāṇa,* nicht auf das Nirvāṇa, das das Wahre Aufhören alles Leidens ist. Ein natürliches Nirvāṇa ist nicht das Nirvāṇa, das in Abhängigkeit von einem Pfad entsteht, es ist einfach die Leerheit von inhärenter Existenz, die jedes Objekt seiner Natur nach hat.

Eine Leerheit wird nicht erst dadurch geschaffen, daß sie erkannt wird – was der Yogi erkennt, hat es schon immer gegeben. Natürliches Nirvāṇa *(svabhāvanirvāṇa)* läßt sich auch mit ›inhärentes Nirvāṇa‹ übersetzen, wenn ›inhärent‹ hier auch selbstverständlich nicht ›inhärent existent‹ meint. Die Auslegungstradition in Tibet betrachtet es als wichtig, darauf hinzuweisen, daß das natürliche Nirvāṇa nicht gleich dem wirklichen Nirvāṇa ist, weil das wirkliche Nirvāṇa das Wahre Aufhören aller Plagen meint.[101]

Die Behauptung, daß *Saṃsāra* nicht im mindesten vom

Nirvāṇa unterschieden ist, bedeutet also nicht, daß der die Grundlage für alle Leiden bildende unkontrollierbare Prozeß des Existenzkreislaufs das Aufhören aller Leiden wäre. Sie bezieht sich vielmehr auf die Beziehung zwischen konventionellen und endgültigen Wahrheiten.

Die Behauptung von Nāgārjuna bedeutet, daß es nicht den mindesten Unterschied gibt in den *Entitäten* von konventioneller Wahrheit – *Saṃsāra* – und ihrer Leerheit – dem natürlichen Nirvāṇa. Sie unterscheiden sich – allerdings in dem Rahmen, daß sie zu *einer* Entität gehören.

Konventionelle Wahrheiten, das heißt, alle Objekte außer den Leerheiten, sind keine endgültigen Wahrheiten oder Leerheiten. Deshalb handelt es sich bei den Zwei Wahrheiten nicht einfach um zwei Weisen, um dasselbe Objekt zu betrachten, und deshalb kann man auch nicht sagen, eine konventionelle Wahrheit, so wie ein Tisch oder ein Körper, und ihre Leerheit, das heißt ihr Freisein von einer inhärenten Existenz, seien eins. Es sind auch keine Synonyme – eine endgültige Wahrheit ist keine konventionelle Wahrheit, und eine konventionelle Wahrheit ist keine endgültige Wahrheit. Es handelt sich bei den beiden um eine Dichotomie, die alles Existierende umfaßt und bei der nichts beides sein kann – wenn etwas existiert und ist keine endgültige Wahrheit, dann muß es eine konventionelle Wahrheit sein, und wenn etwas existiert und ist keine konventionelle Wahrheit, dann muß es eine endgültige Wahrheit sein.

Wenn eine Erscheinung, etwa ein Körper, genau dasselbe wäre wie ihre Leerheit, dann würden wir die Leerheit des Körpers sehen, wenn wir den Körper sehen, und in diesem Fall wären wir befreit. Wir sind jedoch nicht befreit. Wir stellen uns gewohnheitsmäßig das Gegenteil der Leerheit vor und verwickeln uns so in die Plagen. Deshalb sind endgültige Wahrheiten und konventionelle Wahrheiten nicht dasselbe, sie sind aber auch nicht verschiedene Entitäten – wenn wir nämlich zum Beispiel bei einem Körper die Leerheit verstehen, hilft das, die falsche Vorstellung von der inhärenten Existenz des Körpers zu überwinden. Mit anderen Worten, weil die Leerheit des Körpers von inhärenter Existenz die Natur des Körpers ist, hilft ihre Erkenntnis, die falsche Vorstellung vom Körper zu überwinden. Wäre die Leerheit eine Entität und der Körper eine andere, dann hätte die gründliche Erkenntnis der Leerheit keinerlei Auswirkung auf die falsche Vorstellung von den Erscheinungen als inhärent existierenden Erscheinungen. Eine konventionelle Wahrheit, so wie ein Körper, und eine endgültige Wahrheit, so wie die Leerheit des Körpers, sind in einer Entität vereinbar – aber verschieden.

Es ist nicht so, daß endgültige Wahrheiten konventionellen Wahrheiten widersprechen – die Leerheit eines Körpers widerspricht nicht dem konventionell und gültig existierenden Körper; sie widerspricht nur seiner inhärenten Existenz. ›Konventionell‹ meint also nicht ›gewöhnlich/gebräuchlich‹, denn alle Erscheinungen erscheinen gewöhnlich dem nichtbegrifflichen Sinnesbewußtsein so, als würden sie ihre Teile abdecken und als existierten sie aus sich heraus oder in sich – was sie nicht tun. Wir kennen konventionelle Wahrheiten, so wie Häuser, Körper und Geist, wir kennen sie jedoch nicht *als konventionelle Wahrheiten*. Um sie als solche zu erkennen, müssen wir die Leerheit erkennen – die nicht inhärente Existenz der Objekte; dann können wir verstehen, daß Objekte nur nominell existieren.

Außer den Leerheiten sind alle Objekte konventionelle Wahrheiten oder ›Wahrheiten für einen verdunkelten Geist‹. Nur für einen von Unwissenheit verdunkelten Geist scheinen sie in der Weise zu existieren, in der sie erscheinen. Jedes Objekt verfügt über ein natürliches Nirvāṇa, das in seiner Leerheit von inhärenter Existenz oder darin besteht, daß es nicht in der Weise existiert, in der es erscheint. Wird dieses [Nirvāṇa] vollständig erkannt, so werden die Plagen nach und nach soweit überwunden, daß sie schließlich alle für immer beseitigt sind. Dann gibt es ein Nirvāṇa oder eine Leerheit des Geistes im Kontinuum von jemandem, der alle Plagen überwunden hat.

Um diese Verwandlung zu bewerkstelligen, kultiviert der

Yogi einen Geist, der ein Ebenbild ist vom Wahrheitskörper des Buddha. Unter Verwendung einer Beweisführung zur Analyse des Endgültigen untersucht er, ob Geist, Körper oder ›Ich‹ so existieren, wie sie erscheinen – ob sie eben gerade dort existieren, wo sich die Grundlagen für ihre Bezeichnung befinden, das heißt, ob der Geist bei den Bewußtseinsmomenten, der Körper bei Gliedern und Rumpf und ob das ›Ich‹ bei Geist und Körper existiert. Der Yogi bemüht sich ernsthaft, herauszufinden, ob die Erscheinung von inhärenter Existenz einer Analyse standhalten kann, und er findet heraus, daß sie es nicht kann. Es entsteht ihm ein ›Leersein‹ – die Negation der inhärenten Existenz, er läßt es mit seinem Geist verschmelzen und verweilt so lange wie möglich in dieser raumgleichen Meditativen Gleichgewichtfindung. Dies ist der Weisheitspfad des Vollendungsfahrzeugs – ein Pfad der Verwandlung, die dadurch bewirkt wird, daß man vor der Stufe der Wirkung ein Ebenbild jenes nicht-dualen Meditativen Gleichgewichtes kultiviert, das der Buddha nie verläßt.

Das Vajra-Fahrzeug hat darüberhinaus die besondere Eigenschaft, daß es auf dem Pfad noch ein Ebenbild des Formkörpers des Buddha kultiviert. Man kultiviert diese Ebenbilder der Körper des Buddha, um nicht nur den Geist, sondern auch den Prozeß der physischen Erscheinung umzuwandeln. Das Ziel ist immer noch die als Grundlage für das Wohl aller fühlenden Wesen dienende Buddhaschaft, jedoch benutzt man für die Ausrottung von Begierde, Haß und Unwissenheit genau diese selbst – im Rahmen von Leerheit und Gottheit-Yoga – auch auf dem Pfad. Wie der Sakya-Meister Sö-nam-tse-mo (bSod-nams-rtse-mo, 1142–1182) in seiner *Allgemeinen Darstellung der Tantraklassen*[102] sagt:

Wenn man Methode besitzt, dann dienen die [begehrenswerten] Objekte als Hilfen für die Befreiung. So wie Gift [als Medizin dient], Feuer [in der Moxibustion Verwendung findet], usf. Die Objekte sind also nicht an sich Fesseln; es sind die sich auf sie gründenden verkehrten Gedanken, die als Fesseln wirken. Indem man die Entitäten der bindenden Ursachen aufgibt, erlangt man Befreiung; also dienen die Objekte als sekundäre Ursachen für die Befreiung. Im *Hevajra Tantra* heißt es:

Von den Fesseln des Existenzkreislaufes werden wir
durch das befreit, was uns bindet – wenn es von Methode begleitet ist.

Wenn gesagt wird ›von Methode begleitet‹, was ist dann die Methode für das Aufgeben der Ursachen des Gebundenseins? . . . Man erkennt alle Objekte und Subjekte, die erscheinen, als die eigene Gottheit und genießt sie. Im *Guhyasamāja Tantra* wird gesagt:

Mache nach Wunsch Gebrauch
von allen begehrenswerten Genüssen.
Opfere sie dir selbst und anderen
durch den Yoga deiner Gottheit.

Der Nyingma-Meister Long-tschen-rab-dscham (kLong-chen-rab-'byams, 1308–63) sagt in seinem *Schatzhaus der Lehrmeinungen:*[103]

*Frage:* Wenn das Mantra-Fahrzeug etwas von einem Pfad hat, der Unreinheiten reinigt, was bedeutet es dann, daß er die Wirkung als Pfad nimmt. [Auch] das Ursachen-Fahrzeug läßt man entstehen, um Unreinheiten zu reinigen – ist es damit nicht gleich?
*Antwort:* Das Definitions-[Vollendungs-]Fahrzeug und das Mantra-Fahrzeug sind zwar insofern gleich, als sie beide gleichzeitig die Unreinheiten des Bereiches reinigen und Buddhaschaft verwirklichen, dennoch besteht ein Unterschied in der zeitlichen Nähe und Entferntheit. Und jene bloße Wärme des Pfades, um die sich das Definitionsfahrzeug über eine lange Zeit bemüht, wird vom Mantra innerhalb eines Augenblicks zum Pfad genommen. Und aufgrund des Ebenbildes des Zustandes im Mandala der Ausdehnung, das man in der Meditation kultiviert, scheinen selbst Objekte des Aufgebens als Hilfen auf. Jedoch ist es nicht direkt die letztendliche Frucht, die man tatsächlich als Pfad nimmt, deshalb ist es notwendig in der Meditation das Tiefe und das Weite zu kultivieren.

Ein bloßer Rückzug des Geistes von den Vorstellungen inhärenter Existenz oder ein Gottheit-Yoga ohne die Weisheit der Leerheit wird nicht als Gegenmittel zu den Plagen wirken. Die höchste Methode ist die Kultivation eines Gottheit-Yoga zusammen mit der Erkenntnis der Leerheit von inhärenter Existenz. Das die Leerheit erkennende und mit ihr verschmelzende Weisheitsbewußtsein erscheint als eine Gottheit; in diesem Zustand kann das, was einen vorher in den Existenzkreislauf gebunden hat, als Hilfe zur Befreiung verwendet werden.

Für den Gottheit-Yoga bedarf es der schöpferischen Einbildungskraft: der Yogi erkennt, daß seine gegenwärtigen Wahrnehmungen von den durch frühere Handlungen erzeugten Anlagen gefärbt sind und, um eine Kontrolle über diesen Erscheinungsprozeß zu gewinnen, tritt er in eine Übung ein, die einen idealen Austausch vornimmt. Indem er mit Hilfe seiner Einbildungskraft alles, was erscheint, mit Leerheit und Gottheit-Yoga verbunden sein läßt, reinigt er all die angeborenen Anlagen zu falscher Wahrnehmung und Vorstellung. Jedoch besteht für ihn immer noch der Unterschied zwischen Einbildung und Tatsache. Buddhaschaft ist nicht zu einem Produkt der Einbildung geworden. Longtschen-rab-dscham sagt:[104]

Wenn man ein Buddha geworden ist, befreit von allen Unreinheiten, erscheinen die Eigenschaften eines Landes, das vollkommen geschmückt ist und ohne Verbindung oder Trennung von Körper und Weisheit [die untrennbar miteinander verschmolzen sind]. Dies wird [im Mantra] durch die Kraft des Reinigens der Verunreinigungen, die es in der Ausdehnung gibt, verwirklicht, indem man über ein Ebenbild von einem solchen Land meditiert. Im *Padmaśekara Tantra* heißt es:

Wenn die Natur der makellosen Ausdehnung,
versehen mit den Drei Körpern, Weisheit und Land,
gereinigt ist, dann scheint sie offensichtbar und selbstleuchtend auf.
Dieses, was ein Ebenbild als Pfad nimmt,
wird zu Recht das Fahrzeug der Wirkung genannt.

Im Mantra wird das Wissen um die von jeher in der hervorragenden, inhärenten Wirkung der Ausdehnung verweilende Natur als Basis genommen und praktiziert. Deshalb wird es Wirkung-Fahrzeug genannt. Und was weiter das Reinigen der Verunreinigungen betrifft, so werden dafür Erzeugung und Vollendung kultiviert und die hinzugekommenen Verunreinigungen durch die Übung der Soheit gereinigt. Die vom Geist meditierten Götter, Mandalas usf. sind die Hervorbringungen des eigenen Geistes, es ist also keine Meditation, die die Wirkung, das heißt, die Ausdehnung mit den Göttern und Mandalas usf. direkt als den Pfad nimmt. Weil er jedoch nahe an der Bedeutung der Ausdehnung ist, sollte man ihn als den tiefen, nichttrügenden Pfad betrachten. Das Mantra-Fahrzeug ist zwar insofern dem Ursache-Fahrzeug ähnlich, als es nicht fähig ist, die Ausdehnung selbst direkt als Pfad zu nehmen, jedoch liegt ein großer Unterschied in der Nähe der Pfade [zur Frucht] wegen des Unterschiedes, [daß das Wirkung-Fahrzeug] in seinen Aspekten [mit der Frucht] übereinstimmt und das [Ursache-Fahrzeug] nicht.

Wegen seiner Ähnlichkeit mit der Wirkung und wegen der Schnelligkeit, mit der es die Wirkung entstehen läßt, wird das Vajra-Fahrzeug das Wirkung-Fahrzeug genannt. Der Prozeß der Verwandlung von Körper und Geist wird von den Eigenschaften der angestrebten Frucht geprägt. Während es im Vollendungsfahrzeug nur das Ebenbild des Wahrheitskörpers gibt und man sich für die Entwicklung eines Formkörpers auf andere Ursachen stützt, werden im Vajra-Fahrzeug Ebenbilder von beiden Körpern kultiviert. Dies ist die besondere Eigenschaft mit der dieses Fahrzeug sich von dem anderen Fahrzeug unterscheidet und abhebt. Es lebt wesentlich daraus, daß man falsche Vorstellungen von der Natur der Erscheinungen identifiziert und, nach und nach, die Bedeutung der Leerheit entdeckt. Denn es ist das die Leerheit erkennende Bewußtsein, das sich selbst als der Körper der Gottheit erscheint.

## *Die vier Tantraklassen*

Die Tantras werden in vier Klassen unterteilt: Handlung, Ausführung, Yoga und Höchster Yoga. Die Grundlage für diese Unterteilung sind die Unterschiede in den Fähigkeiten der Lernenden, Begierde auf dem Pfad zu verwenden. Wenn man die aus Anschauen, Lachen, Händehalten oder Umarmen und der Vereinigung entstehende Begierde auf dem Pfad in Verbindung mit der Leerheit und dem Gottheit-Yoga verwendet, wird die Begierde selbst aufgebraucht. Der Erste Päntschen Lama Lo-sang-tschö-kji-gjäl-tsän (bLo-bzang-chos-kyi-rgyal-mtshan, 1569–1662) sagt:[105]

Ein aus Holz entstehendes Insekt wird zwar aus Holz geboren, verzehrt es aber vollständig. In der gleichen Weise entsteht eine Große Glückseligkeit gestützt auf die Ursache einer Motivation, die in der Begierde des Anschauens, Lachens, Händehaltens oder Umarmens oder in der Vereinigung der zwei Organe besteht. Es ist die Weisheit von untrennbarer Glückseligkeit und Leerheit – das heißt, die Große Glückseligkeit, die untrennbar von einem Geist entsteht, der zur gleichen Zeit die Leerheit erkennt – die die Plagen, Begierde, Unwissenheit usf. vollständig aufzehrt.

Die Grundlagen für die Unterteilung der Tantras sind die Fähigkeiten der Haupt-Lernenden der Vier Tantras, Gebrauch zu machen von diesen vier Arten der Begierde, die den vier Arten von Befriedigung entsprechen, die man auf den verschiedenen Ebenen des Bereichs der Begierde findet. Die Götter des Landes der Dreiunddreißig und alle Wesen unterhalb von ihnen, die Menschen eingeschlossen, finden ihre Befriedigung durch die sexuelle Vereinigung. Die Götter des Landes ohne Kampf werden durch Umarmen befriedigt, die vom Freudvollen Land durch Händehalten, die vom Land der Freude an Hervorbringung durch Lachen, und die vom Land des Überwachens der Hervorbringungen anderer durch Anschauen. Abhayākara benutzt für seine Erklärung der Vier Tantras diese Götter als *Beispiele*, und Tsong-ka-pa betont, daß Abhayākara nicht meine, diese Götter seien die Haupt-

Lernenden, für die die Tantras gesprochen wurden. Es wurden vier Klassen von Tantras gelehrt, um den Fähigkeiten von vier Arten von Personen zur Benutzung von Begierde auf dem Pfad entgegenzukommen.

Alaṃkakalaśa hat dagegen gelehrt, daß die vier Tantras dargelegt worden seien, um den vier Kasten entgegenzukommen. Er erklärt:[106]

Die Handlungstantras wurden gelehrt, um den Brahmanen entgegenzukommen, denn diese finden Gefallen an Bädern und Reinlichkeit und vertreten die Ansicht, daß man durch Askese Befreiung erlangt. Sie halten ihre Kaste für wichtig und meinen, daß man durch das Wiederholen [von Mantras] und das Verbrennen von Opfergaben zur Befreiung kommt . . . Ausübungstantras lehren sowohl einen inneren Yoga von Weisheit und Methode als auch äußere Tätigkeiten; sie wurden dargelegt, um den [Mitgliedern] der Kaufmannskaste entgegenzukommen, weil diese nicht fähig sind, strenge Askese zu betreiben, sich nicht auf niedrige Handlungen einlassen und auf äußere Reinlichkeit usf. herabblicken . . . Die Yoga Tantras, [in denen die Götter und Göttinnen der Mandalas einem König mit Gefolge gleichen], wurden gelehrt, um jenen von der königlichen Kaste entgegenzukommen, weil sie keine Askese betreiben können, aber die Freuden der fünf Attribute des Bereiches der Begierde genießen . . . Die Höchsten Yoga Tantras, die den vorstellungsfreien Gebrauch der fünf Arten von Fleisch usf. ebenso wie niedere Handlungen lehren, wurden für jene von der Dienerkaste gelehrt, die, ohne jeden Sinn für Reinlichkeit, alles essen, allen Handlungen nachgehen und wenig Vorstellungen haben.

Tsong-ka-pa weist auf die Mängel dieser Interpretation hin, die vom Ersten Päntschen Lama dann weiter ausgeführt werden:[107]

Es ist falsch, wenn man die Vier Tantras vom Gesichtspunkt der vier Kasten aus festsetzt. Wenn dies bedeutet, daß die besonderen Lernenden der Vier Tantras jene von den vier Kasten seien, dann zieht das den Fehler nach sich, zu weitgefaßt zu sein, [weil nicht alle Mitglieder der Kasten Tantra üben]. Wenn es bedeutet, daß es Mitglieder der vier Kasten sein müssen, die die Haupt-Lernenden der Vier Tantras sind, dann zieht das den Fehler nach sich, zu enggefaßt zu sein, [weil die Haupt-Lernenden der Tantras aus allen Teilen der Gesellschaft kommen und nicht nur aus einer bestimmten Kaste]. Wenn es bedeutet, daß es Fälle gibt, in denen die Vier Tantras Mitglieder der vier Kasten zähmen, dann zieht das den Fehler der Unbestimmtheit nach sich, [weil es Fälle gibt, in denen eines der Vier Tantras Mitglieder aus allen vier Kasten zähmt. Dies kann also nicht für die Unterscheidung der Tantras dienen.

Tsong-ka-pa betont, daß es noch nicht einmal in überwiegendem Maß zutrifft, daß die Lernenden bestimmter Tantras aus einem bestimmten Teil der Gesellschaft kommen. Er macht die Vorstellung lächerlich, daß die Haupt-Lernenden der Yoga Tantras Mitglieder der königlichen Kaste sein müßten, nur weil diese Tantras Mandalas verwenden, denen der königliche Hof als Vorbild dient.
Es scheint eher wahrscheinlich, daß die Verbindung der Vier Tantras mit den Kasten daraus entstand, daß man die Mitglieder der jeweiligen Kaste als Beispiel anführte. Es mag zum Beispiel so sein, daß ein Meister seine Schüler ermahnt, sie sollten sich, für die Meditation ihrer selbst als Hauptfigur in einem Mandala des Yoga Tantra, als König betrachten, oder, um die strenge Reinlichkeit, die gewisse Rituale des Handlungstantra begleiten, zu praktizieren, sollten sie wie Brahmanen sein, die bekannt dafür sind, daß sie dreimal am Tag ein Bad nehmen, oder sie sollten wie ein Mitglied der niedrigsten Kaste sein, um die Nichtunterscheidung der Gedanken von Reinheit und Unreinheit im Höchsten Yoga Tantra zu üben.
Eine weitere Interpretation der Vier Tantras, von der sowohl Sö-nam-tse-mo als auch Bu-tön (Bu-ston, 1290–1364) berichten, sagt, daß die vier Riten zur Erzeugung der Gottheiten gelehrt wurden, um Personen entgegenzukommen, die den vier Schulen von Lehrmeinungen nachfolgen. Diese Tradition besagt:[108]

1 Den Vatsiputrīyas und den Aparāntaka-Vaibhāṣikas entsprechend, die in Wahrheit existierende äußere Objekte und ein unausdrückbares Selbst vertreten, gehört zum Ritus der Gottheit-Erzeugung in den Handlungstantras, daß man ein gemaltes Bild der Gottheit vor sich auslegt, Opfergaben aufbaut, badet, Reinlichkeit beachtet, ein Weisheitswesen [eine wirkliche Gottheit] einem äußeren Objekt entsprechend, vor sich hin einlädt, sich das Mantra im eigenen Herzen vorstellt und die Wiederholung [des Mantra] aufnimmt, während man die Gottheit wie einen Herrn und sich selbst wie einen Diener sieht. Wie das von diesen Schulen vertretene, unausdrückbare Selbst, ist das Weisheitswesen weder das Bild noch man selbst.

Diese Interpretation der Handlungstantras beruht darauf, daß im *Kompendium von Weisheit-Vajras,* einem Höchsten

Yoga Tantra, gelehrt wird, in den Handlungstantras gebe es den Stolz, selbst die Gottheit zu sein, ebensowenig wie das Eingehen eines Weisheitswesens in einen selbst; (dabei würde man sich selbst als Gottheit vorstellen und dann die wirkliche Gottheit, das Weisheitswesen, veranlassen einzutreten). Tsong-ka-pa erklärt jedoch in seiner Darlegung des Handlungstantra, daß diese Stelle sich nur auf die untersten Lernenden des Handlungstantra, die Furcht haben, über sich selbst als Gottheit zu meditieren, nicht aber auf seine Haupt-Lernenden bezieht, die in vollem Umfang fähig sind, Gottheit-Yoga zu üben.

2 Die Ausübungstantras, die einschließen, daß man sich selbst als ein symbolisches Wesen entstehen läßt und eine Gottheit als ein Weisheitswesen vor sich hin einlädt, wurden für die Vaibhāṣikas aus Kaschmir und für die Sautrāntikas gelehrt. Man vollzieht die Wiederholung [des Mantra] indem man die Gottheit – das Weisheitswesen vor einem – und sich selbst – das [als Gottheit vorgestellte] symbolische Wesen – wie Freunde betrachtet. Dies entspricht dem, von diesen Schulen vertretenen, endgültig existierenden Subjekt und Objekt.

Dieser scheinbaren Übereinstimmung fehlt die Grundlage, denn das Tantra-Fahrzeug ist der Lehrmeinung wie dem Pfad nach ein Teil des Mahayana. Leerheit-Yoga ist ein wesentlicher Teil der Erzeugung der Gottheit, also sind Anhänger einer Hinayana-Lehrmeinung nicht die Haupt-Lernenden irgendwelcher Tantras. Auch verkündet kein Tantra die endgültige Existenz von Subjekt und Objekt, denn das wäre das Gegenteil der Leerheit.

3 Die Yoga Tantras, die einschließen, daß man sich selbst als symbolische Gottheit erzeugt und dann das Weisheitswesen veranlaßt in einen einzutreten, wurden für die Einsamen Verwirklicher gelehrt. Dieser Ritus hat nämlich seine Entsprechung in der Meinung der Einsamen Verwirklicher, daß Objekt und Subjekt konventionell existieren.

Diese Interpretation des Yoga Tantra nimmt Bezug auf die Annahme der Yogācāra-Svātantrikas, daß die Einsamen Verwirklicher die Nicht-Wahrheit von Objekten wahrnehmen, das heißt, das Fehlen einer Entitätsverschiedenheit von Subjekt und Objekt. ›Einsamer Verwirklicher‹ ist jedoch keine der Schulen von Lehrmeinungen, sondern ein Praktizierender, dessen Pfad von allen vier Schulen von Lehrmeinungen präsentiert wird, von Vaibhāṣika, Sautrāntika, Cittamātra und Madhyamaka.

4 Die Höchsten Yoga Tantras wurden für die Anhänger des Mahayana, die Cittamātras und Mādhyamikas, gelehrt, die der Meinung sind, daß sowohl Subjekt als auch Objekt nicht endgültig sondern nur konventionell existieren. Diese Tantras beinhalten, daß man sich selbst als symbolische Gottheit erzeugt und dann das Weisheitswesen veranlaßt in einen selbst einzutreten – was der Annahme dieser Schule entspricht, daß Subjekt und Objekt konventionell existieren. Sie schließen aber nicht ein, daß man die Gottheit auffordert zu gehen – das entspricht der Annahme, daß weder Subjekt noch Objekt endgültig sind.

Auch hier ist die Übereinstimmung gering und erweckt lediglich den Eindruck, daß es einmal einen Lehrer gegeben hat, der den Unterschied in den Riten zur Erzeugung der Gottheit erläuterte, indem er einen Vergleich mit den Unterschieden zwischen den Schulen von Lehrmeinungen zog, was dann fälschlicherweise so aufgefaßt wurde, als wären die Tantras für jene Leute gelehrt worden, die diesen Schulen anhängen.

Bu-tön sagt, nachdem er über diese Tradition berichtet hat: »Tibetische Lamas haben das gesagt, aber ich habe keine Quelle dafür gesehen.« Der Kagyü-Meister Pä-ma-kar-po (Pad-ma-dkar-po, 1527–92) sagt:[109]

Einige tibetische Lehrer haben erklärt, die Unterscheidung [der Tantras] in vier Arten basiere auf einem Entgegenkommen gegenüber den [vier Arten von] Furtlern oder sie gründe auf den vier Schulen von buddhistischen Lehrmeinungen. Da in keinem Text die von ihnen zitierten Quellen erscheinen, sind diese Erklärungen nur ihre eigenen Gedanken.

Der Sakya-Meister Sö-nam-tse-mo berichtet, daß diese Tradition *beansprucht* Nāgārjuna nachzufolgen, und der Gelugpa-Meister, der Erste Päntschen Lama, bemerkt dazu:[110] »Es ist nicht richtig, daß Nāgārjuna und Jñānapāda eine solche Meinung vertreten haben, weil in keiner Schrift der beiden eine solche Darstellung gegeben wird.«

Weil Tantra die Benutzung von Begierde, Haß und Unwissenheit auf dem Pfad für die Überwindung der Plagen einschließt, und weil die Übungen darauf abgestimmt werden, daß in den Personen die eine oder andere Plage vorherrscht, wurde von vielen angenommen, daß die Vier Tantras für vier Arten von Personen gelehrt wurden, bei denen die verschiedenen Arten von Plagen vorherrschen. Es kann eine bestimmte Plage in einem Praktizierenden des Tantra vorherrschen, in dem Sinne, daß sie stärker ist als die anderen Plagen. Es ist aber nicht so, daß der Tantriker von Plagen beherrscht wird. Vielmehr steht er unter dem Einfluß von Großem Mitgefühl und sucht nach dem schnellsten Mittel, um einen Zustand zu erreichen, in dem er den leidenden fühlenden Wesen wirkungsvoll helfen kann. In seiner *Erklärung des Ritus des Guhyasamāja Mandala* sagt der Siebente Dalai Lama über die Lernenden des Höchsten Yoga Tantra:[111]

Einige sehen, daß sie, wenn sie sich auf das Vollendungsfahrzeug usf. stützen, über drei große zahllose Zeitalter hinweg die Ansammlungen [von Verdienst und Weisheit] aufhäufen müssen. Sie sehen also, daß es sie eine lange Zeit kosten würde und große Schwierigkeiten mit sich brächte. Sie sind nicht imstande solche Mühsal auf sich zu nehmen und trachten danach, Buddhaschaft in kurzer Zeit und auf einem Pfad zu erreichen, der keine Schwierigkeiten mit sich bringt. Diese Leute, die beanspruchen, daß sie aus diesem Grunde in den kurzen Pfad des Mantra eintreten, befinden sich außerhalb des Bereiches der Lernenden des Mantra. Denn, um ganz allgemein ein Anhänger des Mahayana genannt zu werden, kann man nicht nur für sich selbst nach Frieden suchen. Man muß unter dem Gesichtspunkt, daß andere einem lieber sind als man sich selbst, fähig sein, für das Wohl anderer jede Art eventuell auftretender Mühsal und Leiden zu ertragen. Da es sich bei den Lernenden des Geheimen Mantra um jene unter den Anhängern des Mahayana handelt, die über scharfe Fähigkeiten verfügen, sind Personen, die dem Wohl anderer den Rücken gekehrt haben, und für sich selbst wenig Schwierigkeiten wollen, noch nicht einmal in der Nähe des Bereiches des Höchsten Geheimen Mantra ... Den Höchsten Yoga Tantra, den geheimen kurzen Pfad, sollte man praktizieren mit der Motivation der Erzeugung eines selbstlosen Geistes: nicht imstande, [den Gedanken daran] zu ertragen, daß die fühlenden Wesen lange Zeit vom Existenzkreislauf im allgemeinen und von starkem Leiden im besonderen bedrängt werden und in dem Gedanken: »Wie schön wäre es, wenn ich gerade jetzt ein Mittel für ihre Befreiung verwirklichen könnte.«

Wie Dschang-kja (lCang-skya, 1717–86) in seiner *Darstellung von Lehrmeinungen* sagt:[112]

In den kostbaren Tantras und in vielen Kommentaren wird gesagt, daß selbst jene Lernenden des Mantra, die über geringe Fähigkeiten verfügen, weitaus größeres Mitgefühl, schärfere Fähigkeiten und ein besseres Los haben müssen, als die Lernenden mit den schärfsten Fähigkeiten im Vollendungsfahrzeug. Wenn also manche denken und behaupten, daß das Mantra-Fahrzeug für Personen gelehrt wurde, die über eine Erlangung der Erleuchtung, die langfristig und mit großer Schwierigkeit verbunden ist, den Mut verlieren, dann machen sie deutlich, daß sie die Bedeutung von Tantra nicht verstanden haben. Auch die Feststellung, daß das Mantra-Fahrzeug schneller ist als das Vollendungsfahrzeug, bezieht sich nicht einfach auf jeden, sondern nur auf jene Lernenden, die geeignete Gefäße sind. Es ist also nicht ausreichend, als Lehre das Mantra-Fahrzeug zu haben; die Person muß sich auch in der rechten Weise mit dem Mantra-Fahrzeug befassen.

Weit entfernt davon, für jene gelehrt worden zu sein, die unfähig sind, mit dem Vollendungsfahrzeug fortzuschreiten, wurden die Tantras für Personen von besonders großem Mitgefühl gelehrt, die unterschiedliche Fähigkeiten dafür mitbringen, *das* zu einem Mittel der Überwindung des Existenzkreislaufs zu machen, was üblicherweise Ursache für ihn ist.

Im Westen werden Tantra-Traditionen, die ohne Grundlage sind, weit verbreitet, wogegen in Tibet die gelehrten Yogis die vielen Traditionen, die sich mit den Gründen für die Vier Tantras beschäftigen, durchsieben, um endlich zu ihrem eigenen Standpunkt zu gelangen. Der Erste Päntschen Lama sagt:[113]

Unser eigenes System besagt, daß es einen Grund gibt, vier Eingangstore [zur Übung des Mantra] in Hinblick auf Vier Tantras aufzustellen, weil es vier Arten von Haupt-Lernenden gibt, für die das Vajra-Fahrzeug gedacht ist. Diese vier Arten werden postuliert, weil es vier Wege gibt, um die Begierde für die Attribute des Bereiches der Begierde auf dem Pfad zu benutzen und vier Arten von höheren und niederen Fähigkeiten, um jenen Yoga immer stärker werden zu lassen, der auf dem Pfad von diesen vier Weisen Gebrauch macht und der in einer Vereinigung von Weisheit, die die Leerheit erkennt, und Gottheit-Yoga besteht.

Der Päntschen Lama erwähnt eine weitere falsche Vorstellung von Tantra, die ebenfalls im Westen weit verbreitet ist:[114]

»Diejenigen vom Vollendungsfahrzeug erkennen die Natur der Erscheinungen mit Hilfe von Beispielen und Gründen, dagegen wird hier [im Mantra-Fahrzeug] die Leerheit direkt erkannt . . .«, und:[115] »Jene vom Vollendungsfahrzeug glauben und denken: ›Alle Erscheinungen sind frei von begrifflicher Vielheit‹; sie erkennen sie aber nicht dementsprechend. Hier [im Mantra-Fahrzeug] wird die Leerheit mit Hilfe vieler Methoden direkt erkannt . . .«. Tatsächlich leben nicht nur die Pfade des Tantra sondern auch die des Sutra von der nichtbegrifflichen Weisheit, und in beiden Fahrzeugen ist es im Anfang notwendig, auf Beweisführung zurückzugreifen, um die vor unserer direkten Erfahrung verborgene Natur der Erscheinungen freizulegen. Durch das wiederholte Kultivieren wird aus einem begrifflichen Wissen um die Soheit die nicht-begriffliche Weisheit. Es sind diejenigen, die die großen Texte, welche, so wie Nāgārjunas *Abhandlung vom Mittleren Weg*, die Beweisführungspfade des Mittleren Weges darlegen, nicht als Vorschriften zur Übung betrachten, die auch Tantra nur für eine andere Technik zur Erkenntnis der Leerheit halten. Sie lehnen zunächst den Pfad zum Erkennen der Leerheit als unbrauchbar ab, um dann, die Bedeutung des Tantra mißverstehend, auch die besondere tantrische Methode zur Entwicklung des Formkörpers eines Buddha – den Gottheit-Yoga – fallenzulassen.

## *Zusammenfassung der wesentlichen Punkte**

1 Der Dalai Lama lehrt, daß man Gelehrtheit, praktische Anwendung und einen guten Geist miteinander verbinden muß. Bloße Gelehrtheit in bezug auf den Unterschied zwischen den Fahrzeugen ist also nicht ausreichend.

2 Das Erzeugen eines guten Geistes ist der wesentliche Zweck davon, daß man Fahrzeuge unterscheidet; der unmittelbare Zweck besteht darin, daß man den Unterschied zwischen den Fahrzeugen kennt, um sich die Praxis zu erleichtern.

### HINAYANA UND MAHAYANA

3 Die Begriffe ›Hinayana‹ und ›Mahayana‹ lassen sich als Schulen von Lehrmeinungen oder im Sinne von Pfaden verstehen.

4 Man kann der Lehrmeinung nach ein Anhänger des Mahayana und dem Pfad nach ein Anhänger des Hinayana sein, wie im Fall der großen Feind-Besieger der Vergangenheit. Es gibt also einige, die zwar ein Mahayana-Lehrsystem annehmen können, vorerst aber nicht fähig sind, einen Pfad des Mahayana entstehen zu lassen.

5 Die beiden Hinayana-Systeme (Vaibhāṣika und Sautrāntika) und die beiden Mahayana-Systeme (Cittamātra und Madhyamaka) präsentieren jeweils einen Hinayana-Pfad (die Pfade von Hörern und Einsamen Verwirklichern) und einen Mahayana-Pfad (den Bodhisattva-Pfad).

* Einige der hier aufgeführten Punkte wurden übernommen aus *The Buddhism of Tibet and The Key to the Middle Way* vom Dalai Lama.

6 Der Grund für vier Schulen von Lehrmeinungen besteht in den unterschiedlichen Fähigkeiten der Personen, worunter auch der Stolz gehört, das Höchste haben zu wollen, auch wenn man dafür nicht geeignet ist. Es werden also niedere, nicht-endgültige Systeme so gelehrt, als wären sie endgültig.

7 Der Unterschied zwischen Hinayana und Mahayana und der Unterschied zwischen den beiden Arten von Mahayana ist im Rahmen der Tatsache zu finden, daß ›Fahrzeug‹ das meinen kann, zu dem hin man fortschreitet (die Frucht) und/oder das, mit dessen Hilfe man fortschreitet (Methode, Weisheit oder beides).

8 Es sind die gültige Grundlage und die eine Veränderung zulassende Natur des Geistes, die eine unbegrenzte Entwicklung von Methode und Weisheit möglich machen.

9 Hinayana und Mahayana unterscheiden sich in zweifacher Weise. Einmal als Fahrzeuge im Sinne von dem, auf das hin man fortschreitet, (dann ist das Hinayana der Zustand eines Feind-Besiegers, der als ein Fahrzeug sein eigenes Wohl trägt, und das Mahayana ist der Zustand eines Buddha, der als Fahrzeug das Wohl aller fühlenden Wesen trägt). Zum anderen unterscheiden sie sich, wenn man unter ›Fahrzeug‹ die Pfade versteht, mit deren Hilfe man fortschreitet; (der Unterschied zwischen Hinayana und Mahayana liegt hier besonders in der Methode und nicht in der Weisheit).

10 Vom Gesichtspunkt des Prāsaṅgika-Madhyamaka aus ist die Weisheit beider Fahrzeuge dieselbe, weil die Wurzel des Existenzkreislaufs in der Vorstellung der Person und der anderen Erscheinungen als inhärent existent besteht, und auch die Feind-Besieger, (das heißt, jene, die die Frucht der Pfade des Hinayana erreicht haben), ihre

Befreiung aus dem Existenzkreislauf dadurch erlangten, daß sie den Feind, die Plage der Unwissenheit, besiegten.

11 Zu den Pfaden des Hinayana gehört also ebenso wie zu den Pfaden des Mahayana die Erkenntnis der subtilen Leerheit, welche das Fehlen von inhärenter Existenz sowohl der Person als auch der anderen Erscheinungen ist.

12 Der Unterschied zwischen Hinayana und Mahayana, im Sinne von Fahrzeugen, durch die man fortschreitet, liegt also nicht in der Weisheit sondern in der Methode – das heißt, in der Motivation und den begleitenden Taten. Die Hinayanamotivation ist der Wunsch, für sich selbst die Befreiung aus dem Existenzkreislauf zu erlangen, dagegen besteht die Motivation des Mahayana in dem Wunsch, Buddhaschaft zu erlangen, um allen fühlenden Wesen helfen zu können.

13 Es gibt zwei Arten von Hindernissen: die Hindernisse der Plagen, (die die Befreiung vom Existenzkreislauf verhindern), und die Hindernisse zur Allwissenheit. Letztere verhindern die gleichzeitige Erkenntnis der Zwei Wahrheiten – das heißt, der endgültigen und der konventionellen Wahrheiten, oder der Leerheiten und der Objekte, die die Qualität der Leerheit haben.

14 Die Hindernisse der Plagen sind (1) die Unwissenheit, die sich die inhärente Existenz der Person und der anderen Erscheinungen vorstellt, (2) die anderen, von ihr ausgelösten Plagen und (3) deren Saat.

15 Die Hindernisse zur Allwissenheit sind die Anlagen, die durch die *Vorstellung* inhärenter Existenz festgelegt werden, dann aber sowohl die täuschende *Erscheinung* inhärenter Existenz, als auch die Unfähigkeit erzeugen, die beiden Wahrheiten direkt und gleichzeitig zu erkennen.

16 Wenn das eigene Ziel nur darin besteht, die Hindernisse der Plagen aufzugeben, dann genügt es, sich mit einigen wenigen Formen der Beweisführung der Leerheit zu nähern. Besteht das Ziel aber darin, die Hindernisse zur Allwissenheit auszurotten und dadurch Buddhaschaft zu erlangen, dann ist es notwendig, daß man sich mit unbegrenzt vielen Formen der Beweisführung der Leerheit nähert.

17 Zwischen Hinayana und Mahayana gibt es also keinen Unterschied in der *Art* der Weisheit; der Unterschied liegt in der Art des Kultivierens sowie im letztendlichen Ergebnis.

## VOLLENDUNGSFAHRZEUG UND MANTRA-FAHRZEUG

18 Die beiden Arten von Mahayana, das Vollendungsfahrzeug und das Mantra-Fahrzeug, haben dieselbe Frucht und dieselbe Weisheit. Der Unterschied liegt somit in der Methode – dem Gottheit-Yoga –, der spezifisch ist für das Tantra.

19 Jemand, der Tantra praktiziert, muß besonders großes Mitgefühl haben, so daß er es sehr eilig hat ein Buddha zu werden, damit er anderen helfen kann.

20 Die Methoden des Vollendungsfahrzeugs und des Mantra-Fahrzeugs stimmen überein in bezug auf die Basis der Praxis, den selbstlosen Erleuchtungsgeist und in bezug auf die Taten der Praxis, die Sechs Vollendungen. Deshalb ist es nicht so, daß das Mantra-Fahrzeug auf den konventionellen Erleuchtungsgeist und den endgültigen Erleuchtungsgeist verzichtet oder über ihn hinausgeht. (Der konventionelle Erleuchtungsgeist besteht in dem selbstlosen Streben zum Heil anderer und in den Bodhisattvataten; der endgültige ist die direkte Erkenntnis der Leerheit

durch den Bodhisattva.) Das Mantra hat aber noch zusätzlich die besondere Eigenschaft des Gottheit-Yoga.

21 Der Unterschied der Schnelligkeit zwischen den beiden Arten von Mahayana geht darauf zurück, daß, falls man fähig ist es zu praktizieren, man im Mantra schneller Verdienst ansammelt. Dies ist Ergebnis der Kultivation eines Gottheit-Yoga, der eine Meditation einschließt, die ein Ebenbild des Formkörpers des Buddha, seines Wohnsitzes, Vermögens und seiner Tätigkeiten kultiviert.

22 Leerheit-Yoga ist eine allgemeine Eigenschaft des buddhistischen Gottheit-Yoga, durch die dieser sich vom nicht-buddhistischen Gottheit-Yoga unterscheidet.

23 Leerheit-Yoga bedeutet, daß man ein vertrauensvolles Gleichgewicht findet in einem Leersein, das eine Negation von inhärenter Existenz sowie Ergebnis der Suche nach jenem konkret existierenden Selbst ist, das uns so fühlbar erscheint.

24 Gottheit-Yoga schließt ein, daß man den Geist, der die Leerheit erkennt und mit ihr verschmilzt, aus Mitgefühl und um anderen Wesen zu helfen, veranlaßt, sich selbst als eine Gottheit zu erscheinen.

25 ›Vajra‹ bezeichnet die untrennbare Einheit von der Weisheit, die die Leerheit erkennt, und von Mitgefühl.

26 Das Vollendungsfahrzeug hat keinen Gottheit-Yoga, allerdings verfügt es über eine Meditation, die ein Ebenbild des Wahrheitskörpers, das raumgleiche Meditative Gleichgewicht über die Leerheit, kultiviert.

27 Alle tantrischen Übungen sind entweder Gottheit-Yoga oder Leerheit-Yoga oder Übungen, die Gottheit- und Leerheit-Yoga verstärken.

28 Das Vollendungsfahrzeug *allein* ist nicht ausreichend für die Erlangung von Buddhaschaft, auch die drei unteren Tantras reichen *allein* nicht aus. Es bedarf des Höchsten Yoga Tantra um die äußerst subtilen Hindernisse zur Allwissenheit zu überwinden.

29 Der Unterschied in der Schnelligkeit von Vollendungsfahrzeug und Tantra ganz allgemein bezieht sich auf die Zeit vom Beginn des Pfades der Ansammlung an bis hin zum Pfad des Sehens, welche im Tantra weniger lange dauert, als die zahllosen Zeitalter, die das Vollendungsfahrzeug dafür benötigt.

30 Das Erlangen von Buddhaschaft in einem Leben ist eine unterscheidende Eigenschaft des Höchsten Yoga Tantra. Die größere Schnelligkeit, die das Mantra- vom Vollendungsfahrzeug unterscheidet, bedeutet also nicht notwendigerweise, daß man Buddhaschaft innerhalb eines Lebens in diesem Zeitalter des Niedergangs erreicht.

31 Die Übungen des Vollendungsfahrzeugs sind unabdingbarer und wesentlicher Bestandteil des Mantra-Fahrzeugs, deshalb sollten wir selbst Übungen, die diese ergänzen, wie die für die Erkenntnis der Leerheit förderliche (Betrachtung der) Vergänglichkeit, als etwas betrachten, das wesentlich zum Mantra-Pfad beiträgt.

# ANHANG

# *Tabelle der Struktur des Textes von Tsong-ka-pa*

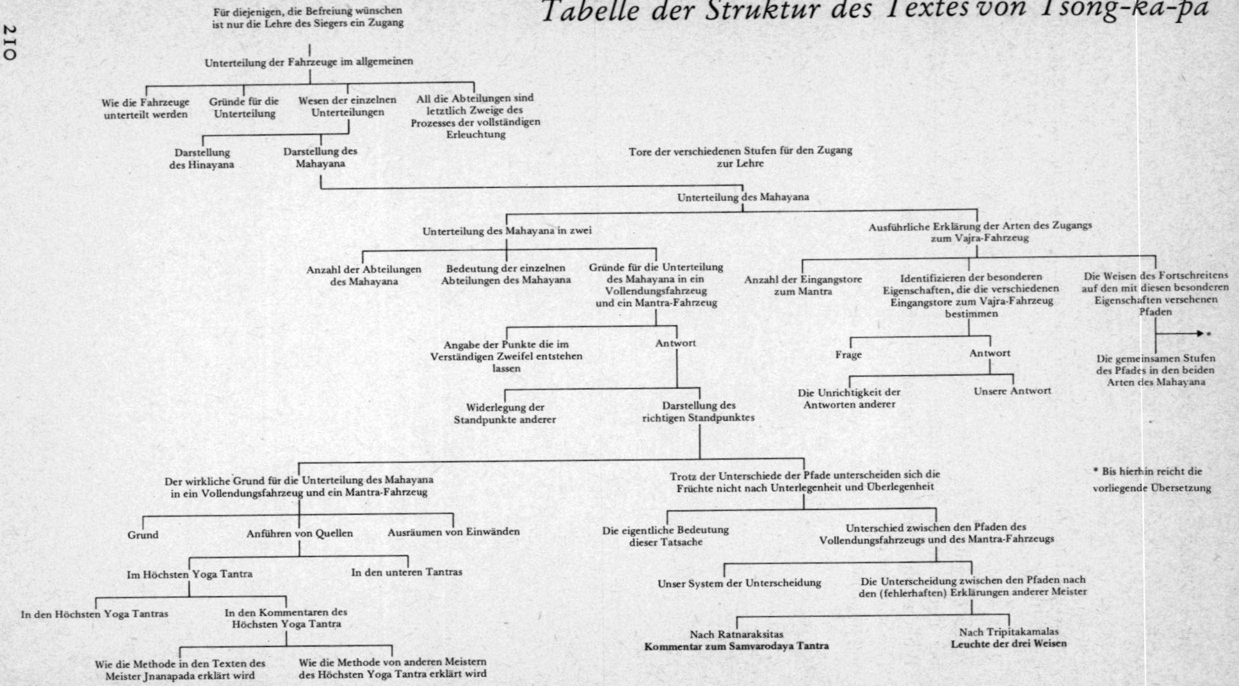


* Bis hierhin reicht die vorliegende Übersetzung

## *Zur Schreibweise und Aussprache der tibetischen und der Sanskritwörter*

Die im Text vorkommenden tibetischen Namen werden in einer Umschrift wiedergegeben, die ihrer deutschen Aussprache entspricht. Im Register, in der Bibliographie und beim ersten Auftauchen des Namens im Text ist dieser Umschrift auch noch die genaue, wissenschaftliche Transliteration beigegeben.
Ähnliches gilt auch für die, meist übersetzten, Namen der Sanskrittexte, die bei ihrem ersten Auftauchen im Text sowie im Register und in der Bibliographie mit ihrem Originaltitel ergänzt werden.
Die Schreibweise der Sanskritbegriffe und -namen folgt einer Umschrift, für die folgende, vereinfachte Ausspracheregeln gelten:

### VOKALE

Die Vokale werden ausgesprochen wie im Deutschen. Es gibt jedoch eine Unterscheidung zwischen kurzen und langen Vokalen. Ein Strich über einem Vokal zeigt seine Längung an:
Kurzes a wie in Nacht, aber langes ā wie in Abend.
Kurzes i wie in Tisch, aber langes ī wie ie in Liebe.
Kurzes u wie in Turm, aber langes ū wie in Grube.
Die folgenden Vokale sind immer lang:
e wie in Demut.
o wie in Rose.
Die Vokalkombination ai wie in Laib und au wie in Raum.

### KONSONANTEN

c wie tsch, j wie dsch, ñ wie nj in Sonja, ś und ṣ wie sch, s ist ein scharfes s wie ss, v wie w also *Vajra* wie Wadschra.
h wird immer einzeln ausgesprochen, wenn es einem Konsonanten folgt, also ch = tsch – h, ph = p – h, th = t – h usw.

# *Verzeichnis der Tibetischen Texte*

Der erste Abschnitt des folgenden Titelverzeichnisses ist alphabetisch nach den deutschen Namen der Sutras und Tantras geordnet, der zweite nach den Namen der Autoren der angeführten Kommentarliteratur. Nach dem deutschen folgen der Sanskrit- und der tibetische Name.

›P‹ bezieht sich auf den japanischen Nachdruck der Peking-Ausgabe des tibetischen Kanons: *Tibetan Tripitaka* (Tokyo-Kyoto, Suzuki Research Foundation, 1955). ›Toh‹ bezieht sich auf: *A Complete Catalogue of the Tibetan Buddhist Canons*, ed. Prof. Hakuji Ui et al. (Sendai, Japan, 1934) beziehungsweise auf: *A Catalogue of the Tohoku University Collection of Tibetan Works on Buddhism*, ed. Prof. Yensho Kanakura et. al. (Sendai, Japan, 1953) bei nicht-kanonischen Werken. ›Cone‹ bezieht sich auf die *Co ne bstan 'gyur*, Microfiche-Ausgabe des Institute for Advanced Studies of World Religions in New York. Die deutschen Titel sind in der Regel Kurztitel.

## I SUTRAS UND TANTRAS

*All-Geheimes Tantra*
Sarvarahasyanāmatantrarāja
Thams cad gsang ba rgyud kyi rgyal po
P114, vol. 5 (Toh. 481)

*Ausführlicher Ritus von Amoghapāśa*
Amoghapāśakalparāja
Don yod pa'i zhags pa'i cho ga zhib mo'i rgyal po
P365, vol. 8 (Toh. 686)

*Ausspruch der endgültigen Namen des Weisheitswesens Manjuśri*
Mañjuśrījñānasattvasya paramārthanāmasaṃgīti
'Jam dpal ye shes sems dpa'i don dam pa'i mtshan yang dag par brjod pa
P2, vol. 1 (Toh. 360)

*Die als Vajras leuchtenden Erscheinungen*
sNang ba rdo rjer 'char ba

*Guhyasamaja Tantra*
Sarvatathāgatakāyavākcittarahasyaguhyasamājanāmamahākalparāja
De bzhin gshegs pa thams cad kyi sku gsung thugs kyi gsang chen gsang ba'dus pa zhes bya ba brtag pa'i rgyal po chen po
P81, vol. 3 (Toh. 442–3)

*Hevajra Tantra*
Hevajratantrarāja
Kye'i rdo rje zhes bya ba rgyud kyi rgyal po
P10, vol. 1 (Toh. 417–8)

*Kālacakra Tantra*
Paramādibuddhoddhṛtaśrīkālacakranāmatantrarāja
mChog gi dang po'i sangs rgyas las byung ba rgyud kyi rgyal po dpal dus kyi 'khor lo
P4. vol. 1 (Toh. 362)

*Kompendium der Prinzipien*
Sarvatathāgatatattvasaṃgrahanāmamahāyānasūtra
De bzhin gshegs pa thams cad kyi de kho na nyid bsdus pa zhes bya ba theg pa chen po'i mdo
P112, vol. 4 (Toh. 479)

*Kompendium von Weisheit-Vajras*
Jñānavajrasamuccayanāmatantra
Ye shes rdo rje kun las btus pa
P84, vol. 3 (Toh. 447)

*Kurze Erklärungen der Einweihungen*
Śekhoddeśa
dBang mdor bstan pa
P3, vol. 1 (Toh. 361)

*Kleines Saṃvara Tantra*
Tantrarājaśrīlaghusaṃvara
rGyud kyi rgyal po dpal bde mchog nyung ngu'i rgyud
P16, vol. 2 (Toh. 368)

*Der Weise und der Tor*
Damamūkonāmasūtra
mDzangs blun zhes bya ba'i mdo
P1008, vol. 40 (Toh. 341)

*Paramādyatantra*
Śrīparamādyanāmamahāyānakalparāja
dPal mchog dang po zhes bya ba theg pa chen po'i rtog pa'i rgyal po
P119, vol. 5 (Toh. 487)

*Sarvavaidalyasaṃgraha*
rNam par 'thag pa thams cad bsdus pa
P893, vol. 35 (Toh. 227)

*Saṃputa Tantra*
Saṃpuṭanāmamahātantra
Yang dag par sbyor ba zhes bya ba'i rgyud
P26, vol. 2 (Toh. 381)

*Schmuck der Vajra-Essenz*
Vajrahṛdayālaṃkāratantra
rDo rje snying po rgyan gyi rgyud
P86, vol. 3 (Toh. 451)

*Sutra der Einführung in die Formen gewissen und ungewissen Fortschreitens*
Niyatāniyatagatimudrāvatāra
Nges pa dang mi nges par 'gro ba'i phyag rgya la 'jug pa
P868, vol. 34 (Toh. 202)

*Sutra der Offenbarung des Geheimen*
gSang ba lung bstan pa'i mdo

*Sutra von der Vollendung der Weisheit in Achttausend Strophen*
Aṣṭasāhasrikāprajñāpāramitāsūtra
Shes rab kyi pha rol tu phyin pa brgyad stong pa'i mdo
P734, vol. 21 (Toh. 12)

*Sutra des Kapitels von Kaśyapa*
Kaśyapaparivartasūtra
'Od srung gi le 'u 'i mdo
P760, 43, vol. 24 (Toh 87)

*Sutra des Kapitels vom Wahren*
Satyakaparivartasūtra
bDen pa po'i le'u'i mdo
(Weder in P noch Toh)

*Sutra vom Treffen von Vater und Sohn*
Pitāputrasamāgamasūtra
Yab dang sras mjal ba'i mdo
P760, 16, vol. 23 (Toh. 60)

*Tantra der Fragen des Subāhu*
Subāhuparipṛcchanāmatantra
dPung bzang gis zhus pa zhes bya ba'i rgyud
P428, vol. 9 (Toh. 805)

*Vairocanabhisaṃbodhi Tantra*
Mahāvairocanābhisaṃbodhivikurvatī-adhiṣṭhānavaipulyaparyāya
rNam par snang mdzad chen po mngon par rdzogs par byang chub pa rnam par sprul ba byin gyis rlob pa shin tu rgyas pa mdo sde'i dbang po rgyal po zhes bya ba'i chos kyi rnam grangs
P126, vol. 5 (Toh. 494)

*Vajraḍāka Tantra*
Vajraḍākaguhyatantrarāja
rDo rje mkha' 'gro gsang ba'i rgyud kyi rgyal po
P44, vol. 3 (Toh. 399)

*Vajrapāṇi Einweihungstantra*
Vajrapāṇyabhiṣekamahātantra
Lag na rdo rje dbang bskur ba'i rgyud chen mo
P130, vol. 6 (Toh. 496)

*Vajrapañjara Tantra*
Ḍākinīvajrapañjaramahātantrarājakalpa
mKha' 'gro ma rdo rje gur zhes bya ba'i rgyud kyi rgyal po chen po'i brtag pa
P11, vol. 1 (Toh. 419)

*Vajraśekhara Tantra*
Vajraśekharamahāguhyayogatantra
gSang ba rnal 'byor chen po'i rgyud rdo rje rtse mo
P113, vol. 5 (Toh. 480)

*Zusammengefaßtes Sutra von der Vollendung der Weisheit*
Sañcayagāthāprajñāpāramitāsūtra
Shes rab kyi pha rol tu phyin pa sdud pa tshigs sụ bcad pa
P735, vol. 21 (Toh. 13)

## II KOMMENTARLITERATUR

Abhayākaraguptapāda ('Jig-med-'byung-gnas-kyi-sbas-pa)
*Büschel von Kernunterweisungen, Ein Kommentar zum Saṃputa Tantra*
Saṃpuṭatantrarājaṭīkā-āmnāyamañjari
Yang dag par sbyor ba'i rgyud kyi rgyal po'i rgya cher 'grel pa man ngag gi snye ma
P2328, vol. 55 (Toh. 1198)

Alaṃkakalaśa
*Kommentar zum Vajragirlanden Tantra*
Vajramālāmahāyogatantraṭīkāgambhīrārthadīpikā
rNal 'byor chen po'i rgyud dpal rdo rje phreng ba'i rgya cher 'grel pa zab mo'i don gyi 'grel pa
P2660, vol. 61 (Toh. 1795)

Ānandagarbha (Kun-dga'-snying-po)
*Kommentar zum Guhyasamāja Tantra*
Guhyasamājamahātantrarājaṭīkā
rGyud kyi rgyal po chen po dpal gsang ba 'dus pa'i rgya cher 'grel pa
P4787, vol. 84 (Toh. 1917)
*Licht des ›Kompendium von Prinzipien‹*
Sarvatathāgatatattvasaṃgrahamahāyānābhisamayanāmatantravyākhyātattvālokakarī

De bzhin gshegs pa thams cad kyi de kho na nyid bsdus pa theg pa chen po mngon par rtogs pa zhes bya ba'i rgyud kyi bshad pa de kho na nyid snang bar byed pa
P3333, vol. 71–2 (Toh. 2510)

Āryadeva ('Phags-pa-lha)
*Vierhundert / Eine Abhandlung in vierhundert Strophen*
Catuḥśatakaśāstrakārikā
bsTan bcos bzhi brgya pa zhes bya ba'i tshig le'ur byas pa
P5246, vol. 95 (Toh. 3846)
*Leuchte eines Kompendium der Prinzipien*
Caryāmelāpakapradīpa
sPyod pa bsdus pa'i sgron ma
P2668, vol. 61 (Toh. 1803)

Asaṅga (Thogs-med)
*Abhandlungen von den Stufen*
*Stufen der yogischen Übung / Wirklichkeit der Stufen*
Yogacaryābhūmi/Bhūmivastu
rNal 'byor spyod pa'i sa
P5536–8, vol. 109–10 (Toh. 4035–7)
Nirṇayasaṃgraha
gTan la dbab pa bsdu ba
P5539, vol. 110–11 (Toh. 4038)
Vastusaṃgraha
bZhi bsdu ba
P5540, vol. 111 (Toh. 4039)
Paryāyasaṃgraha
rNam grang bsdu ba
P5542, vol. 111 (Toh. 4041)
Vivaraṇasaṃgraha
rNam par bshad pa bsdu ba
P5543, vol. 111 (Toh. 4042)

Aśvaghoṣa (rTa-dbyangs)
*Fünfzig Strophen über den Guru*
Gurupañcāśikā
bLa ma lnga bcu pa
P4544, Vol. 81 (Toh. 3731)
*Zwanzig Strophen über Bodhisattvagelübde*
Bodhisattvasaṃvaravimśaka
Byang chub sems dpa'i sdom pa nyi shu pa
P5582, vol. 114 (Toh. 4081)

Bhavabhadra
*Kommentar zum Vajraḍāka Tantra*
Śrīvajraḍākanāmamahātantrarājasya vivṛti

rGyud kyi rgyal po chen po dpal rdo rje mkha' 'gro zhes bya ba'i rnam par bshad pa
P2131, vol. 50 (Toh. 1415)

Buddhaguhya (Sangs-rgyas-gsang-ba)
*Zusammenfassung des Tantra der Fragen des Subāhu*
Subāhuparipṛcchanāmatantrapiṇḍārtha
dPung bzang gis zhus pa'i rgyud kyi bsdus pa'i don
P3496, vol. 78 (Toh. 2671)
*Zusammenfassung des Vairocanābhisaṃbodhi Tantra*
Vairocanābhisaṃbodhitantrapiṇḍārtha
rNam par snang mdzad mngon par rdzogs par byang chub pa'i rgyud kyi bsdus pa'i don
P3486, vol. 77 (Toh. 2662)
*Wortkommentar zum Vairocanābhisaṃbodhitantra*
Vairocanābhisaṃbodhivikurvitādhiṣṭhānamahātantrabhāṣya
rNam par snang mdzad mngon par byang chub pa rnam par sprul pa'i byin gyis brlabs kyi rgyud chen po'i bshad pa
P3487, vol. 77 (Toh. 2663)

Bu-tön (Bu-ston)
*Zusammengefaßte allgemeine Darstellung der Tantraklassen, ein Schlüssel, der die Tür zum kostbaren Schatz der Tantraklassen öffnet.*
rGyud sde spyi' rnam bzhag bsdus pa rgyud sde rin po che'i gter sgo 'byed pa'i lde mig
Collected Works, Part 14 pha (New Delhi, International Academy of Indian Culture, 1969), (Toh. 5167)
*Ausführliche allgemeine Darstellung der Tantraklassen, Juwelenschmuck der Tantraklassen*
rGyud sde spyi'i rnam par gzhag pa rgyud sde rin po che'i mdzes rgyan
Collected Works, Part 15 ba (New Delhi, International Academy of Indian Culture, 1969), (Toh. 5169)
*Mittellange allgemeine Darstellung der Tantraklassen, erleuchtet die Geheimnisse aller Tantraklassen.*
rGyud sde spyi'i rnam par gzhag pa rgyud sde thams cad kyi gsang ba gsal bar byed pa zhes bya ba
Collected Works, Part 15 ba (New Delhi, International Academy of Indian Culture, 1969), (Toh. 5168)

Candrakīrti (Zla-ba-grags-pa)
*Kommentar zu ›Ein Anhang zum »Mittleren Weg«‹*
Madhyamakāvatārabhāṣya
dbU ma la 'jug pa'i bshad pa
P5263, vol. 98 (Toh. 3862)

*Anhang zum ›Mittleren Weg‹*
Madhyamakāvatāra
dbU ma la 'jug pa
P5262 and 5261, vol. 98 (Toh. 3861)

Devakulamahāmati (Lha-rigs-kyi-blo-gros-chen-po)
*Kommentar zu den schwierigen Punkten im Vajrapañjara Tantra*
Ḍākinīvajrajālapañjaratantrarājasya pañjikāpauṣṭika
rGyud kyi rgyal po mkha' 'gro ma rdo rje dra ba 'i dka' 'grel de kho na nyid rgyas pa
P2326, vol. 54 (Toh. 1196)

Dharmakīrti (Chos-kyi-grags-pa)
*Sieben Abhandlungen über gültige Erkenntnis*
*Kommentar zu (Dignagas) ›Kompendium gültiger Erkenntnis‹*
Pramāṇavarttikakārikā
Tshad ma rnam 'grel gyi tshig le'ur byas pa
P5709, vol. 130 (Toh. 4210)
*Bestimmung gültiger Erkenntnis*
Pramāṇaviniścaya
Tshad ma rnam par nges pa
P5710, vol. 130 (Toh. 4211)
*Tropfen der Beweisführung*
Nyāyabinduprakaraṇa
Rigs pa'i thigs pa zhes bya ba'i rab tu byed pa
P5711, vol. 130 (Toh. 4212)
*Tropfen des Grundes*
Hetubindunāmaprakaraṇa
gTan tshigs kyi thigs pa zhes bya ba rab tu byed pa
P5712, vol. 130 (Toh. 4213)
*Untersuchung der Verbindungen*
Saṃbandhaparīkṣāvṛtti
'Brel pa brtag pa'i rab tu byed pa
P5713, vol. 130 (Roh. 4214)
*Beweisführung für die Debatte*
Vādanyāyanāmaprakaraṇa
rTsod pa'i rigs pa zhes bya ba'i rab tu byed pa
P5715, vol. 130 (Toh. 4218)
*Beweis der Kontinuen anderer*
Samṭānāntarasiddhināmaprakaraṇa
rGyud gzhan grub pa zhes bya ba'i rab tu byed pa
P5716, vol. 130 (Toh. 4219)

Dscham-jang-shä-pa ('Jam-dbyangs-bzhad-pa)
*Große Darlegung von Lehrmeinungen / Eine Darstellung von Lehrmeinungen, das Gebrüll eines fünfgesichtigen (Löwen), das den Irrtum*

*ausrottet. Eine kostbare Leuchte, die den guten Pfad zur Allwissenheit erhellt.*
Grub mtha'i rnam par bzhag pa 'khrul spong gdong lnga'i sgra dbyangs kun mkhyen lam bzang gsal ba'i rin chen sgron me
(New Delhi, Guru Deva)
*Große Darlegung des Mittleren Weges / Untersucht die Grenzen der Durchdringung in (Candrakīrtis) ›Anhang zum »Mittleren Weg«‹. Ein Schatzhaus von Schrift und Beweisführung. Erleuchtet vollständig die tiefgründige Bedeutung der Leerheit. Ein Zugang für den Glücklichen.*
dbU ma la 'jug pa'i mtha' dpyod lung rigs gter mdzod zab don kun gsal skal
bzang 'jug ngog
(Buxaduor, Gomang, 1967)

Dschang-kja (l Cang-skya)
*Darstellung von Lehrmeinungen / Deutliche Erklärung der Darstellung von Lehrmeinungen. Ein schöner Schmuck für den Meru der Lehre des Überwinders.*
Grub pa'i mtha'i rnam par bzhag pa gsal bar bshad pa thub bstan lhun po'i mdzes rgyan
(Varanasi, The Pleasure of Elegant Sayings Printing Press, 1970)

Durjayacandra (Mi-thub-zla-ba)
*Kommentar zu den schwierigen Punkten im Hevajra Tantra*
Kaumudīnāmapañjikā
Kau mu di zhes bya ba'i dka' 'grel
P2315, vol. 53 (Toh. 1185)

Gjal-tsab (rGyal-tshab)
*Essenz der Guten Darlegungen, eine Erklärung von (Āryadevas) ›Vierhundert‹*
bZhi brgya pa'i rnam bshad legs bshad snying po
(Blockdruck aus der Bibliothek des Dalai Lama; kein Ort, kein Jahr)

Indrabodhi (oder Indrabhūti)
*Kommentar zu den schwierigen Punkten im Vajrapañjara Tantra*
Ḍākinīvajrapañjaramahātantrarājasya pañjikāprathamapaṭalamukhabandha
rGyud kyi rgyal po mkha' 'gro ma rdo rje gur gyi dka' 'grel zhal nas brgyud pa
P2324, vol. 54 (Toh. 1194)

Jinadatta (rGyal-bas-byin)
*Kommentar zu den schwierigen Punkten im Guhyasamāja Tantra*
Guhyasamājatantrapañjikā
dPal gsang ba 'dus pa'i rgyud kyi dka' 'grel
P2710, vol. 63 (Toh. 1847)

Jñānakīrti (Ye-shes-grags-pa)
*Gekürzte Erklärung des Ganzen Wortes*
Tattvāvatārākhyasakalasugatavacastātparyavyākhyaprakaraṇa
De kho na nyid la 'jug pa zhes bya ba bde bar gshegs pa'i bka' ma lus pa mdor bsdus ste bshad pa'i rab tu byed pa
P4532, vol. 81 (Toh. 3709)

Jñānapāda (Ye-shes-zhabs)
*Eintritt in die Mittel der Selbstverwirklichung*
Ātmasādhanāvatāra
bDag sgrub pa la 'jug pa
P2723, vol. 65 (Toh. 1860)

Jñānaśrī (Yes-shes-dpal)
*Ausrottung der zwei Extreme im Vajrayana*
Vajrayānakoṭidvayāpoha
rDo rje theg pa'i mtha' gnyis sel ba
P4537, vol. 81 (Toh. 3714)

Kön-tschog-dschig-me-wang-po (dKon-mchog-'jigs-med-dbang-po)
*Ein kostbarer Kranz von Lehrmeinungen*
(Deutsche Übersetzung in: Der Tibetische Buddhismus, Diederichs Gelbe Reihe 13)
Grub pa'i mtha'i rnam par bzhag pa rin po che'i phreng ba
(Dharamsala, Shes-rig-par-khang, 1969)

Kṛṣṇapāda (Nag-po-zhabs)
*Erklärung des Vajrapañjara Tantra*
Ḍākinīvajrapañjaranāmamahātantrarājakalpamukhabandha
mKha' 'gro ma rdo rje gur zhes bya ba'rgyud kyi rgyal po chen po'i rtag pa'i rgyal po'i bshad sbyar
P2325, vol. 54 (Toh. 1195)

Long-tschen-rab-dscham (kLong-chen-rab-'byams/kLong-chen-pa Dri-med-'od zer)
*Kostbares Schatzhaus des höchsten Fahrzeuges*
Theg pa'i mchog rin po che'i mdzod
(Gangtok, Dodrup Chen Rinpoche, 1969 (?))
*Schatzhaus der Lehrmeinungen*
Theg pa mtha' dag gi don gsal bar byed pa grub pa'i mtha' rin po che'i mdzod
(Gangtok, Dodrup Chen Rinpoche, 1969 (?))

Long-döl-nga-wang-lo-sang (kLong-rdol Ngag-dbang-blo-bzang)
*Die im Geheimen Mantra vorkommenden Begriffe aus der Schriftabteilung der Wissenshalter*
gSang sngags rig pa 'dzin pa'i sde snod las byung ba'i ming gi grang
The Collected Works of Longdol Lama Parts 1 and 2 (New Delhi, International Academy of Indian Culture, 1973)

Lo-sang-tschö-kji-gjäl-tsän (bLo-bzang-chos-kyi-rgyal-mtshan)
*Darstellung der allgemeinen Lehre und der vier Tantraklassen*
bsTan pa spyi dang rgyud sde bzhi'i rnam par gzhag pa'i zin bris
Collected Works, vol. 4 (New Delhi, Gurudeva, 1973)

Maitreya (Byams-pa)
*Schmuck der Mahayanasutras*
Mahāyānasūtrālaṃkārakārikā
Theg pa chen po'i mdo sde'i rgyan gyi tshig le'ur byas pa
P5521, vol. 108 (Toh. 4020)
*Schmuck der Erkenntnisse*
Abhisamayālaṃkāra
mNgon par rtogs pa'i rgyan
P5184, vol. 88 (Toh. 3786)

Matṛceta und Dignāga (Phyogs-kyi-glang-po)
*Miśrakastotra*
sPel mar bstod pa
P2041, vol. 46 (Toh. 1150)

Nāgārjuna (kLu-sgrub)
Sammlungen der Beweisführung
*Abhandlung vom Mittleren Weg*
Prajñānāmamūlamadhyamakakārikā/Madhyamakaśāstra
dbU ma rtsa ba'i tshig le'ur byas pa shes rab ces bya ba
P5224, vol. 95 (Toh. 3824)
*Sechzig Strophen der Beweisführung*
Yuktiṣaṣṭikakārikā
Rigs pa drug cu pa'i tshig le'ur byas pa
P5225, vol. 95 (Toh. 3555)
*Abhandlung ›Die fein Gewebte‹*
Vaidalyasūtranāma
Zhib mo rnam par 'thag pa zhes bya ba'i mdo
P5226, vol. 95 (Toh. 3826)
*Siebzig Strophen über die Leerheit*
Śūnyatasaptatikarikā
sTong pa nyid bdun cu pa'i tshig le'ur byas pa
P5227, vol. 95 (Toh. 3827)
*Widerlegung von Einwänden*
Vigrahavyāvartanīkārikā
rTsod pa bzlog pa'i tshig le'ur byas pa
P5228, vol. 95 (Toh. 3828)
*Lob des Nicht-Begrifflichen*
Nirvikalpastava (?)
rNam par mi rtog par bstod pa
(Weder in P noch Toh.)

*Kostbare Girlande eines Rates für den König*
Rājaparikathāratnāvalī
rGyal po la gtam bya ba rin po che'i phreng ba
P5658, vol. 129 (Toh. 4158)

Pa-bong-ka-pa (Pha-bong kha-pa)
*Kurze Notizen von den Belehrungen von Dscho-ne Pandita zu der ›Großen Darlegung des Geheimen Mantra‹*
rJe btsun bla ma co ne paṇḍi ta rin po che'i zhal snga nas sngags rim chen mo'i bshad lung nos skabs kyi gsung bshad zin bris thor tsam du bkod pa
Collected Works, Volume 2 (New Delhi, Chophel Legdan, 1972)

Pä-ma-kar-po (Pad-ma-dkar-po)
*Allgemeine Darstellung der Tantraklassen, Entzückt den Weisen*
rGyud sde spyi'i rnam gzhag mkhas pa'i yid phrog
Collected Works, Volume 11 (Darjeeling, Kargyud Sungrab Nyamso Khang, 1974)

Rāhulaśrimitra (sGra-gcan-'dzin-dpal-bshes-gnyen)
*Klare Darstellung der Vereinigung*
Yuganaddhaprakāśanāmasekaprakriyā
Zung du 'jug pa gsal ba zhes bya ba'i dbang gi bya ba
P2682, vol. 62 (Toh. 1818)

Ratnākaraśānti (Shāntipa oder Rin-chen-'byung-gnas-zhi-ba)
*Kommentar zu den schwierigen Punkten im Hevajra Tantra*
Hevajrapañjikāmuktikāvalī
dGyes pa'i rdo rje'i dka' 'grel mu tig phreng ba
P2319, vol. 54 (Toh. 1189)
*Kommentar zu (Dipaṃkarabhadras) ›Vierhundertfünfzig‹*
Guhyasamājamaṇḍalavidhiṭīkā
dPal gsang ba 'dus pa'i dkyil 'khor gyi cho ga'i 'grel pa
P2734, vol. 65 (Toh. 1871)
*Eine Handvoll Blumen, Erklärung des Guhyasāmaja Tantra*
Kusumāñjaliguhyasamājanibandha
gSang ba 'dus pa'i bshad sbyar snyim pa'i me tog
P2714, vol. 64 (Toh. 1851)
*Darstellung der drei Fahrzeuge*
Triyānavyavasthāna
Theg pa gsum rnam par bzhag pa
P4535, vol. 81 (Toh. 3712)

Ratnarakṣita
*Kommentar zu den schwierigen Punkten im Saṃvarodaya Tantra*
Saṃvarodayamahātantrarājasya padminīnāmapañjikā
sDom pa 'byung ba'i rgyud kyi rgyal po chen po'i dka' 'grel
P2137, vol. 51 (Toh. 1420)

Rig-dän-pä-ma-kar-po (Rigs-ldan-pad-ma-dkar-po)
*Makelloses Licht*
Vimalaprabhānāmamūlatantrānusariṇīdvādaśasāhasrikālaghukālacakra-tantrarājaṭīkā
bsDus pa'i rgyud kyi rgyal po dus kyi 'khor lo'i 'grel bshad rtsa ba'i rgyud kyi rjes su 'jug pa stong phrag bcu gnyis pa dri ma med pa'i 'od ces bya ba
P2064, vol. 46 (Toh. 845)

Samayavajra (Dam-tshig-rdo-rje)
*Kommentar zum Kṛṣṇayamāri Tantra*
Kṛṣṇayamāritantrarājāprekṣaṇapathapradīpanāmaṭīkā
gShin rje gshed nag po'i rgyud kyi rgyal po mngon par mthong ba lam gyi sgron ma zhes bya ba'i rgya cher bshad pa
P2783, vol. 66 (Toh. 1920)

Śākyamitra (Shākya'i-bshes-gnyen)
*Kosalas Schmuck, Kommentar zum ›Kompendium von Prinzipien‹*
Kosalālaṃkāratattvasaṃgrahaṭīkā
De kho na nyid bsdus pa'i rgya cher bshad pa ko sa la'i rgyan
P3326, vol. 70–71 (Toh. 2503)

Śaṃkarapati (bDe-byed-bdag-po)
*Lob des Höchst-Göttlichen*
Devātiśayastotra
Lha las phul du byung bar bstod pa
P2004, vol. 46 (Toh. 1112)

Śāntideva (Zhi-ba-lha)
*Eintritt in die Bodhisattvataten*
Bodhisattvacaryāvatāra
Byang chub sems dpa'i spyod pa la 'jug pa
P5272, vol. 99 (Toh. 3871)

Śāntirakṣita (Zhi-ba-'tsho)
*Text über die Festsetzung der Prinzipien*
Tattvasiddhināmaprakaraṇa
De kho na nyid grub pa zhes bya ba'i rab tu byed pa
P4531, vol. 81 (Toh. 3708)

Śraddhākaravarma
*Einführung in die Bedeutung des Höchsten Yoga Tantra*
Yogānuttaratantrārthāvatarasaṃgraha
rNal 'byor bla med pa'i rgyud kyi don la 'jug pa bsdus pa
P4536, vol. 81 (Toh. 3713)

Śrīdhāra (dPal-'dzin)
*Angeborenes Licht, Kommentar zu den schwierigen Punkten des Yamāri Tantra*
Yamāritantrapañjikāsahajāloka
gShin rje gshed kyi rgyud kyi dka' 'grel lhan cig skyes pa'i snang ba
P2781, vol. 66 (Toh. 1918)

Siebter Dalai Lama Käl-sang-gja-tso (bsKal-bzang-rgya-mtsho)
*Erklärung des Ritus des Guhyasamāja Tantra*
gSang 'dus dkyil 'khor cho ga'i rnam bshad
(New Delhi, Tanzin Kunga, 1972)

Sö-nam-tse-mo (bSod-nams-rtse-mo)
*Allgemeine Darstellung der Tantraklassen*
rGyud sde spyi'i rnam par gzhag pa
(sGang-tog, 'Bras-ljongs-sa-ngor-chos-tshogs, 1969)

Tag-tsang (sTag-tshang)
*Eine Erklärung von ›Freiheit von Extremen‹ in ›Offenlegung aller Lehrmeinungen‹, Ein Ozean der Redefertigkeit* (Photographischer Nachdruck im Besitz von Khetsun Sangpo, kein Ort, kein Jahr)
Grub mtha' kun shes nas mtha' bral grub pa zhes bya ba'i bstan bcos rnam par bshad pa legs bshad kyi rgya mtsho

Tripiṭakamāla
*Leuchte der drei Weisen*
Nayatrayapradīpa
Tshul gsum gyi sgron ma
P4530, vol. 81 (Toh. 3707)

Tsong-ka-pa (Tson-kha-pa)
*Eingangstor zu den sieben Abhandlungen, Zerstreut das geistige Dunkel der Suchenden*
sDe bdun la 'jug pa'i sgo don gnyer yid kyi mun sel
(Toh. 5416)
*Die Große Darlegung des Geheimen Mantra / Die Stufen auf dem Pfad zu einem großen Vajradhāra, einem Sieger und umfassenden Herrn – offenbart all die geheimen Punkte*
rGyal ba khyab bdag rdo rje 'chang chen po'i lam gyi rim pa gsang ba kun gyi gnad rnam par phye ba
P6210, vol. 161 (Toh. 5281)
*Große Darlegung der Stufen auf dem allen Fahrzeugen gemeinsamen Pfad, Stufen auf dem Pfad zur Erleuchtung, lehrt vollständig all die Stufen in der Übung der drei Arten von Personen*
sKyes bu gsum gyi nyams su blang ba'i rim pa thams cad tshang bar ston pa'i byang chub lam gyi rim pa
P6001, vol. 152 (Toh. 5392)

Vajragarbha (rDo-rje-snying-po)
*Kommentar zur Zusammenfassung des Hevajra Tantra*
*Hevajrapiṇḍārthaṭīkā*
*Kye'i rdo rje bsdus pa'i don gyi rgya cher 'grel pa*
*P2310, vol. 53 (Toh. 1180)*

*Vinayadattva ('Dul-bas-byin)*
*Ritus des Mandala der Großen Illusion*
Gurūpadeśanāmamahāmāyāmaṇḍalopāyika
sGyu 'phrul chen mo'i dkyil 'khor gyi cho ga bla ma'i zhal snga'i man ngag ces bya ba
P2517, vol. 57 (Toh. 1645)

Vīryavajra (dPa'-bo-rdo-rje)
*Kommentar zum Saṃputa Tantra*
Sarvatantrasya nidānamahāguhyaśrīsaṃputanāmatantrarājaṭīkāratnamālā
rGyud thams cad kyi gleng gzhi dang gsang chen dpal kun tu kha sbyor zhes bya ba'i rgyud kyi rgyal po'i rgya cher bshad pa rin chen phreng ba zhes bya ba
P2329, vol. 55 (Toh. 1199)

# *Anmerkungen*

Für die vollständigen Titel in Sanskrit und tibetisch vgl. Bibliographie.

1 Vajradhāra. Wissensmantras sind Mantras, die dazu dienen, Unwissenheit aufzugeben und Wissen entstehen zu lassen. Außerdem dienen sie der Erlangung von Hellsichtigkeit usf.

2 sKyabs-mchog-dpal-bzang, der auch Sanskrit konnte.

3 bSod-nams-bzang-po.

4 P2041, vol. 46, 87.5.2–87.5.6. Tsong-ka-pa hat einige Zeilen ausgelassen, ohne dadurch die Bedeutung zu verändern.

5 Buddhas, wörtlich: »Die zur Glückseligkeit Gegangenen«.

6 P2004, vol. 46, 22.3.6.

7 Kapitel I.

8 Kapitel XII, die Anmerkungen in Klammern stammen aus Gjal-tsabs Kommentar: *Essenz der guten Darstellungen, Eine Erklärung von (Āryadevas) ›Vierhundert‹* 90b.3–91a.3 (Blockdruck aus der Bibliothek des Dalai Lama).

9 Siehe Seite 31.

10 Sein *sDe bdun la 'jug pa'i sgo don gnyer yid kyi mun sel* (Toh. 5416) enthält einen kurzen Hinweis auf diesen Vorgang; ausführlich schrieb sein Schüler Gjal-tsab über dieses Thema in seinem Kommentar zu Dharmakīrtis *Bestimmung von gültiger Erkenntnis.*

11 Siehe Bibliographie und die Seite 34.

12 P2668, vol. 61, 311.1.7–311.2.1.

13 P4530, vol. 81, 119.3.3.

14 P4532, vol. 81, 125.2.7 ff.

15 Dieses und das nächste Zitat werden von Candrakīrti in seinen *Klaren Worten,* im Kommentar zu XVIII, 5 angeführt.

16 ›Sugatas‹ und ›Könige der Lehre‹ sind Buddhas. ›Geduld‹ meint eine Leichtigkeit im Umgang mit der Leerheit.

17 Von Candrakīrti in seinen *Klaren Worten* zitiert, im Kommentar zu I.3.

18 *Klare Worte,* P5263 vol. 98, 43.5.7. ›Existiert‹ meint hier eine inhärente Existenz, ›existiert nicht‹ die Verneinung selbst einer konventionellen Existenz.

19 Siehe Bibliographie.

20 P868, vol. 34, 281.1.3 ff. (1) Ochsenkarren: Jemand, der versucht, die Weltsysteme mit einem Ochsenkarren zu durchqueren, ist nach längerer Zeit einhundert Yojanas weit vorgedrungen, wird aber vom Wind zur Umkehr gebracht. Dies ist ein Bodhisattva, der entweder selbst eine Zuneigung zum Hinayana faßt oder andere dazu veranlaßt und so seine Weisheit beeinträchtigt. (2) Elefantenwagen: Jemand, der in einhundert

Jahren zweitausend Yojanas zurücklegt und auch eine Zuneigung zum Hinayana faßt. – Die vollständige Erleuchtung dieser zwei ist ungewiß; sie werden vom Pfad der höchsten Weisheit wieder umkehren. (3) Sonne und Mond: Jemand, der die Weltsysteme eine lange Zeit lang in der Weise von Sonne und Mond durchquert. Dies ist ein Bodhisattva, der sich voll dem Mahayana widmet und seine Weisheit nicht mit einer niederen Motivation verbindet. (4) Magische Schöpfung eines Hörers: Jemand, der die Weltsysteme in der Weise der magischen Hervorbringungen eines Hörers durchquert; er hat eine noch größere Hingabe zum Mahayana, zu denen, die es üben und zu den Übungen. (5) Magische Schöpfung eines Tathagata: Jemand, der die Weltsysteme durchqueren will und dafür an einen Tathagata Bittgebete richtet. Dies ist ein Bodhisattva, der besondere Sorgfalt darauf verwendet, andere Wesen auf den Pfad zu bringen. Die vollständige Erleuchtung von diesen letzten dreien ist bestimmt; sie werden vom Pfad der höchsten Weisheit nicht umkehren.

[21] Zitiert in Nāgārjunas *Kompendium von Sutras,* P5330, vol. 102, 101.3.8 ff.

[22] P893, vol. 35, 124.5.4–124.5.7.

[23] P893, vol. 35, 125.3.4–125.3.6.

[24] P2, vol. 1, 121.3.3. Wird von Ratnākaraśānti in seiner *Darstellung der Drei Fahrzeuge* (Cone:rGyud tsu 102b.7) zitiert.

[25] P4536, vol. 81, 154.5.7.

[26] P4537, vol. 81, 159.3.4.

[27] P81, vol. 3, 200.4.2. *Man* wird erklärt als *manana* (das Bedenken) und *trā* als *trāṇana* (das Schützen). ›Alle Vajras‹ meint Körper, Rede und Geist des Übenden. XVIII, 69c–71b.

[28] P4536, vol. 81, 155.2.1.

[29] Die sechs Zweige, die das *Kālacakra Tantra* darlegt sind: Rückzug, Konzentration, Lebenskraft und Bemühung, Halten, Achtsamkeit und Meditative Gleichgewichtfindung *(pratyāhāra, dhyāna, prāṇāyāma, dhāraṇā, anusmṛti, samādhi).*

[30] P4537, vol. 81, 159.3.7.

[31] P4536, vol. 81, 155.2.3–155.2.7.

[32] P81, vol. 3, 200.1.2–200.1.4.

[33] Für eine Erklärung dieser Strophe siehe Seiten 157, 161 und 201.

[34] Der weiße und der rote Erleuchtungsgeist sind die männliche und die weibliche vitale Essenz.

[35] P11, vol. 1, 223.4.4–223.4.7.

[36] P2326, vol. 54, 293.4.5.–294.1.2.

[37] P2326, vol. 54, 293.5.6.

[38] P2325, vol. 54, 290.3.7–290.4.2.

[39] P2324, vol. 54, 288.1.5–288.1.8. Nach Tohoku ist sein Name Indrabhūti.

[40] P2326, vol. 54, 293.4.5–294.1.2.

[41] P2723, vol. 65, 28.2.6–28.3.5.

[42] Damit ist gemeint, daß man sich die Erleuchtung als etwas konkret oder inhärent Existierendes vorstellt.
[43] P2723, vol. 65, 28.3.5.
[44] P2723, vol. 65, 28.3.5.
[45] P2723, vol. 65, 28.4.8.
[46] P2723, vol. 65, 29.2.8–29.3.2.
[47] P2723, vol. 65, 29.3.3.
[48] P2734, vol. 65, 173.5.2–173.5.4.
[49] P2328, vol. 55, 180.2.8–180.3.1.
[50] P11, vol. 1, 235.2.8.
[51] P11, vol. 1, 235.3.1. Durjayacandra zitiert aus P2315, vol. 53, 272.4.4.
[52] P2781, vol. 66, 219.4.4–219.4.8.
[53] P2781, vol. 66, 219.4.8.
[54] P114, vol. 5, 57.1.5.
[55] P2783, vol. 66, 264.3.1–264.3.7.
[56] P2710, vol. 63, 236.1.1 ff.
[57] P2517, vol. 57, 316.5.5–316.5.6.
[58] P2723, vol. 65, 29.5.1 ff.
[59] P112, vol. 4, 237.5.7.
[60] P3333, vol. 71, 151.4.6–151.4.7.
[61] Cone: rGyud tsu 100b.2.
[62] Ein Leben als Weltherrscher erlangt man durch besondere, tugendhafte Handlungen (siehe hierzu *Precious Garland* von Nāgārjuna; London, George Allen & Unwin 1975, Vers 198–9). Es wird nicht dadurch erlangt, daß man meditiert, man habe den Körper usf. eines Weltherrschers.
[63] Cone: rGyud tsha 8a.6–8b.3.
[64] Cone: rGyud tshu 26b.3.
[65] P4530, vol. 81, 115.2.5–115.2.6; Kommentar bis 118.2.6.
[66] Cone: rGyud wa 46b.1 bis 48a.1.
[67] Cone: rGyud wa 47b.2.
[68] Durch die Kanäle laufen die von den Winden (Energieströmen) getriebenen Tropfen (vitalen Essenzen).
[69] Siehe Anmerkung 65. Tsong-ka-pa gibt eine Kurzfassung von Tripitakamālas Eigenkommentar, die hier in Klammern aus dem Kommentar ergänzt wird.
[70] P4530, vol. 81, 117.5.5.
[71] P4532, vol. 81, 133.2.1–133.4.7.
[72] Sie heißen Wissensfrauen *(Vidyā)*, weil gestützt auf sie das ursprüngliche, angeborene Glückseligkeitsbewußtsein entsteht, das die Soheit erkennt. Weisheit-Wissensfrauen *(Jñānavidyā)* sind ›hervorgebrachte‹ Partner, die in der Meditation vorgestellt werden, äußere Wissensfrauen sind dagegen wirkliche, physische Partner. Wenn in Abhängigkeit von einer Wissensfrau ein die Leerheit erkennendes Glückseligkeitsbewußtsein entsteht, erscheinen die Phänomene als das Spiel dieses Bewußtseins, sie sind somit von ihm gekennzeichnet oder ›gesiegelt‹. Deshalb nennt man

die Wissensfrauen auch Siegel *(Mudrā)*. Wirkliche Partner werden Versprechenssiegel genannt *(Samayamudrā)*, wenn sie durch volle Eigenschaften qualifiziert sind: (a) wenn sie die richtige Familie, das richtige Alter usf. haben, (b) wenn sie ihren Geistesstrom durch die Übung des allgemeinen Pfades zur Reifung gebracht haben und (c) wenn sie die tantrischen Versprechen einhalten. Wirkliche Partner, die nicht voll qualifiziert sind, nennt man auch Handlungssiegel *(Karmamudrā)*. Auch Versprechenssiegel können Handlungssiegel genannt werden, wenn man sich darauf bezieht, daß die Handlungen oder Taten der Begierde tatsächlich ausgeführt werden. Die meditierten Partner nennt man Weisheitssiegel *(Jñanamudrā)* aufgrund der Tatsache, daß es sich um Manifestationen handelt, die während des Gottheit-Yoga in einem Weisheitsbewußtsein entstehen, das die Leerheit erkennt. Das Große Siegel, auf das sich Tripiṭakamāla auf Seite 146 bezieht, stellt eine Untrennbarkeit von Weisheit und Methode dar. Es ist weder eine meditierte noch eine wirkliche Frau. Nach diesem [irrigen] System verhält es sich so, daß die geringeren Lernenden sich auf Handlungs-, Versprechens- und Weisheitssiegel stützen, um dem Geist die Macht zu geben, die er braucht, um das Große Siegel zu erkennen. Die besten unter den Lernenden mit guten Fähigkeiten haben, nach Tripitakamāla, keine Begierde für Handlungs-, Versprechens- und Weisheitssiegel und machen keinen Gebrauch von ihnen.

[73] Wie Tsong-ka-pa im nächsten Abschnitt sagt, machten weder Tripiṭakamāla noch Jñanakīrti genaue Angaben über den Unterschied zwischen einem Versprechens- und einem Handlungssiegel. Die Ergänzung in der Klammer stammt von Lati Rinpoche.

[74] P4532, vol. 81, 125.4.2–125.4.3.

[75] P4532, vol. 81, 134.2.6–134.2.7.

[76] P11, vol. 1, 234.1.5–234.1.6.

[77] P4536, vol. 81, 155.1.6.

[78] In seiner *Zusammengefaßten allgemeinen Darstellung der Tantraklassen* (Collected Works, 14 pha,; New Delhi, International Academy of Indian Culture, 1969; 895.2–895.7) erklärt Bu-tön diesen Standpunkt und schreibt ihn Sö-nam-tse-mo zu, der ihn, allerdings ohne sich ihm selbst anzuschließen, in seiner *Allgemeinen Darstellung der Tantraklassen* behandelt. (sGang-tog, ›Bras-ljongs-sa-ngor-chos-tshogs, 1969; 27a.4–30b.4.)

[79] In den Anmerkungen zu Bu-töns *Zusammengefaßter Darstellung der Tantraklassen* (op. cit., 896.1–896.6) wird Sö-nam-tse-mo genannt; aus dessen *Allgemeiner Darstellung der Tantraklassen* (op. cit., 30b.4–31b.5) geht jedoch deutlich hervor, daß er von dieser Ansicht nur berichtet, ohne sich ihr selbst anzuschließen.

[80] Cone: rGyud gi 3a.2–4a.3. Entspricht der Erklärung von Bu-tön in der *Ausführlichen Darstellung der Tantraklassen* (Collected Works, 15 pha, 35.7 ff.).

[81] Die Erklärung der zweiten Weise beginnt auf Seite 162.

[82] Für eine Erklärung siehe Seite 161 und 201.

[83] Der rote und der weiße Erleuchtungsgeist oder die männliche und weibliche vitale Essenz.

[84] Vollständiger Genuß, Vereinigung, Große Glückseligkeit, Nicht inhärente Existenz, Mitgefühl, Ununterbrochene Kontinuität und Nicht-Aufhören.

[85] P2328, vol. 55, 207.4.8–207.5.2.

[86] Cone: rGyud ga 291b.3–291b.5.

[87] Siegel meint in diesem Zusammenhang ein Zeichen der Hand, das – wie das Siegel das jemand auf ein Dokument setzt – eine Garantie gibt für das Symbolisierte. Hier garantiert es, daß Tārā die Fähigkeit hat, Buddhaschaft zu gewähren.

[88] P2328, vol. 55, 201.5.2.

[89] P3333, vol. 71, 146.1.5.

[90] P4530, vol. 81, 117.3.3–117.3.5.

[91] Cone: rGyud nyu 65b.4.

[92] Der Yoga der Nicht-Dualität des Tiefen (Leerheit) und des Manifesten (Erscheinen als eine Gottheit).

[93] Cone: rGyud nyu 65b.5.

[94] P4530, vol. 81, 117.3.5–117.3.6.

[95] Bewahrungsmantras sind Mantras, die dazu dienen, Worte und Bedeutungen zu behalten ohne sie zu vergessen. Außerdem bewahren sie davor, in schlechte Wanderungen zu fallen.

[96] Tsong-ka-pa bestimmt ›Mantra‹ hier vor allem als das Gewähren von Einweihung, was den Geist davor schützt, in schlechte Wanderungen usf. zu fallen. (P6187, vol. 160, 50.1.3) Für eine Etymologie von Mantra siehe Seite 10.

[97] Cone: rGyud ngi 233b.6–234a.2.

[98] P2668, vol. 61, 295.1.4–295.1.5.

[99] Die allgemeinen Quellen für die ersten beiden Themen des Anhangs sind: *Die Große Darlegung von Lehrmeinungen* (Musoorie, Dalama, 1962) von Dscham-jang-shä-pa und die Zusammenfassung dieses Textes von Kön-tschog-dschig-me-wang-po *Ein Kostbarer Kranz von Lehrmeinungen* (Dharamsala, Shes-rig-par-khang, 1969; eine deutsche Übersetzung dieses Textes bildet den zweiten Teil von ›Tibetischer Buddhismus‹, Diederichs Gelbe Reihe 13. Siehe hierzu auch Jeffrey Hopkins, Meditation on Emptiness, New York, 1980). Die Quelle für die anschließende Darlegung des Hinayana zum Bodhisattva-Pfad ist Tag-tsang (siehe Bibliographie) 28a.5.

[100] Dieser Abschnitt stützt sich zusätzlich auf mündliche Belehrungen von Kensur Lekden.

[101] Dscham-jang-shä-pa, *Große Darlegung des Mittleren Weges,* 192b.2.

[102] Op. cit., 14a.4–14b.3.

[103] (Gangtok, Dodrup Chen Rinpoche, 1969 (?)) 137a.5–137b.2.

[104] Ebenda 136a.1–136a.6.

[105] *Darstellung der allgemeinen Lehre und der vier Tantraklassen* 17b.5–18a.1.

[106] Siehe Anm. 80.

[107] *Darstellung der allgemeinen Lehre und der vier Tantraklassen* 17a.2–17a.4.

[108] Die eingerückten Passagen zu dieser Tradition sind Paraphrasen von: Sö-nam-tse-mo, *Allgemeine Darstellung der Tantraklassen* (op. cit., 30b.4–31b.5) und Bu-tön, *Zusammengefaßte allgemeine Darstellung der vier Tantraklassen* (op. cit., 89b.6 ff.).

[109] *Allgemeine Darstellung der Tantraklassen (16a.5).*

[110] *Darstellung der allgemeinen Lehre und der vier Tantraklassen* (17b.1–17b.3).

[111] 17.2–18.2.

[112] 529.18–530.8.

[113] *Darstellung der allgemeinen Lehre und der vier Tantraklassen* (17b.1–17b.3).

[114] Ebenda 7b.2–7b.3.

[115] Ebenda 8a.3.

# Register


A

Abdruck (Ergebnis) 11, 59 ff., 118 f.
*Abhandlung vom Mittleren Weg* 20, 89
*Abhandlung von den Stufen* 108
Abhaya 124, 136
Abhayākara 104, 153 f., 157, 195
Alaṃkakalaśa 151, 196
*All-Geheimes* 126
*Allgemeine Darstellung der Tantra-Klassen* 191
Ānandagarbha 127, 149 f., 159
*Angeborenes Licht, Kommentar zu den schwierigen Punkten des Yamari Tantra* 125
*Anhang zum Mittleren Weg* 20, 89
Anhäufungen, geistige und physische *(skandha, phung po)* 38, 90, 180
Aparāntaka-Vaibhāṣika 197
Asaṅga 88, 108
Aśvaghoṣa 81
Atīśa 35
*Ausführlicher Ritus von Amoghapaśa* 156
*Ausrottung der zwei Extreme im Vajra-Fahrzeug* 100, 103
*Ausspruch der endgültigen Namen des Weisheits-Wesen Mañjuśrī* 99
Ausübungstantra *(Caryātantra, spyod rgynd)* 15, 59 ff., 118 f.
Avalokiteśvara 102

B

Befreiung 141, 171, 177, 182
Begierde 33, 35, 70, 143, 157, 191, 195, 200
Bereich der Begierde *(kāmadhatu, 'dod khams)* 143
Attribute des B. 33, 69, 73, 107, 158
Besondere Einsicht *(vipaśyana, lhag mthong)* 48 f.
Bewahrungsmantra 161
Beweisführung 28, 84, 175, 177, 186, 191
Bhairava 17
Bodhisattva 39, 94, 169
Brahma 149
Buddha 39, 91, 94, 97, 136, 168
Buddha Śakyamūni 23, 156, 168
Buddhaguhya 128, 160
Buddhanatur 41 f.
Buddhapālita 35
Buddhaschaft 67
Buddhasöhne – Bodhisattvas 81
Buddhismus 15 f., 26
Bu-tön (Bu-ston) 6, 10, 197, 199
*Büschel von Kernunterweisungen* 124, 136, 153 f., 157

C

Candrakīrti 20, 35, 89
Cittamātra (sems tsam) 30, 32, 35, 88, 91, 93, 95, 106, 174 f., 177, 199

D

Dalai Lama, Vierzehnter 5
Siebenter 200
*Darstellung der Drei Fahrzeuge* 128
*Darstellung von Lehrmeinungen* 201

*Der Weise und der Tor* 28
Devakulamahāmati 113 f.
Dharmakīrti 30, 32, 83, 85, 182
*Die als Vajras leuchtenden Erscheinungen* 139
Dignāga 81
Drei Arten des Aufgebens von Unzulänglichkeiten 26
Drei Arten von Übungen 48, 76
Drei Fahrzeuge 88, 168, 171, 178
Drei Juwelen 163, 184
Drei Konzentrationen 49
Drei Plagen (Begierde, Haß und Unwissenheit) 141
Drei Schriftabteilungen 48, 103
Drug-pa-kün-leg ('Brug-pa-kun-legs) 76 f.
Dscham-jang-shä-pa ('Jam-dbyangs-bzhad-pa) 53, 175
Dschang-kja (lCang-skya) 201
Durjayacandra 125

E

*Eine Handvoll Blumen* 103
*Einführung in die Bedeutung des Höchsten Yoga Tantra* 100 f., 103, 147
Einsamer Verwirklicher *(pratyekabuddha,* rang sangs rgyas) 35, 39, 87 ff., 151, 168, 175, 198,
Fahrzeug des E. V. 16, 34
*Eintritt in die Bodhisattvataten* 42, 69, 145, 154
*Eintritt in die Mittel der Selbstverwirklichung* 117 ff., 124, 126
Einweihung 76 ff., 163
Endgültige Wahrheit *(paramārthasatya, don dam bden pa)* 54
Erkenntnis, gültige 28
*Erklärung des Ritus des Guhyasamaja Mandala* 200
Erleuchtungsgeist *(bodhicitta, byang chub sems)* 29, 51, 76, 162 f.
strebender und angewandter E. 161 f.
roter und weißer E. 109
siehe auch (selbstloses) Streben nach höchster Erleuchtung
Erscheinungen
nicht-offensichtbare, offensichtbare und leichtverborgene 28 f.
Erzeugungsstufe *(utpattikrama, bskyed rim)* 16, 24, 69 f., 116
Existenzkreislauf *(saṃsāra, 'khor ba)* 88, 92, 111, 169, 171, 177

F

Fahrzeuge, Unterteilung der F. 86 ff.
zwei Bedeutungen von F. 39, 44, 58, 109
Feind-Besieger *(arhan, dgra bcom pa)* 34, 66, 168, 177
Formkörper *(rūpakāya, gzugs sku)* 21 f., 55, 60, 106, 110, 118, 120 f., 125, 131, 148, 191, 194
*Fünfzig Strophen über den Guru* 77, 163
Furtler *(tīrthika, mu stegs pa)* 30, 85, 149

G

Geduld 98
Geheimes Mantra-Fahrzeug 100
Geist des Klaren Lichtes 41 f.
Geistiger Führer 13 f., 80, 162
Gelugpa-Orden 5 f., 54
Genußkörper, vollkommener *(Saṃbhogakāya, longs spyod sku)* 18
Geshe Gedün Lodrö 6
Glaube 32
Gottheit-Yoga 59, 65 ff., 112 ff., 137, 153, 157, 192

*Große Darlegung der Stufen auf dem allen Fahrzeugen gemeinsamen Pfad* 16, 62, 108, 164
Große Glückseligkeit *(mahāsukha, bde ba chen po)* 139, 157
Großes Fahrzeug *(mahāyāna)* 87
Großes Siegel *(mahāmudrā, phyag chen)* 71, 142, 144
*Guhyasamāja Tantra* 17, 101, 104, 148, 151
Guru (Lama) 11, 21, 162

H

Handlungssiegel *(karmamudrā, las kyi phyag rgya)* 143
Handlungstantra *(kriyātantra, bya rgyud)* 16, 49, 74
siehe auch unter Vier Tantras
Haupt-Lernender 74, 144, 149 f., 152 f., 157, 159, 195, 197
Hervorbringungskörper *(nirmāṇakāya, sprul sku)* 22, 110
*Hevajra Tantra* 114, 125, 153, 155, 191
Himmelswandlerinnen *(ḍākinī, mkha' 'gro)*, feldgeborene, angeborene und Mantra-Geborene 23 f.
Hinayana 33 ff.
H.-Pfad 96, 166, 169, 182
H.-Schulen von Lehrmeinungen 166 f.
Hindernisse, zur Allwissenheit 17, 76
zur Befreiung 76
Höchstes Yoga Tantra *(anuttarayogatantra, bla na med pa'i rgyud)* 15, 22, 44 f., 50, 74, 102, 116, 126, 132, 139, 200
Hoher Stand (*abhyudaya, mtho ris*) 27 f., 82 f., 141
Höherer Hörer *(ārya, 'phags pa)* 39, 111
Hörer *(śravaka, nyan thos)* 35, 39, 87 ff., 168, 177
Fahrzeug der H. 16, 34

I

Indrabodhi 115
Īśvara 149
Jinadatta 126
Jñānakīrti 87, 142 ff.
Jñānapāda 117 ff., 126, 151, 199
Jñānaśrī 100, 103

K

Kagyü *(bka 'brgyud)* 6, 54, 199
*Kālacakra Tantra* 31, 45 ff., 72, 102
Kanäle 57, 140, Anm. 65
Kapila 26, 81
*Kaśyapaparivarta* siehe *Sutra des Kapitels von Kaśyapa*
*Klare Darstellung der Vereinigung* 163
Klares Licht 51 ff.
subjektives und objektives K. 53 f.
*Kommentar zu den schwierigen Punkten des Guhyasamāja Tantra* 126
*Kommentar zu den schwierigen Punkten des Saṃvarodaya Tantra* 138 ff.
*Kommentar zu den schwierigen Punkten im Hevajra Tantra* 155
*Kommentar zu (Dipaṃkārabhadras) ›Vierhundertfünfzig‹* 124
*Kommentar zu (Dignāgas) ›Kompendium gültiger Erkenntnis‹* 83
*Kommentar zum Guhyasamāja Tantra* 150
*Kommentar zum Kṛṣṇayamāri Tantra* 126

*Kommentar zum Samputa Tantra* 153, 157
*Kommentar zur Zusammenfassung des Hevajra Tantra* 160
*Kompendium der Prinzipien* 126 f., 149 f., 159
*Kompendium von Weisheits-Vajras* 148, 151, 197
Körper des vollkommenen Genusses *(sambhogakāya, longs spyod sku)* 22, 110 auch Genußkörper
*Kosalas Schmuck* 127
*Kostbare Girlande* 90, 94
Kṛṣṇapada 115

L

Lati Rinpoche 6
Leerheit 28 f., 35, 113, 117, 119, 123, 129, 153, 157, 166 ff., 189
Stufen von der falschen Ansicht bis zur direkten Erkenntnis der L. 183 ff.
Lernende 39 f., 87, 93, 95, 106, 109, 148
*Leuchte der drei Weisen* 86, 136, 140 ff., 159 f.
*Leuchte eines Kompendiums der Praxis* 86, 164
*Licht des ›Kompendium der Prinzipien‹* 159
Liebe und Mitgefühl 29, 170
Lo-sang-tschö-kji-gjäl-tsän siehe Päntschen Lama
*Lob des Höchst-Göttlichen* 82
*Lob des Nicht-Begrifflichen* 90
Long-döl-nga-wang-lo-sang 6
Long-tschen-rab-dscham-pa (kLong-chen-rab-'byams) 192 f.

M

Madhyamaka *(dbU ma)* (das System) 10, 16, 32, 91, 106, 128, 175
Mādhyamika (Anhänger des Madhyamaka-Systems) 95, 199
Mahākāruṇika 17
Mahayana 33 ff.
Zwei Arten von M. 33 ff., 161 ff.
M.-Schulen von Lehrmeinungen 166 ff.
Anhänger des M. dem Pfad und der Lehrmeinung nach 169 f.
Maitreya 20, 40, 87, 110, 118, 120, 135, 139
*Makelloses Licht* 99
Mandala 76, 114, 123, 141, 161, 193, 197
Mañjughoṣa 78
Mañjuśrī 19 f., 23
Mantra von M. 19
Mantra 43 f.
Etymologie des Wortes M. 101
Matṛceta 81
Meditative Gleichgewichtfindung von Vajrasattva 47, 103
Merkmale und Zeichen (eines Buddha) 59, 65, 111, 115, 120 f., 130 f.
Methode 39, 58, 67, 112 ff., 118, 124 ff., 154
M. und Weisheit 18, 52, 142
untrennbare Einheit von Methode und Weisheit 45 f., 61, 71, 110, 114, 121, 141
Methode-Fahrzeug 47, 103
*Miśrakastotra* 81
Mitgefühl *(karuṇā)* 44
*(prajñāpāramitā, shes rab kyi pha rol tu phyin pa)* 20, 39, 90
*Mutter der Sieger* 90
Mutter-Tantra 72

N

Nāgārjuna 10, 34 f., 52, 54, 90 f., 94, 105, 128, 151, 187, 199, 202

Nicht-Duales Tantra 72
Niederes Fahrzeug *(hīnayana)* 87
Nirvana *(mya ngan las 'das pa)* 187 f.
natürliches N. 188, 190

P

Pa-bong-ka-pa 6
*Padmaśekhara Tantra* 193
Päma Karpo (Pad ma dkar po) 6, 199
Päntschen Lama, Erster, Lo-sang-tschö-kji-gjäl-tsän (bLo bzang chos kyi rgyal mtshan) 195, 199, 201
*Paramādya Tantra* 156
Pfad *(mārga, lam)* 58, 120, 124, 131, 134 ff.
der Befreiung 31, 93
der Ansammlung *(saṃbharamārga, tshogs lam)*, Vorbereitung *(prayoga, sbyor lam)*, des Sehens *(darśanamārga, mthong lam)*, der Meditation *(bhāvanāmārga, bsgom lam)* 68
in Hinayana und Mahayana 172
Plagen *(kleśa, nyon mongs)* 25, 35, 38, 56, 111, 141, 168
siehe auch unter Begierde und Drei Plagen
Prāsaṇgika-Madhyamaka *(dbu ma thal 'gyur)* 30 f., 166, 176 ff.

R

Rab-dschor-kjang (Rab 'byor bskyangs) 149
Rāhulaśrīmitra 163
Ratnākaraśānti 103 f., 124, 128 f., 155
Ratnarakṣita 69
Religion 181
Rig-dän-pä-ma-kar-po (Rigs ldan pad ma dkar po) 102
*Ritus des Mandala der Großen Illusion* 126
Ruhiges Verweilen *(śamatha, zhi gnas)* 48 f., 181, 187

S

Sakya 6, 54, 191, 199
Sakya Pandita 52, 54
Śākyamitra 127
Śākyamuni Buddha 168
Samayavajra 126
*Sammlungen der Beweisführungen (rigs tshogs)* 91
*Saṃputa Tantra* 107, 134, 136, 153
Samvara 17
*Saṃvarodaya Tantra* 139
Śāntideva 35, 69 f., 145, 154
Śāntiraksita 135 f.
*Sarvavaidalyasaṃgraha* 98
Sarvavid 17
Sautrāntika *(mdo sde pa)* 30, 35, 88, 93, 198
Sautrāntika-Svātantrika 178
*Schmuck der Erkenntnisse* 20, 110, 135, 139
*Schatzhaus der Lehrmeinungen* 192
*Schmuck der Mahayanasutras* 87, 98, 110, 120 f., 135, 141
*Schmuck der Vajra-Essenz* 153, 160
Schöpfer der Welt 30
Schriften, zwei und drei Abteilungen von S. 87
definitive S. und S. die einer Interpretation bedürfen 180
Schriftabteilung der Wissenshalter 103 f.
Sechs Vollendungen *(pāramitā, pha rol tu phyin pa)* 39, 47, 51, 54, 94, 104, 106, 110, 164, 170
Sechs Zweige (des *Kālacakra Tantra)* 46

*Sechzig Strophen der Beweisführung* 92
Selbstlosigkeit *(nairātmya, bdag med)* 35 ff., 84, 89 f., 93
der Person 35 ff., 89 f., 113, 168, 173 ff., 182, 205 siehe auch Leerheit
anderer Erscheinungen (außer der Person) 36, 38 f., 89 f., 91, 113, 143, 173 ff., 205
in den Schulen von Lehrmeinungen 173 ff.
Siddhis *(dngos grub)* 11, 58 f., 65
acht S. 66
allgemeine S. 68
Siegel *(mudrā, phyag rgya)* 132 f., 157
Sieger *(jina, rgyal ba)* = Buddha 11, 17 f., 129
*Sieben Abhandlungen* 32, 85
Sieben Zweige 73, 154
Soheit *(tathātā, de bzhin nyid)* 111, 122
Sö-nam-tse-mo (bsod nams rtse mo) 191, 197, 199
Söhne der Sieger = Bodhisattvas 98, 162
Śraddhākaravarma 100 f., 103, 146
Śrīdhāra 125
Stärke 11
*Stufen auf dem allen Fahrzeugen gemeinsamen Pfad siehe Große Darlegung der Stufen ...*
Sugata = Buddha 81
*Sutra der Einführung in die Formen des gewissen und des ungewissen Fortschreitens* 95
*Sutra der Offenbarung des Geheimen* 100
*Sutra des Kapitels vom Wahren* 97, 99
*Sutra des Kapitels von Kaśyapa* 70, 139, 187
*Sutra vom Treffen von Vater und Sohn* 69, 138
*Sutras von der Sicht des Nur-Geist* 16
*Sutras von der Vollendung der Weisheit* 10, 16, 38, 105
Svātantrika-Madhyamaka *(dbU ma rang rgyud)* 30, 35, 88, 93, 176 f.
Systeme, religiöse 15
von Lehrmeinungen *(siddhānta, grub mtha')* vier, siehe unter Vaibhāṣika, Sautrāntika, Cittamātra und Madhyamaka (Svātantrika-M. und Prāsaṅgika-M.)

T

Tag-tsang (sTag tshang) 72
Tantra, ein Kontinuum 104
*Tantra des Subāhu* 103
Tathāgata = Buddha 97, 121, 127 f.
*Text über die Festsetzung der Prinzipien* 135
Traumbeispiel 175
Tripiṭakamāla 33, 70 ff., 86 f., 136, 140 ff., 159 f.
Tropfen *(bindu, thig le)* 57, 140, Anm. 65
Tsong-ka-pa (btsong kha pa) 5, 19, 51 f., 54, 183, 195

U

U-ma-pa-pa-wo-dor-dsche (dbU ma pa dpa'bo rdo rje) 19 f.
Ursache der Reifung 131
Ursache-Fahrzeug = Vollendungsfahrzeug 100
Ursache von gleicher Art 131
Ursache-Wirkung-Fahrzeug =

Vollendungs- und Mantra-Fahrzeug zusammen 100

V

Vaibhāṣika *(bye brag tu smra ba)* 30, 35, 93,
aus Kaschmir 88, 198
Vairocana 17
*Vairocanābhisaṃbodhi Tantra* 68 f., 156
Vajra 18, 47, 127
Vajra-Element 127, 152
Vajra-Fahrzeug *(vajrayāna, rdo rje theg pa)* 100 ff., 188, 191
*Vajraḍāka Tantra* 132
*Vajraḍākavṛtti* 132
Vajradhāra 15, 17 f., 21, 78, 134
Vajragarbha 160
Vajrapāṇi 22, 78
*Vajrapāṇi Einweihungstantra* 161
*Vajrapañjara Tantra* 113, 115, 124 f., 147
Vajrasattva 134 f.
*Vajraśekhara* 156
Vajrayana 43 ff.
Vater-Tantra 72
Vatsiputrīya 197
Versprechenssiegel *(samayamudrā, dam tshig gi phyag rgya)* 143 f.
Vier Arten von Begierde 56, siehe auch unter Anschauen, Lachen usf.
Vier Früchte siehe Vier vollkommene Reinheiten
Vier Konzentrationen 30
Vier Schulen von Lehrmeinungen *(siddhānta, grub mtha')* 35, 149, 199
siehe auch unter Vaibhāṣika, Sautrāntika, Cittamātra, Madhyamaka (Svātantrika-M. und Prāsaṇgika-M.
Vier Tantras = Vier Tantraklassen 72, 108, 141, 147 ff.
entsprechen den vier Kasten 72 f., 151, 196 f.
entsprechen den vier Arten von Furtlern 149 f.
entsprechen den Vier Schulen von Lehrmeinungen 197 ff.
Lernende der V.T. 158 f.
Bedeutungen der Namen der V.T. 159
Vier vollkommene Reinheiten 44 f., 47, 101
Vier Wahrheiten *(catvāri ārya satyāni, 'phags pa bden pa bzhi)* 87, 93, 144
Sechzehn Aspekte der V.W. 91, 181
*Vierhundert* 83
Vinayadatta 126
Vīryavajra 153
Viṣṇu 149 f.
Vollendung des Gebens 71, 141
Vollendungsfahrzeug *(pāramitāyāna, phar phyin theg pa)* 46, 51, 70, 111, 116 f., 129, 135, 141, 145, 188
Unterschied zwischen Mantra-Fahrzeug und V. 137
Vollendungsstufe *(niṣpannakrama, rdzogs rim)* 16, 23, 117
Vorstellung von einem Selbst 30 f.
angeborene (falsche) V. 37, 176
Vorstellung von inhärenter Existenz 30 f., 35, 38

W

Wahrheitskörper *(dharmakāya, chos sku)* 58, 106, 110, 116, 118 ff., 125, 128, 148, 191, 194
zwei Aspekte des W. 21
Weisheit 58, 110, 122
Weisheit-Wahrheitskörper *(jñānadharmakāya, ye shes chos sku)* 21, 60

Wesen-Wahrheitskörper *(svabhāvikakaya, ngo bo nyid sku)* 21, 94
Weltherrscher 65, 130
Winde *(prāṇa, rlung)* 35, 57, 64, 140, Anm. 65
Wirklich Gute, das = Befreiung, *(niḥśreyasa, nges legs)* 27 f., 46, 66, 82 f.
*Wirklichkeit der Stufen* 88
Wirkung-Fahrzeug = Mantra-Fahrzeug 46 f., 100
Wissensfrau *(vidyā, rig ma)* 71, 142 ff., 158,
äußere 71, 73
vorgestellte 71
Wissensmantras 22, 103
*Wortkommentar zum Vairocanābhisaṃbodhi Tantra* 160

Y

Yāna *(theg pa)* = Fahrzeug 39
Yoga mit Zeichen 49, 51, 128
Yoga ohne Zeichen 49, 51, 128
Yoga Tantra *(rnal 'byor rgyud)* 15, 50, 73, 126 f.
Yogācara-Svātantrika 178, 198

Z

Zeitalter des Niedergangs 68 f.
*Zusammenfassung des Vairocanābhisaṃbodhi Tantra* 128
*Zusammengefaßtes Sutra von der Vollendung der Weisheit* 91, 118, 120
*Zusammenfassung des Tantra der Fragen des Subāhu* 103
Zuflucht 20, 25 ff., 163
Zwei Körper siehe unter Wahrheitskörper und Formkörper
Zwei Stufen siehe unter Erzeugungsstufe und Vollendungsstufe
Zwei Wahrheiten, endgültige und konventionelle 181 ff.